Die schönsten Teddys selbst gemacht

Gillian Morgan

Die schönsten Teddys selbst gemacht

Das große farbige Vorlagen- und Anleitungsbuch

Gondrom

Titel der englischen Originalausgabe:
The Book of Teddy Bear Making

Redaktion: Sally Green, Samantha Gray
Übersetzung: Andrea Zocholl-Issmail (akapit Verlagsservice)
Gestaltung: Richard Dewing, Clare Reynolds,
Rod Teasdale
Illustrationen: Val Hill, Joanna Cameron
Fotos: Ferguson Hill
Bearbeitung und Koordination der deutschen Ausgabe:
akapit Verlagsservice, Berlin – Saarbrücken

ISBN 3-8112-1943-X

A Quantum Book

INHALT

Dieses Buch ist meinem Mann Brian gewidmet, als Dank für seine Liebe und Unterstützung in den vergangenen 40 Jahren.

„Liebevoll" von Janet Clark, 1994.

DANKSAGUNG

Ich bin den Nähkünstlern, die mir bei meinen eigenen Entwürfen von Teddybären geholfen haben, sehr dankbar, insbesondere Vanessa Littleboy, ohne deren Freundschaft und Hilfe ich jetzt sicherlich keine Teddys nähen würde. Ihre Begeisterung brachte mich dazu, damit zu beginnen.

Ganz besonders möchte ich meinen wundervollen Freunden danken, die Entwürfe beisteuerten und viele Stunden mit dem Nähen der schönen Teddybären verbrachten, die in diesem Buch abgebildet sind:

Pam Howells, Vanessa Littleboy, Sue Quinn, Joan Reeder und **Sue Tolcher**, die alle Mitglieder der Britischen Vereinigung der Spielzeugmacher sind, sowie **Julie Turner** für ihren Hasen Misty. Ein großer Teil des Miniaturen-Abschnitts wurde von **Earlene Vaughn** aus Los Angeles in Kalifornien beigesteuert. Vielen, vielen Dank!

Auch habe ich Teddybär-Nähkurse und -Designkurse bei mehreren bekannten Künstlern besucht, die ich nach Ideen befragen durfte. Unter den amerikanischen Künstlern, die mir geholfen haben, möchte ich besonders meine guten Freunde Earlene und Harold Vaughn und die Familie Port erwähnen.

Ohne die Hilfe der Lernenden und deren Begeisterung und Ermutigung hätte ich nie die ersten Schritte gewagt, meine Erfahrungen und Ideen zu Papier zu bringen. Wir haben zusammen viel gelernt.

Ich möchte auch Sally Green, Valerie Hill, und Tim Ferguson für ihre Hilfe bei der Zusammenstellung des Buches danken.

Weitere Menschen, die mich über die Jahre hinweg unterstützt haben, waren natürlich die Sammler meiner New-Forest-Bären; meine Lieferanten: Elisabeth Meredith von Ancestral Collectors Bears, Gloria und Ralph Norbury von Norbeary Bears, Elke Block von Edinburgh Imports, Roy Pilkington von Oakley Fabrics, Susan und David Rixon von Nonsuch und jene geduldigen Organisatoren, die es mit mir so viele Jahre ausgehalten haben: meine Freundin Stephanie Jenkins deren Country Cousins Ausstellungen mir den Start ermöglichten, Lynn Vowles von Ashdown Publishing, Bernie Beech vom Ironbridge Bear Shop sowie Jackie und Michael Ridley von World Heritage Fairs.

Dieses Buch ist eine Einführung in die Herstellung von Teddybären mit Angaben zur Ausstattung, den Werkzeugen, Materialien und Techniken, die ein Leser ohne Vorkenntnisse für professionelle Ergebnisse benötigt. Der Leser ist eingeladen, sich eine ganze Reihe verschiedener Techniken anzueignen und sich einen Vorgeschmack auf die Welt der Miniatur-Teddys zu holen. In diesem Buch werden die Grundlagen der Teddy-Herstellung in allen Facetten dargestellt.

Gillian Morgan

EINLEITUNG

Willkommen in der wundervollen Welt der selbstgenähten Teddybären. Aber Vorsicht, die Teddy-Herstellung kann schnell zur Sucht werden! Wenn nämlich so ein kleiner Kerl in Ihren Händen entsteht, braucht er doch unbedingt einen Kameraden, oder? Teddybären sind alle kleine eigenständige Persönlichkeiten. Sie werden überrascht sein, wie viel Freude ihre Herstellung bereiten kann.

Sie mögen Teddys, denn sonst hätten Sie dieses Buch bestimmt nicht gekauft. Möglicherweise möchten Sie Ihre eigenen, unverwechselbaren Teddys nähen. Mit diesem Buch können Sie eine ganze Reihe von Teddybären herstellen, auf die Sie stolz sein können. Insgesamt sind es 25 Entwürfe, darunter ein oder zwei wahre Prachtstücke, wie die winzigen Spielzeugbären und ein Bettvorleger in zwei Größen. Dazu kommen einige Kleidungsstücke für die Teddys, wie ein eleganter Hut, der erstaunlich einfach zu nähen ist. Jedes Schnittmuster kann grenzenlos variiert werden und wird durch leicht verständliche Anleitungen ergänzt.

Bevor Sie beginnen, sollten Sie den Entwurf Nummer 1 gründlich durchlesen. Die detaillierte Anleitung für Benjamin enthält nämlich allgemeine Richtlinien, die für alle anderen Entwürfe ebenfalls gelten. Zu jedem Teddy werden kurze Hinweise zu den Besonderheiten des jeweiligen Entwurfs gegeben. Sie können daher bei Unklarheiten jederzeit in Benjamins Entwurf nachlesen, was Sie wissen möchten.

Das Sammeln von Teddybären ist auf der ganzen Welt ein beliebtes Hobby. Als Weichspielzeug sind sie seit nicht einmal 100 Jahren bekannt. Man sammelt sie aus den verschiedensten Gründen. Manche finden die Bären einfach unwiderstehlich, für andere sind sie eine Geldanlage. Welchen Grund Sie auch haben, ich hoffe, dass Sie so viel Freude an diesem Buch haben werden, wie ich sie beim Schreiben hatte. Ich schrieb mit viel Liebe und habe dabei viel gelernt.

Ich glaube, dass die echten Sammlerteddys von Menschen wie uns in Heimarbeit entstehen. Für viele ist es eine Vollzeitbeschäftigung. Diese Teddys werden genauso geliebt und geknuddelt wie die Bären, die wir als Kinder besaßen – obwohl wir vielleicht hoffen, dass wir sie dieses Mal nicht mehr so stark abnützen.

Die Arbeiten anderer Teddymacher können Sie auf Ausstellungen kennenlernen. Einige sind wunderschön und möchten natürlich von Ihnen mitgenommen werden, denn man sagt, dass die Teddys sich ihre neuen Besitzer selber aussuchen. Andere sollten wegen ihrer schlampigen Machart lieber nicht zum Kauf angeboten werden. Haare, die in den Saum eingenäht sind oder in der falschen Richtung „wachsen“, verschieden große Pfoten, verformte Körper und Augen, die oben auf dem Fell sitzen, sieht man leider häufig.

Jeder Teddy ist einzigartig, auch wenn sie sich zuweilen ähneln. Aber bei genauer Betrachtung bemerkt man, wie unterschiedlich ihre Charaktere doch sind. Selbst industriegefertigte Teddys haben individuelle Züge.

Alle, die an diesem Buch mitgewirkt haben, wünschen Ihnen viel Erfolg beim Nähen und viel Freude an Ihrem Hobby.

Unten und linke Seite: *Das Sammeln von Teddybären ein beliebtes Hobby auf der ganzen Welt.*

TEIL I

DER ANFANG

Die Teddy-Herstellung ist ein sehr kreatives Hobby. Dieses Buch enthält genaue Anleitungen, viele Fotos und unzählige nützliche Tipps für Ihre erste eigene Kollektion. Bei den verschiedenen Designs finden Sie sicherlich einige, die Ihnen besonders zusagen.

STOFFE UND AUSSTATTUNG

Heutzutage steht dem Bärenmacher eine große Auswahl an Stoffen zur Verfügung. Das traditionelle Material für Teddys ist Mohair, es sind jedoch zusätzlich hervorragende Kunstpelzsorten erhältlich. Dies reicht von Kurzhaarplüsch bis zu Sorten mit einem langen, flaumigen Flor, der wunderschön aussieht und zu den hübschesten Bären verarbeitet werden kann. Gewebter Kunstpelz ist teurer, er hat dafür aber gute Eigenschaften. So verliert er z. B. keine Haare und ist weniger dehnbar.

Bei der Auswahl von Synthetikstoffen ist mehr Umsicht nötig als bei Mohair. Untersuchen Sie, ob die Stoffe Haare verlieren. Reiben Sie sanft mit der Hand über die Oberfläche. Klebt das Fell zusammen, dann wird der Bär schon abgenutzt aussehen, bevor er fertig ist. Synthetikstoffe haben in der Regel eine gestrickte Rückseite, nur einige hochwertige und teurere Acryle sind wie Mohair gewoben. Am besten machen Sie Ihren ersten Bären aus einem etwas preiswerteren Material, dann ist es weniger ärgerlich, falls ein Fehler passiert.

Der Begriff „Plüsch" wird für alle Stoffe mit Flor benutzt, Mohair eingeschlossen. Auch die neueren Synthetikstoffe werden so bezeichnet.

Wenn Sie möchten, können Sie – gerade in der Lernphase – alle Stoffarten mit Flor ausprobieren, z. B. auch Polsterstoffe oder alte Pelzmäntel. In der Regel ist es jedoch besser, auf die billige Massenware zu verzichten, da das Ergebnis möglicherweise enttäuschend sein wird. Verwenden Sie immer die beste Qualität, die Sie sich leisten können – sie wird sich letztendlich auszahlen. Vielleicht möchten Sie auch irgendwann einen traditionellen Mohair-Teddy herstellen, wenn Sie sich sicher genug fühlen. Es gibt in der Tat kein schöneres Material als Mohair für einen solchen Teddybären!

Unten: *Steiff-Teddy von 1905 (in der Kiste), mit einem Chad-Valley-Teddy von 1950.*

Mohair

Mohair stammt von der Angoraziege, die wie ein Schaf geschoren wird. Das Angorakaninchen liefert Angorawolle, die Angoraziege dagegen Mohair. Eine Angoraziege mit ihren langen Ringellocken, gebogenen Hörnern und der rosa Nase ist ein hübscher Anblick.

Mohair wird auf Webstühlen gewebt, die ursprünglich der Teppichherstellung dienten und entsprechend abgewandelt wurden. Der Unterstoff ist normalerweise aus Baumwolle und damit kaum dehnbar. Alle folgenden Mohairarten sind in vielen Längen und Farben erhältlich:

Oben: *Roh-Mohair.*

A-gewebtes Mohair

Dies ist ein welliges, recht langhaariges Mohair mit einer gleichmäßigen, dauerwellenartigen Oberfläche.

Alpaka

Diese Sorte wird aus der Wolle einer Lama-Art hergestellt. Es ist sehr teuer, da das Fell sehr langsam wächst und die Tiere daher nur alle zwei bis drei Jahre geschoren werden können. Alpaka ist ein schöner, feinfaseriger und weicher Stoff, der sich herrlich anfühlt und sehr edel aussieht. Er fühlt sich im Gegensatz zu Mohair dichter und elastischer an. Alpaka ist ausgesprochen gut zur Teddyherstellung geeignet.

Geknautschtes Mohair

Dieses kann gelockt oder gewellt sein. Es wird zunächst glatt gewebt, dann wird der Flor so gepresst, dass er in verschiedene Richtungen fällt. Daher ist es bei diesem Material oft schwierig, die Florrichtung des Fells zu erkennen. Beim Auflegen der Schnittteile muss man etwas aufpassen. Andererseits fallen Fehler weniger auf, und Teddys mit geknautschtem Fell wirken niedlich. Geknautschtes Mohair ist ideal für den Anfänger.

Fedriges Mohair

Der Stoff kann gelockt oder gewellt sein. Die Florrichtung verläuft diagonal über den Stoff. Beim Zuschneiden ist Vorsicht geboten. Fedriges Mohair ist nicht für den Anfänger geeignet, auch wenn es durch sein ansprechendes Aussehen zum Kauf verlockt.

Gekraustes Mohair

Dieses ergibt einen ähnlichen Effekt wie A-gewebtes Mohair, jedoch mit kürzerem, dichterem und straff gelocktem oder gekraustem Flor.

Schließlich gibt es noch Kombinationen verschiedener Webarten, die verschiedene Effekte hervorrufen. Alle basieren jedoch auf den oben beschriebenen Typen. Zusätzlich werden laufend neue Mohairtypen entwickelt.

Sparse-Mohair

Hier sind Lücken zwischen den einzelnen Fellbüscheln, sodass sich eine sehr geringe Felldichte ergibt. Es entsteht ein gewollt alter und abgenutzter Eindruck, der noch dadurch verstärkt werden kann dass man weitere Haare entfernt, um kahle Stellen zu erzeugen.

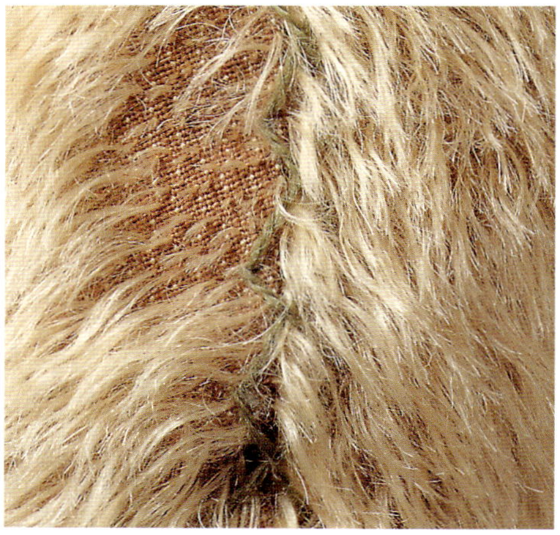

Oben: *Sparse-Mohair mit dunklerem Untergewebe.*

Bei dieser Sorte ist der Unterstoff von anderer Farbe als das Fell selbst. Dieses ist ziemlich lang, lässt aber, wenn es rasiert wird, das andersfarbige Untergewebe durchscheinen. Dies ist interessant für Nasen, Ohren und Pfoten.

Glattes Mohair

Bei glattem Mohair steht der Flor ohne Locken oder Wellen aufrecht. Bei der Verwendung sollte man die Größe des Teddys in Betracht ziehen. Ein sehr kleiner Teddy sieht mit sehr langem, glatten Fell eher wie eine pelzige Raupe aus, während ein großer Bär mit kurzhaarigem Fell ziemlich glatzköpfig wirken kann.

Oben: *Glattes Mohair.*

Faden-Mohair

Faden-Mohair kommt direkt vom Webstuhl, hat leicht gedrehte Haarbüschel und nicht das flaumige Aussehen der anderen Mohairsorten. Dies rührt daher, dass es in keiner Weise behandelt oder gefärbt wurde. Die Verarbeitung ist etwas schwieriger, da das Untergewebe lockerer und nicht so fest ist wie bei behandeltem und gefärbtem Mohair. Haben Sie jedoch Geduld, denn es lohnt sich.

Rosetten-Mohair

Die Oberfläche besteht aus Rosetten. Es handelt sich um einen teuren Stoff mit dichtem Fell, aus dem sich reizende Teddys machen lassen.

Spitzen-Mohair

Dies ist normalerweise die teuerste Mohair-Sorte. Es wird zweimal gefärbt, zunächst in der Farbe des Unterfells und -gewebes, dann die Fellspitzen in einer anderen Farbe. Manchmal sind diese Stoffe sogar dreifarbig: Das Gewebe ist oft dunkel gefärbt, das Unterfell in einer zweiten Farbe, die Fellspitzen in der dritten. Mit diesem Stoff können beim Gestalten des Gesichtes beeindruckende Effekte erzielt werden.

V-gewebtes Mohair

Dies ist eine lockerer gewebte Variante des A-gewebten Mohairs, ebenfalls lockig. Eigentlich handelt es sich um ein leicht abgewandeltes Feder-Mohair.

Windstoss-Mohair

Dies ist eine Art Rosetten-Mohair, sieht allerdings etwas unregelmäßiger aus.

Wolle, Woll-Mohair und Mischgewebe

Aus diesen Stoffen lassen sich gut Anzüge und Schlafanzüge für Teddys nähen. Man findet sie oft auch in Second-Hand- oder Billigläden und auf Floh- und Trödelmärkten. Wenn Sie solche Stoffe finden, schneiden Sie die guten Stücke heraus und reinigen diese gründlich. Weitere Materialien, die zur Teddy-Herstellung benutzt werden können, findet man z. B. in alten Polsterstoffen, Chenille-Tischdecken und vielem anderen mehr.

Samt

Mit Samt sollte man vor der Verwendung experimentieren, da die meisten Samtsorten sehr stark ausfransen. Amerikanischer Polstersamt ist der beliebteste Stoff für die Herstellung von Miniteddys. Hierbei wird eine Kunstfaser auf ein Untergewebe gespritzt. Dieser Stoff ist in vielen herrlichen Farben und Texturen erhältlich. Er lässt sich schneiden, ohne auszufransen, kann gebleicht und mit wasserlöslichen Farben gefärbt werden (dann aber bitte nicht mehr feucht reinigen!).

Beim Kauf von Stoffen sollte man einige Dinge beachten. Wir haben alle schon den Fehler gemacht, Plüsch allein nach dem äußeren Eindruck zu kaufen. Es ist jedoch unerlässlich, sich den wichtigsten Teil des Stoffs – die Rückseite – vor dem Kauf genau anzusehen. Ist der Unterstoff nicht straff gewebt, dann ist selbst der schönste Stoff nutzlos, wenn es an das Ausstopfen geht. Wenn Sie das erste Mal einen Teddy machen, achten Sie darauf, dass sich das Untergewebe eher steif als weich und geschmeidig anfühlt. Seien Sie jedoch auch vorsichtig bei einigen steifen Stoffen. Manchmal sind diese zu locker gewebt. Dies erkennt man, wenn man sie gegen das Licht hält – es darf nicht allzu viel hindurchkommen. Manche kurzhaarigen Mohairstoffe sind nicht gewebt, sodass beim Ausstopfen kahle Stellen erscheinen. Diese Stoffe haben sehr weiche, feste Untergewebe, fast als wären sie gestrickt. Reiben Sie über die Oberfläche des Fells, wie Sie es bei Synthetikstoffen täten. Wenn sich Haare lösen, lassen Sie den Stoff bitte liegen!

Kaufen Sie keine Stoffe von schlechter Qualität, denn es könnte passieren, dass die Nasennähte aufgehen, bzw. an oder in den Säumen Risse entstehen.

Material für die Pfoten

Pfoten werden üblicherweise aus Filz, Velours oder Ultrasudine hergestellt. Einige Polsterstoffe, wie Samt und Brokat, sind ebenfalls geeignet. Wenn Sie nichts finden, was zu der Farbe des von Ihnen gewählten Mohairs passt, kann auch die Rückseite dieses Mohairs verwendet werden. Auf diese Weise werden Pfoten und Fell perfekt zusammenpassen. In jedem Fall müssen Sie dann aber das Fell abschneiden, damit Sie sehen, wie Sie die Nähte schließen. Synthetischen Webpelz sollten Sie jedoch auf diese Weise nicht verarbeiten, es sei denn, er ist für diesen Zweck gedacht. Strickstoffe eignen sich nicht für die Pfoten, da sie zu elastisch sind.

Amerikanischer Polstersamt

Dieser Stoff ist am besten für Miniteddys unter 10 cm Größe geeignet. Für größere Teddys ist der Flor etwas zu kurz. Er sieht sehr pelzähnlich aus und ist in vielen Farben und Arten erhältlich. Bei großen Teddys kann man ihn als Pfotenstoff verwenden, falls kein Velours oder Ultrasudine in der richtigen Farbe vorhanden ist. Er hat einen gewebten Unterstoff, der beim Schnitt nicht franst.

Britischer Samt

Dies ist ein stark fransender Stoff, der jedoch durch die Behandlung mit speziellen Anti-Fransen-Mitteln für Pfoten verwendet werden kann. Der Vorteil besteht darin, dass er zusätzlich aufgenäht werden kann, um schöne Pfoten zu formen, besonders in Kombination mit Trapunto oder italienischem Quilt und/oder Airbrushing. Wie die meisten Pfotenstoffe gibt es Samt in verschiedenen Sorten. Am häufigsten wird Baumwoll-Polstersamt verwendet. Kleidersamt ist in der Regel zu elastisch für Teddypfoten. Stricksamt ist nur für Kleidung von größeren Teddys geeignet, und auch da nur sehr dünner Stoff.

Filz

Filz muss zu 100% aus Wolle sein. Er besteht aus gepressten Fasern und ist ziemlich teuer. Er hat weder Noppen noch Grannen, franst nicht und lässt sich dehnen und formen. Filz ist nicht waschbar und zieht sich bei Kontakt mit Wasser oder Dampf zusammen – was beim Modellieren von Gesichtern sehr hilfreich sein kann. Man kann ihn mit einem nassen Lappen befeuchten und Falten mit einem **trockenen** Bügeleisen glätten. Er neigt zur Knötchenbildung (wie ein alter Pullover), und er verträgt kein Bürsten. Niemals sollte man Filz kräftig bürsten, denn dadurch kann die Oberfläche dauerhaft zerstört werden. Synthetischer Filz ist viel preiswerter als Wollfilz, aber auch viel leichter und eventuell steifer. Außerdem ist er noch empfindlicher. Es ist nicht ratsam, Billigmaterial zusammen mit einem hochwertigen Stoff wie Mohair zu verarbeiten. Filz gibt es in verschiedenen Qualitäten mit Wollanteilen von 10% bis zu 100%. Die Preise schwanken entsprechend. Man kann Filz relativ leicht selbst aus reinen Wollstoffen herstellen. Das Stampfen ist harte Arbeit, aber man erhält auf diese Weise wundervolle Pfotenstoffe.

Velours

Dies ist ein künstlich hergestellter Stoff, der wie Leder bzw. Wildleder aussieht und auf Baumwollgewebe basiert. Es ist ein weicher Stoff, der fest gestopft werden muss. Bei Teddys, die nur mit Granulat gefüllt sind, sollte man es nicht verwenden, da man dieses sonst durch die Pfoten fühlen (und sehen) kann. Seine Vorteile liegen in der großen Anzahl verschiedener Farben und dem Preis. Da es weicher als Ultrasudine ist, eignet es sich gut für die Pfoten von Miniteddys.

Ultrasudine

Dies ist ein Importmaterial aus Frankreich, Italien oder den USA und als Pfotenstoff in der Regel am besten geeignet. Alkantara, die beste Sorte, kommt aus Frankreich. Ultrasudine wird in vielen wunderschönen Farben und Stärken hergestellt und ähnelt Wildleder, nur verhärtet es nicht, noch bricht oder reißt es wie echtes, alterndes Leder. Es ist knitterfrei, leicht und weich, jedoch nicht billig. Je kleiner der Teddy ist, desto feiner sollte das Material für die Pfoten sein.

Oben: *Pfote aus Ultrasudine.*

Leder

Wenn Sie weiches Handschuhleder finden, können Sie dieses immer verwenden, es ist jedoch teuer und wird in sehr kleinen Stücken verkauft. Andere Lederarten sind oft schwer zu verarbeiten, denn Häute können sehr dick sein. Manche Leute verwenden für die Pfoten auch Fenster- oder Autoleder, das sehr weich und elastisch ist, und daher doppelt gelegt werden muss. Dieses Leder lässt sich auch gut färben.

Stopf- und Füllmaterialien

Zum Füllen sollte unbedingt Qualitätsmaterial verwendet werden, da es dem Teddy die Form gibt. Magere Füllungen führen zu armseligen Kreaturen, genau wie eine schlecht ausgeführte Füllung. Man sollte bedenken, dass Füllungen sich setzen, und wenn ein Teddy zu weich gestopft wurde, verliert er viel schneller seine Form.

Excelsior oder Holzwolle

Dies wurde in den frühesten deutschen und englischen Teddys verwendet. Steiff benutzt es noch immer für die Sammlerteddys, jedoch nicht für Spielzeugteddybären, die weich und knuddelig sind. Mit Holzwolle gefüllte Teddys fühlen sich schwer und steif an. Manche Teddykünstler stopfen die Nasen immer mit Holzwolle aus. So entsteht auf jeden Fall eine bessere Grundlage zum Besticken als mit synthetischen Füllungen. Die Handhabung ist jedoch nicht einfach. Die Holzwolle sollte, zu kleinen Kugeln gerollt, fest im Teddy platziert werden. Um die Hände zu schonen, sollte man ein Stopfgerät benutzen, das in Fachgeschäften für die Teddyherstellung erhältlich ist

Holzwolle

Styroporchips

Diese sollten nie als Füllung verwendet werden, ganz besonders nicht für Spielzeugbären, da kleine Partikel durch jedes Loch dringen können, das vielleicht entsteht (und von kleinen Fingern begeistert vergrößert wird). Wenn es nass wird, besteht zusätzlich Erstickungsgefahr. Für Sammlerteddys sind sie ebenfalls völlig ungeeignet. Sie sind viel zu leicht und können nicht fest genug in Kopf und Glieder gestopft werden.

Glasperlen

Glasperlen werden neuerdings zum Beschweren eingesetzt. Ihr großer Nachteil ist, dass sie eigentlich zu leicht sind, verglichen mit Metallschrot für kleinere Miniteddys. Für Teddys in der Größe zwischen 15 und 20 cm sind sie jedoch ideal. Hier ist genügend Platz, um so viele Perlen einzufüllen, dass der Teddy schwer genug wird. Die Teddys sind stabil und zerfallen nicht.

Bei der Verwendung von Granulat, Stahl- oder Bleischrot sowie Glasperlen ist es immer ratsam, die Füllung in einen zusätzlichen Stoffbeutel einzunähen, um ganz sicher zu verhindern, dass das Granulat austritt.

Kapok

Dies ist eine wildwachsende pflanzliche Faser, die vor dem Erscheinen synthetischer Füllmaterialien für Weichspielzeug eingesetzt wurde. Die Älteren von uns mussten in ihrer Jugend oftmals auf Kapok-Matratzen schlafen, die hart und klumpig waren. Kapok ist schwer, bildet Klumpen und kann den Teddy aus der Form bringen. Sie benötigen ungefähr zweimal so viel Kapok als Spielzeugfüllung. Der einzige Vorteil ist, dass es sich im Innern des Teddys formen lässt, fast wie Modelliermasse aus Ton. Früher wurde es sehr oft verwendet, aber mit der Zeit tendiert es dazu, sich zu einer festen Masse zu verdichten. Sie sollten bei der Verarbeitung eine Staubmaske tragen. Es kann als Asbest der Spielzeugherstellung bezeichnet werden. Manche Menschen sind auch dagegen allergisch.

Metallschrot

Der Schrot gibt winzigen Teddys mehr Gewicht. Früher war Bleischrot üblich, (den es immer noch gibt), sicherer ist jedoch Stahlschrot, der in Sandstrahlgebläsen zum Abschleifen von Fahrzeugen und Schiffen eingesetzt wird. Falls die Teddys einem feuchten Klima ausgesetzt werden, könnte rostendes Eisen ihr Fell verfärben. In diesem Fall sollte man lieber nach Alternativen suchen. Schrot sollte im Innern großer Teddys immer in Stoffsäckchen untergebracht sein. Bei kleinen Teddys füllt man den Schrot in kleine, mehrlagige Beutel aus feinem Nylon. Wenn Sie mit Blei arbeiten, ist es ratsam dabei Gummihandschuhe zu tragen. Seien Sie sehr vorsichtig, und atmen Sie auf keinen Fall entstehenden Staub ein. Achten Sie darauf, jeden bleihaltigen Teddy entsprechend zu kennzeichnen. Blei ist extrem giftig und kann bei Hautkontakt in die Blutbahn eintreten. Metallschrot ist daher nur für die Sammlerteddys, keinesfalls aber als Kinderspielzeug geeignet.

Schurwolle

Oft geben Spinnereien Reste, die nicht versponnen werden können, umsonst ab. Allerdings tendiert kurzfaserige Wolle dazu, Knoten und Klumpen zu bilden und ist daher nicht ganz so gut als Füllmaterial geeignet. Die beste Schurwolle hat eine Faserlänge von 20–23 cm. Meistens stammt die als Füllstoff verkaufte Wolle aus Kehrabfällen der Webereien und sollte daher gemieden werden. Gute Wolle ist teuer – mindestens doppelt so teuer wie Polyester. Wer nur die beste Qualität verwenden möchte, muss damit rechnen, große Mengen kaufen zu müssen, bis zu 60 ganze Vliese oder zumindest innerhalb eines Jahres diese Menge abzunehmen. Dies muss bezahlt und gelagert werden. Schafwolle ist leider relativ schwer und wie einige Polyestersorten, sehr elastisch, sodass sich die Teddys nicht fest genug stopfen lassen. Sie muss vor der Verwendung gründlich gewaschen werden, um Fett und Schmutz zu entfernen. Das allein kann im normalen Haushalt schon Probleme verursachen. Ansonsten ist sie angenehm im Gebrauch, absolut sicher für Spielzeugteddys und pflegt sogar die Hände dank des Lanolingehalts. In Sammlerteddys kann sie gemeinsam mit Granulat verwendet werden.

Alte Strümpfe und Strumpfhosen

Beide sind für Kinderspielzeug wegen der Erdrosselungsgefahr absolut unakzeptabel. Es ist erstaunlich, wie viele alte Familien-Teddys mit Hilfe alter Strümpfe repariert werden!

Plastikgranulat (HDPE)

Das Granulat dient zum Beschweren der Teddys. Auch andere Kunststoffe können verwendet werden. Granulat wird als Hilfsmittel im Spritzgussverfahren benötigt. Es wird in riesigen Säcken geliefert, deren Inhalt für ca. 100 Teddys ausreicht. Die Kügelchen sollten klein, rund und glatt sein, da sie sich sonst gegenseitig zerkratzen. Mithilfe der Innenspule einer Garnrolle kann das Granulat leichter eingefüllt werden.

Plastikgranulat

Garnspule

Polyester, Polyfill und Dacron

Dies sind unterschiedliche Namen für dasselbe Produkt – Füllungen aus künstlich hergestellten Fasern – die unter verschiedenen Namen als Weichspielzeug-Füllungen verkauft werden. Hobbyläden führen normalerweise Polyester-Füllungen. Wenn sie für Spielzeug gedacht sind, sollte man sorgfältig überprüfen, ob sie die Sicherheitsbestimmungen erfüllen. Solche Angaben sollten auf dem Etikett vermerkt werden. Falls die Füllung den Vorschriften nicht genügt oder nichts angegeben ist, kaufen Sie sie lieber nicht. Synthetik-Füllungen werden von den meisten Teddymachern verwendet. Es gibt sie in verschiedenen Formen und Qualitäten und mit unzähligen Namen. Für den Kopf des Teddys sollte man sich für die beste Qualität entscheiden. Das Material muss weich und homogen sein.

Polyester

Wenn Sie schlechtere Qualität kaufen, werden Sie große Probleme beim Einnähen der Augen oder beim Sticken der Nase haben, da die Nadel auf Klumpen stoßen wird. Billigere, oft farbige Füllungen sind gut für Körper und Glieder geeignet. Dunkleres Polyester bzw. Dacron sollte nur bei dunklem Fell Anwendung finden, da es sonst durchscheinen könnte und die Arbeit verdirbt.

Manche Polyestersorten sind jedoch auch so elastisch, dass sie sich nicht fest genug stopfen lassen. Am besten lässt man sich von einem Fachlieferanten beraten, welche Sorte geeignet ist. Wenn man von einem Füllmittelhersteller kauft, ist eine Fachberatung vielleicht nicht möglich. Die Auswahl des Füllmittels für Miniteddys ist sogar noch schwieriger. Hier ist eine extrem weiche Füllung nötig, und die einzelnen Fasern müssen sehr dünn sein. Manchmal wird hier eine bestimmte Sorte Vlies empfohlen, das für Stepparbeiten hergestellt wird. Die Fasern dieses Vlieses müssen weich und fein sein. Man kann es als Meterware in Lagen kaufen. Vor der Verwendung wird es mit den Fingern zerpflückt. Es ist nicht dasselbe wie Polyfill, sondern etwas fester und eignet sich gut für Miniteddys.

Bei der Arbeit mit Polyfill (oder mit allen anderen Stoffen mit sehr feinen Fasern und ebenso, wenn Sie die Schnauze rasieren) ist es ratsam, eine Staubmaske zu tragen. Die Fasern verteilen sich sofort in der Luft, sodass es unmöglich ist, sie nicht einzuatmen.

Gelenke

Es gibt zwei Hauptarten von Gelenken für Teddys: die Variante Hartfaserscheibe/Splint/Schrauben und Muttern sowie Kunststoffgelenke. Die winzigen Gelenke der Miniteddys sind aus einer Kunststoffverbindung und benutzen ebenfalls Splinte.

Niete

Diese ergeben haltbare Gelenke, die jedoch bei Fehlern nicht mehr auseinander genommen werden können. Man muss den Stoff auftrennen und den Niet absägen.

Sicherheitsgelenke

Für Spielzeugteddys kommen nur diese in Frage. Kein noch so rauer Umgang – etwa wenn mit dem Teddy Tauziehen gespielt wird – wird das Sicherheitsgelenk zerstören. Sie müssen allerdings auch aufgesägt werden, wenn der Stoff kaputtgeht. Bei der Auswahl von Gelenken für Teddys gilt die Fausregel, dass sie rundherum etwa 6–13 mm kleiner als das Glied sein sollten, für das sie gedacht sind. Nehmen Sie das größte Gelenk, das noch passt. Ist das Gelenk zu schmal, dann wackeln Beine, Arme oder Kopf, und der Verschleiß des Fells wird am Gelenk viel größer. Das Kopfgelenk sollte so groß sein, dass es gerade noch in das Halsloch passt.

Sicherheitsgelenke

Selbstschliessende Schrauben und Muttern

Dies sind die stabilsten Gelenke für Teddys von 40 cm Größe oder mehr. Sie können vor der Fertigstellung des Teddys festgezogen werden und halten dann mit Sicherheit ein Teddyleben lang. Gelenke mit Splinten können auch festgezogen werden, aber sie lockern sich meist nach einer Weile.

Schraube und Mutter

Splinte

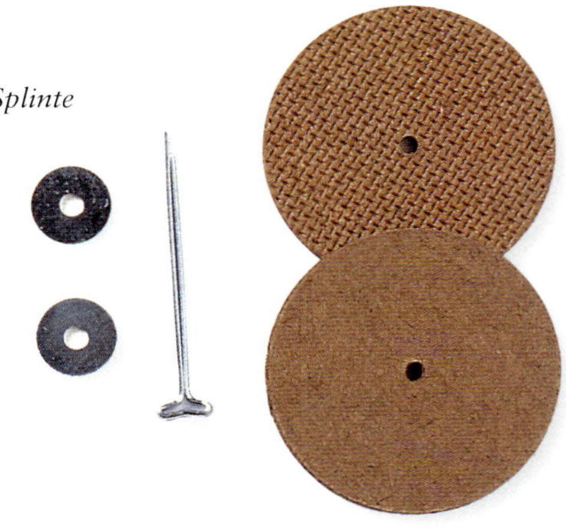

Gelenke und Accessoires für Spezialisten

Flexible Gliedmassen

Hier gibt es zwei Arten. Die erste Variante enthält einen Kunststoff-Riegelmechanismus, und man benötigt zum Einbauen spezielle Werkzeuge. Ursprünglich wurde es als Schlauchsystem für die Industrie gefertigt. Es besteht aus kleinen Plastikteilen, die in jeder Stellung einrasten können. Sie stellen ein sehr starkes, stabiles Gerüst für größere Teddys dar. Sie haben jedoch ihren Preis, und knarren bei Bewegung.

Gebräuchlicher sind von Schaumgummi umhüllte Drähte mit einer Lochöse an einem Ende. Die Öse passt zu dem Splint- oder Schraubengelenk und fixiert so das Glied am Gelenk. Das offene Ende muss vor dem Einsetzen in den Teddy besonders behandelt werden (s. Entwurf 25).

Flexible Gliedmaßen

Dreh- und Neigungsmechanismus

Dieser erklärt sich von selbst – er erlaubt Drehungen und Neigungen des Kopfes in fast jede Richtung. Er besteht aus einem Federmechanismus, wobei zwei tellerförmige Scheiben statt des Hartfasergelenks in Hals und Kopf eingesetzt werden. Allerdings ist ein solches Gelenk oft teurer als das ganze Mohair für den Teddy.

Augen

Die Augen des Teddys sind nahezu die wichtigsten Teile. Es gibt drei Arten: Sicherheitsaugen, Glasaugen mit Draht und Glasaugen mit Spiralschaft. Glasaugen geben einem Teddy mehr Leben. Die besten kommen aus Österreich und Italien. Sie sind handgemacht und sollten daher sorgfältig ausgesucht werden, da der Teddy sonst womöglich zwei verschieden große Augen oder Augen mit verschiedenen Pupillen bekommt. Auch Augen, die paarweise auf eine Karte geheftet sind, können sich unterscheiden. Die Größe der Augen ist Geschmacksache. Manche Leute mögen Teddys mit großen Augen, andere mit kleinen Augen. Richtige Bären haben ziemlich kleine Augen. Teddyaugen gibt es jedoch in allen Farben und Formen.

Größenverhältnis zwischen dem Teddy und seinen Augen

- ein 8–15 cm großer Teddy benötigt 3–5 mm große Augen
- ein 13–20 cm großer Teddy benötigt 4–7 mm große Augen
- ein 15–25 cm großer Teddy benötigt 5–9 mm große Augen
- ein 25–38 cm großer Teddy benötigt 8–12 mm große Augen
- ein 35–51 cm großer Teddy benötigt 11–15 mm große Augen
- ein 51 cm großer Teddy benötigt 14–24 mm große Augen

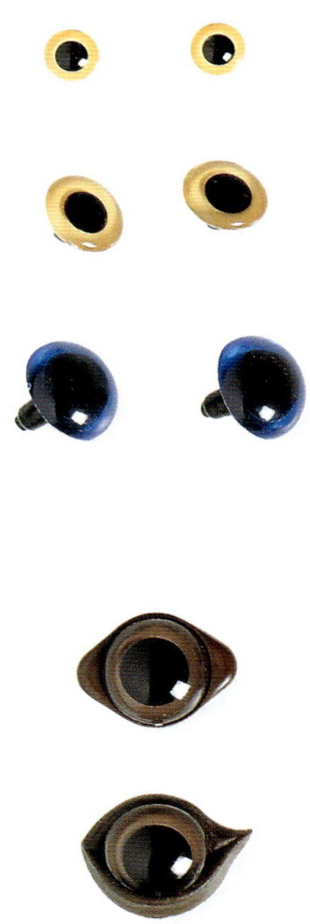

Das Größenverhältnis von Teddy und Augen ist eine gute Richtlinie für den Teddymacher.

Farbige Augen

Matt oder schimmernd können sie den Teddy in einer Weise zum Leben erwecken, wie es stumpfen schwarzen

Augen niemals gelingt. Es gibt wunderschöne grün-braune und neuerdings auch amethystfarbene Augen, welche die Farbe des Fells wiederspiegeln und den Teddy sehr lebendig aussehen lassen (s. Entwurf 3).

Mattschwarze Augen

Diese findet man manchmal bei älteren Teddys, und falls Sie einen richtig alten Teddy machen wollen, sollten Sie solche Augen wählen. Manche Lieferanten führen mattschwarze Glasaugen. Normalen glänzenden Glasaugen gibt man ein antikes Aussehen, indem man mit einem feinen Schmirgelpapier die ganze Oberfläche sanft abreibt und dann matt lackiert. Die Oberfläche muss überall gründlich aufgeraut sein, sonst kommen beim Lackieren glänzende Stellen zum Vorschein, was den Effekt zerstört.

Moderne Glasaugen

Diese gibt es in unzähligen Formen und Größen. Transparente, farbige Augen mit schwarzer Pupille geben die Farbe des Fells wieder und machen den Teddy sehr lebendig. Matte Augen lassen ihn alt und gebraucht aussehen. Kleinere Augen verleihen ihm mehr Charakter als große, mit denen er mitunter aussieht, als starre er leer in die Luft.

Glasaugen

Klare, schwarze Glasknöpfe

Diese Glasknöpfe werden oft als „Schuhknopfaugen“ bezeichnet, mit denen sie aber nicht verglichen werden können.

Sicherheitsaugen

Dies sind die einzigen Augen, die man für Spielzeugteddys benutzen sollte.

Schuhknopfaugen

Ein Überbleibsel aus dem letzten Jahrhundert, als Frauen schmale Stiefel mit Knöpfen trugen. Dies waren die ersten Teddyaugen. Sie sind, gebraucht oder neu, für die Teddyherstellung noch erhältlich. Sie bestehen aus Leder und einem Metallschaft. Alte Lederaugen haben einen tiefen Glanz, den Glasaugen nie erreichen können, auch wenn diese glatter sind. Sie können vor dem Einsetzen mit Schuhcreme poliert werden (s. Entwurf 4).

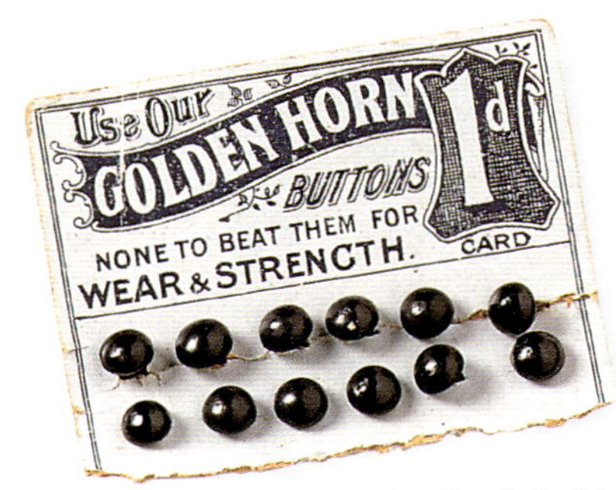

Antike Schuhknöpfe, die als Augen verwendet werden

Nasen

Von besonderer Bedeutung für einen Teddy ist die Nase. Sie fällt einem meistens als Erstes ins Auge. Die perfekte Nase ist nicht leicht zu bewerkstelligen, aber mit etwas Übung klappt es schon.

Nasen können aufgestickt, aus Kunststoff oder Leder fertig gekauft oder aus Knetmasse hergestellt werden. Kunststoffnasen sollten nur bei Acrylteddys für kleine Kinder verwendet werden, niemals für Sammlerteddys. Gestickte Nasen können mit einem speziellem Überzug versehen werden, um sie weich zu machen oder ihnen eine glänzende Oberfläche zu geben. In diesem Fall muss die Stickerei allerdings fehlerlos sein.

Sicherheitsnasen

TEIL II

DAS ZUBEHÖR

Bevor Sie mit der Herstellung Ihres Wunschteddys beginnen, sollten Sie für ein professionelles Ergebnis in geeignete Werkzeuge und Hilfsmittel investieren. Die im Folgenden beschriebenen Werkzeuge sind in der Regel in Eisen- bzw. Kurzwarenläden erhältlich.

WERKZEUGE UND HILFSMITTEL

SCHEREN

Ihr wichtigstes Werkzeug beim Bärenmachen ist zweifellos Ihre Schere. Die besten Scheren sind solche mit spitz zulaufenden Klingen, die aber nicht länger als 15 cm sein sollten. Sie müssen sehr scharf gehalten werden. Gerade Mohair macht Scheren ziemlich schnell stumpf. Die Klingen sollten schmal sein und an der Spitze gut schneiden. Es gibt eine spezielle Schneidetechnik für Webpelz. Eine normale Stoffschere eignet sich hierfür nicht, da sie kahle Nähte und schräg geschnittene Säume verursachen würde.

Webpelz wird anders zugeschnitten als z. B. ein Kleid. Die Schnittteile werden auf die Rückseite des Stoffes aufgezeichnet, nicht festgesteckt. Das Gewebe wird dann mit kurzen Schnitten zertrennt, wobei die Scherenspitzen zwischen den Fellsträhnen hindurchgeführt werden. Scharfe Spitzen sind daher sehr wichtig.

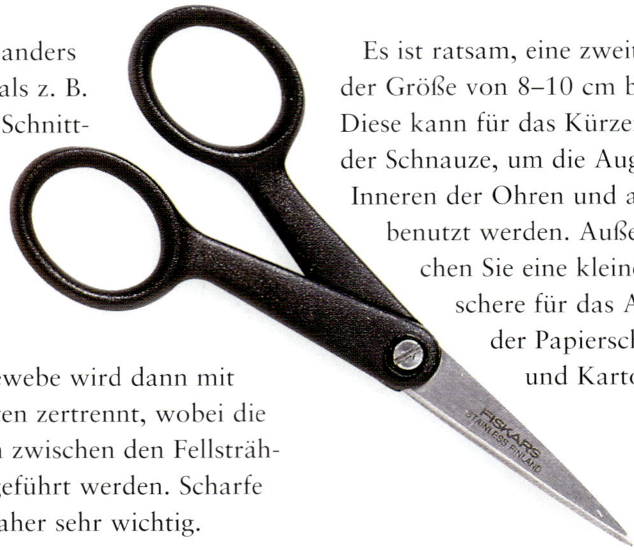

Es ist ratsam, eine zweite Schere in der Größe von 8–10 cm bereitzuhalten. Diese kann für das Kürzen von Fell an der Schnauze, um die Augen herum, im Inneren der Ohren und an den Nähten benutzt werden. Außerdem brauchen Sie eine kleine Haushaltsschere für das Ausschneiden der Papierschnittmuster und Kartonvorlagen.

NADELN UND GARN

NÄHNADELN

Wahrscheinlich haben auch Sie eine Lieblingsnadel, mit der Sie Ihre Teddys nähen wollen. Wir alle gewöhnen uns an bestimmte Utensilien, so auch an spezielle Nadeln. Die Nadeln für Miniteddys aus Amerikanischem Polstersamt sollten so klein wie möglich sein (Größe 12), da winzige Stiche nötig sind. Jeder der gute Miniteddys herstellen möchte, muss lernen, mit diesen winzigen Nadeln umzugehen. Ungeübte Stiche sind sofort sichtbar und verderben das Ergebnis. Nadeln müssen immer spitz und gerade sein. Wenn eine Nadel stecken bleibt und nicht durch die Naht geht, ziehen Sie sie auf keinen Fall mit einer Zange heraus. Kaufen Sie einen gummierten Nadelabzieher, und Ihre Nadeln werden es Ihnen danken.

Nähnadeln von guter Qualität zum Heften und Nähen der Pfoten gehören auch zu Ihrer Ausstattung. Schneider- und Steppnadeln sind kurz und spitz. Sie brauchen sie für schnelles und sauberes Versteppen bei größeren Teddys.

***Vorige Seite:** Teddy der Gebrüder Bing, um 1911, links; Chiltern Hugmee, um 1930, rechts.*

Wenn Sie Schwierigkeiten haben, die richtigen Utensilien in Geschäften zu finden, können Sie sie auch über Versandhäuser und das Internet beziehen.

Das Einsetzen der Augen und das Sticken der Nase erfordert spezielle Nadeln – 13 cm, 18 cm, oder sogar 25 cm lange **Puppen-Nähnadeln** für die Augen und eine 9-cm-Nadel für die Nase. Manche Leute nehmen dafür auch eine größere Nadel. Die 9-cm-Nadel ist auch als Allzwecknadel zu

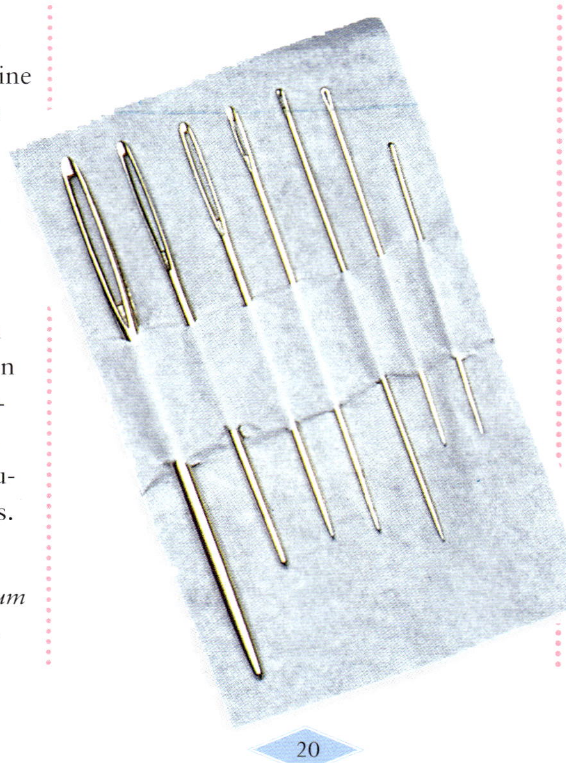

gebrauchen. Nur für das Einnähen der Augen wird eine sehr viel längere Nadel benötigt. Diese langen Nadeln sind alle stark und elastisch, sie müssen aber pfleglich behandelt werden, sonst gehen sie schnell kaputt. Drücken Sie die Nadel nicht von hinten durch den Stoff, da sie dabei zu stark gebogen wird, was ihr nicht gut bekommt. Führen Sie sie gefühlvoll und ziehen Sie sie, wenn sie steckenbleibt, mit der Spitze durch den Stoff. Im Notfall müssen Sie mit der Zange nachhelfen, doch versuchen Sie es zuerst mit dem Nadelabzieher. Gelegentlich wird auch eine dieser Nadeln brechen, aber wenn Sie achtgeben, können sie sehr lange halten.

Polster- oder Matratzennadeln, sind sehr dick und verursachen große Löcher. Sie sind daher nicht empfehlenswert, auch wenn keine Puppennähnadeln erhältlich sind.

Maschinennadeln werden stark beansprucht, da Mohair einen sehr harten Unterstoff besitzt. Am besten eignen sich spitze Jeans- oder Ledernadeln, die durch ihre leicht asymmetrische Spitze mehrere Lagen Mohair durchbohren können. Normale Textilnadeln sind nutzlos, da sie ständig abbrechen und sich verbiegen.

STECKNADELN

Lange starke Steppnadeln eignen sich gut zum Zusammenstecken kräftiger Stoffe und zum Feststecken der Ohren. Außerdem werden etwas kleinere Stecknadeln benötigt. Alle sollten Glasköpfe besitzen und nach Gebrauch durchgezählt werden. Egal, wie ordentlich Sie sind, es kann immer eine Nadel im Fell oder in der Füllung zurückbleiben. Stecknadeln sind außerordentlich schwer wieder aufzufinden, deshalb sollte niemals eine Nadel im Fell oder in der Füllung vergessen werden, besonders dann nicht, wenn der Teddy für ein Kind gedacht ist. Für Miniteddys brauchen Sie kurze, dünne Nadeln. **Perücken- oder Macramé-Nadeln** können ebenfalls nützlich sein, und mit **schwarzen Reißzwecken** lässt sich die Position der Augen markieren.

GARNE

Das Garn, mit dem der Teddy zusammengenäht wird, sollte farblich auf das Untergewebe des Webpelzes abgestimmt sein. So sind die Stiche weniger sichtbar. Für einen großen Teddy, der mit der Maschine oder von Hand genäht wird, kann normales Polyesternähgarn verwendet werden. Beim Nähen von Hand sollte man den Faden doppelt nehmen. Steppgarn ist stärker und damit für größere Teddys besser geeignet. Für das Befestigen der Ohren und Augen sowie für die Abschlussnähte wird **nylonverstärktes Garn** benötigt. Es muss eine hohe Spannung aushalten, besonders beim Einsetzen der Augen. Garn, das mit den Fingern zerrissen werden kann, ist nicht stark genug.

Durchsichtiges Garn hat viele Verwendungsmöglichkeiten, es sollte jedoch nicht in jedem Fall normalem Nähgarn vorgezogen werden. Da es immer dunkler wirkt als der umgebende Stoff – insbesondere bei Miniteddys aus Samt –, fallen die Nähte stark auf. **Heftgarn** wird auf großen Rollen oder Kegeln geliefert. Am besten wählt man es in der gleichen Farbe wie das Nähgarn. Als **Nasengarn** wird meist Perlgarn verwendet, das es in verschiedenen Stärken und vielen Farben gibt. Stärke 8 eignet sich für kleine Teddys bis 25 cm Größe, Stärke 5 für mittelgroße Teddys bis 40 cm und Stärke 3 für die größten Teddys. Weiterhin können dickes Knopfgarn, gewachstes Schneidergarn und alle passenden Stickgarne Verwendung finden. Baumwollstranggarn wird nicht für große und mittelgroße Teddys empfohlen, da es ausfranst und beim Bürsten des Teddys beschädigt werden kann. Es wird jedoch gern für die Nasen von Miniteddys verwendet, falls man keine Seide hat.

Einige wichtige Sticharten für das Nähen eines Teddys werden auf Seite 27 erklärt. Der wichtigste Stich ist der Matratzenstich, der für die Rückennaht verwendet wird. Es ist nicht ratsam, den Rücken nur mit Heftstichen zu nähen, da man dies immer sieht. Es fällt erst recht auf, wenn man versucht, die unschöne Naht mit einem Etikett zu verdecken.

Baumwoll-perlgarn

Weitere Werkzeuge

Zusätzlich benötigen Sie eine **Flachzange** zum Sichern der Splinte (s. Seite 47).

Im Fachhandel können Sie einen so genannten **Splintschlüssel** bekommen. Dieser vereinfacht die Sicherung der Splinte außerordentlich. Allerdings sollten Sie nicht den billigsten Schlüssel erwerben, da sich

beispielsweise Holzgriffe nach kurzer Zeit lockern können. Besser geeignet sind Splintschlüssel, deren Griff in Kunststoff gegossen ist. Wenn nur Splintschlüssel mit Holzgriff erhältlich sind, sollte man ihn mit starkem Klebstoff vorab schon sichern.

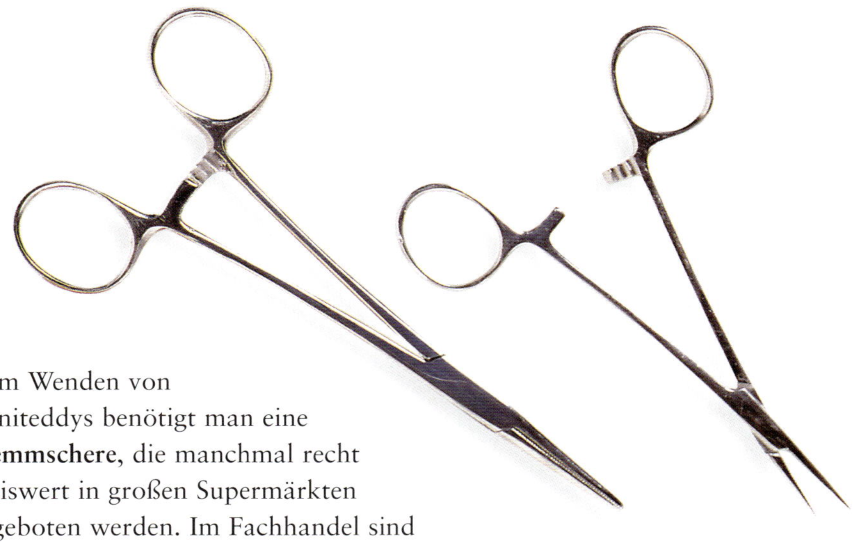

Zum Wenden von Miniteddys benötigt man eine **Klemmschere**, die manchmal recht preiswert in großen Supermärkten angeboten werden. Im Fachhandel sind sie oft sehr teuer. **Pinzetten** können auch benutzt werden, sind aber für den Anfänger schwieriger zu handhaben. Sie sind sehr nützlich, um winzige Gliedmaßen bis in die kleinsten Ecken mit Füllmaterial auszustopfen. Ein **Lineal** und ein **Maßband** können Sie dazu benutzen, die Augen, die Nasenstickerei und Weiteres an Ihrem Teddy nachzumessen.

Einige Bärenmacher schwören auf eine **Ahle** oder einen **Versenkstift**, um Löcher für Gelenke und Augen in den Stoff zu stanzen. Man kann jedoch auch eine geschlossene Schere dazu verwenden. Eine einzelne Scherenklinge ist zu gefährlich, da der Stoff zu weit aufreißen könnte. Halten Sie die Schere deshalb dabei immer geschlossen. Ein **Nahttrenner** leistet gute Dienste beim Auftrennen von Nähten. **Maul-** und **Schraubenschlüssel** dienen zum Anziehen der Schrauben in den Gelenken.

Stopfwerkzeuge

Bei weitem das beste und preiswerteste Stopfwerkzeug ist ein **asiatisches Essstäbchen aus Bambus**. Man kann auch Stäbchen aus Kunststoff verwenden, jedoch brechen sie leichter. Das Bambus-Stäbchen ist schmal und gut geeignet, um in kleine Winkel und Löcher zu gelangen. Kaufen Sie qualitativ gute Stäbchen, die nicht splittern. **Spezielle Stopfwerkzeuge** sind ebenfalls im Handel erhältlich, diese sind jedoch zu dick, um die kleinsten Hohlräume auszustopfen, die nach dem eigentlichen Stopfen übrig bleiben. Ein T-förmiges Werkzeug kann leicht selbst zu Hause hergestellt werden, und die anderen Stopfwerkzeuge sind auch keine große Hilfe. Sie sind zu dick für die Arme und Beine.

Normale **Holzkochlöffel** gibt es in verschiedenen Größen. Nehmen Sie lieber solche mit dickerem Griff, denn die dünnen brechen leichter. Sie splittern jedoch seltener als Essstäbchen. Verwenden Sie den Löffel nur zum Stopfen und nicht auch noch zum Kochen!

Form- und Trimmwerkzeuge sowie Techniken

Dazu brauchen Sie eine 13 cm lange Nadel und etwas baumwoll-umhülltes Nylongarn, nicht jedoch Garn, das zum Versäumen benutzt wird, denn es ist zu glatt. Baumwoll-umhülltes Garn verrutscht nicht so leicht und muss nicht so gründlich verknotet werden.

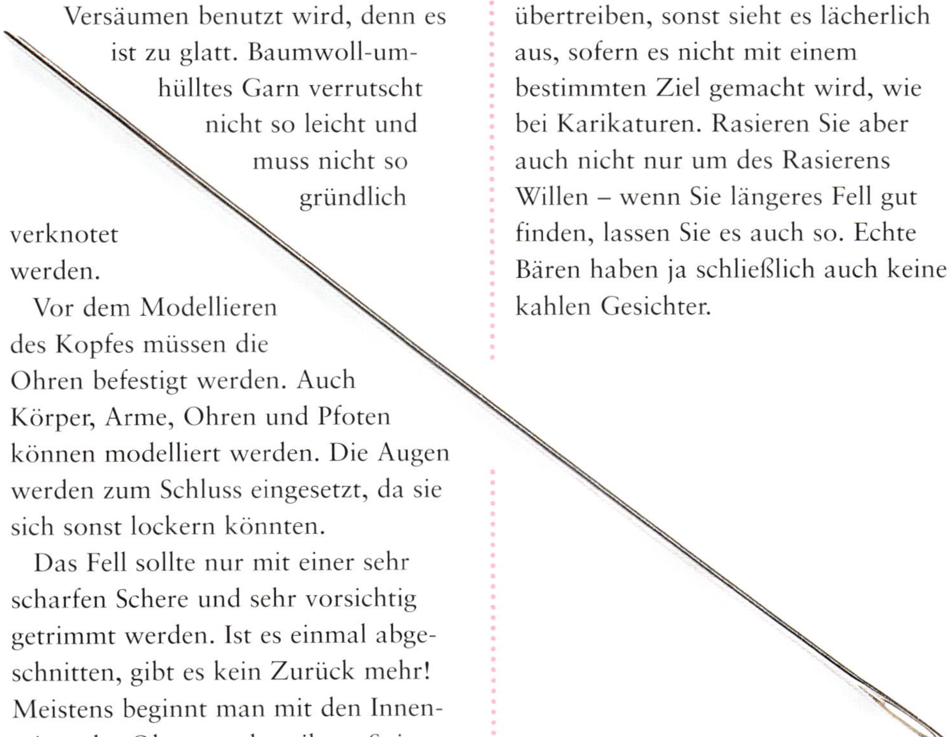

Vor dem Modellieren des Kopfes müssen die Ohren befestigt werden. Auch Körper, Arme, Ohren und Pfoten können modelliert werden. Die Augen werden zum Schluss eingesetzt, da sie sich sonst lockern könnten.

Das Fell sollte nur mit einer sehr scharfen Schere und sehr vorsichtig getrimmt werden. Ist es einmal abgeschnitten, gibt es kein Zurück mehr! Meistens beginnt man mit den Innenseiten der Ohren und an ihren Spitzen. Dann folgen die Nase, die Schnauze und, nachdem man zufrieden ist, die anderen Körperteile. Wie bei allen Dingen sollte man auch hier nicht übertreiben, sonst sieht es lächerlich aus, sofern es nicht mit einem bestimmten Ziel gemacht wird, wie bei Karikaturen. Rasieren Sie aber auch nicht nur um des Rasierens Willen – wenn Sie längeres Fell gut finden, lassen Sie es auch so. Echte Bären haben ja schließlich auch keine kahlen Gesichter.

Stimmen

Flachstimmen oder Spieluhren sind eine reine Geschmacksfrage. Flachstimmen klingen oft wie Schafblöken. Spaßig ist jedoch das Gesicht des Paketboten beim Abliefern eines Pakets mit Flachstimmen an der Haustür. Spieluhren sind teuer, aber manche Leute mögen sie. Bevor die Stimmen eingesetzt werden, sollten sie in einen Nylonstrumpf

gehüllt werden, der oben und unten mit einem Knoten verschlossen wird. Wahlweise kann das obere Ende auch fest um den Schlüssel der Spieluhr genäht werden. So kann die Füllung oder das Granulat nicht mehr in den Mechanismus eindringen und ihn zerstören. Man sollte darauf achten, dass der Leib des Teddys groß genug für den Mechanismus ist. Er muss um ihn herum gut ausgestopft werden, da sonst die harten Kanten der Spieluhr oder Flachstimme durch das Fell hindurch gefühlt werden können.

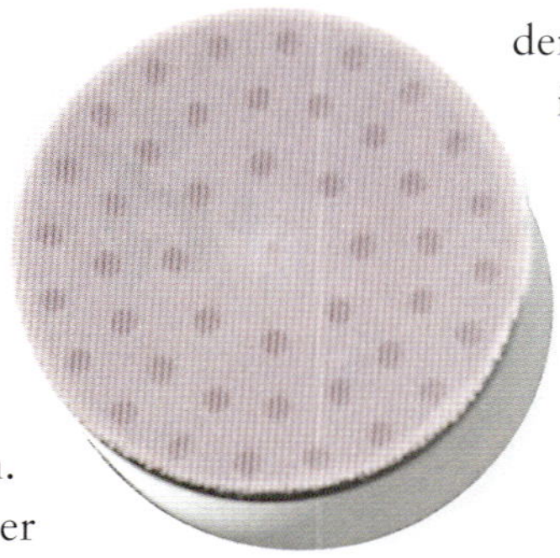

Geeignete Stoffe für Teddy-Kleidung

Für die Bekleidung der Teddys sind nur dünne Stoffe geeignet. Vermeiden Sie dicke Stoffe, da die Kleidung sonst steif vom Körper des Teddys absteht. Bevor Sie mit dem Einkleiden anfangen, überlegen Sie sich jedoch, ob der Bär Kleider überhaupt nötig hat.

Seide

Seide ist immer eine gute Wahl, denn sie ist dünn, fällt schön und kann für alle Teddygrößen, bis hin zu den kleinsten, verwendet werden. Allerdings ist sie nicht ganz pflegeleicht, da sie stark knittert und immer gebügelt werden muß. Häufig bekommt man in großen Warenhäusern Reste recht preiswert im Schlussverkauf. Mischgewebe sind auch möglich.

Feines Leinen

Leinen ist ideal für Hemden, Blusen und Kleider, wobei man auch dünne Baumwoll- oder Polyesterstoffe nehmen kann, die man in den Stoffgeschäften findet. Floh- und Trödelmärkte sind oft eine gute Quelle für schöne alte Stoffe und Zubehör: Puppenkleidung, kaum getragene Babykleidung, alte Bindekragen, Blusen, Hemden und Seidenkrawatten (für Teddywesten) aus zweiter Hand. Außerdem kann man alte Pullover auftrennen und aus den guten Teilen Teddypullover zusammensetzen. Gedeckte Farben wirken immer besser als allzu bunte, schreiende Töne.

Oben: *Suchen Sie immer nach Stoffen mit kleinen Mustern, große Muster sind für Teddys nicht geeignet.*

Suchen Sie immer nach Stoffen mit kleinen Mustern, große Muster sind generell nicht für Teddys geeignet. Ein kleiner Teddy in einem Kleid mit riesigen Rosen sieht grundsätzlich komisch aus. Dasselbe gilt für Spitze, die immer fein sein sollte.

Werkzeugpflege

Ihr wichtigstes Requisit ist die Pelzschere. **Niemals** dürfen Sie Papier oder Karton damit schneiden, deswegen sollten Sie sie nicht verleihen oder irgendwo herumliegen lassen, wo sie jedermann benutzen kann. Halten Sie sie scharf und bewahren sie fern von Nadeln, Glasperlen und anderen Dingen auf, die die Klingen stumpf machen können. Wenn sie klemmt, ölen Sie das Scharnier; wird sie stumpf, lassen Sie die Schere schleifen. Versuchen Sie es nicht mit einem Messerschleifstein. Kaufen Sie dann lieber eine neue Schere. Für das Ausschneiden von Schnittteilen brauchen Sie zusätzlich eine Papier- oder Haushaltsschere.

Auch die Nähnadeln sollten gepflegt werden. Werden die Nadeln gelegentlich mit der Zange gezogen, wechseln Sie sie öfter. Krumme oder raue Nadeln erschweren die Arbeit unnötig.

Ein Fingerhut schont die Finger, besonders bei den kleinen Nadeln für die Miniteddys. Falls Sie das nicht gewohnt sind, lohnt es sich, es zu üben. Kaufen Sie am besten einen aus Leder, den Sie im Fachgeschäft bekommen. Er sollte gut passen und nicht vom Finger fallen. Es hat wenig Sinn, wenn Sie ständig damit beschäftigt sind, ihn zurückzuschieben oder vom Boden aufzusammeln.

Klebstoffe

Bei Klebstoffen ist die richtige Sorte wichtig.

Kunststoffkleber

Der beste und preiswerteste Kleber für Teddys ist weißer, wasserlöslicher Allzweck-Kunststoffkleber, den man in allen Heimwerker- und Bastelläden bekommt. Wenn er fest wird, ist er farblos. Verwenden Sie ihn sparsam, da er sonst den Stoff verhärtet, was das Nähen erschwert. Kaufen Sie einen großen Behälter auf Vorrat und bewahren ihn an einem kühlen, trockenen Platz auf. Sie können dann bei Bedarf kleine Mengen abfüllen. Der Klebstoff kann auch nach Wunsch verdünnt verwendet werden, um Stoff zu versteifen, z. B. Krägen, Filzhüte etc., sowie um ein Ausfransen der Säume zu verhindern. Wenn Sie ihn sehr fein auftragen wollen, geben Sie eine kleine Menge in einen Deckel und tupfen Sie ihn mit einem Cocktailspieß auf.

Kleber auf Latexbasis

Dieser dringt zu leicht in das Gewebe ein und verursacht harte Stellen im Stoff, sodass er sich nicht mehr nähen lässt. Außerdem hinterlässt dieser Kleber Flecken und Rückstände, die man nicht mehr entfernen kann.

Allzweckkleber

Allzweckkleber kann man verwenden, aber auch er verursacht harte Stellen, die manchmal nicht erwünscht sind. Niemals sollten Sie Spritzpistolen verwenden. Hiermit lassen sich kleine Mengen sehr schwer dosieren, und Sie erhalten Streifen, die nicht zu entfernen sind. Für die dauerhafte Verbindung von Teilen sollte Klebstoff nicht allein verwendet werden. Hier muss zusätzlich genäht werden – vor oder nach dem Auftragen des Klebers.

Verwenden Sie Klebstoff immer in **sehr** kleinen Mengen, da er vom Stoff nicht mehr entfernt werden kann.

Sonstige nützliche Hilfsmittel

Beim Arbeiten an kleinen Teddys ist es ratsam, ein **Tablett** unterzulegen, damit kleine Teile nicht abhanden kommen. Auf einem Plastiktablett lassen sie sich zur Sicherheit auch mit Klebeband fixieren. Bei größeren Teddys kann man die kleinen Teile in **leeren Schachteln** aufbewahren. **Doppelseitiges Klebeband** ist ebenfalls nützlich, um kleine Dinge vor dem Nähen am Wegrollen zu hindern. Entfernen Sie es nach Gebrauch, da es sonst altert und sich verhärtet. Dasselbe geschieht mit Klebeband, das man beim Sticken der Nase zum Zurückhalten des Fells benutzt. Lassen Sie das Klebeband niemals länger als nötig dort, keinesfalls über Nacht, da es sonst klebrige Rückstände verursacht. Benutzen Sie daher weniger starkes Klebeband aus dem Schreibwarenladen für diesen Zweck.

Der Umgang mit Perlen (und Stecknadeln) ist immer problematisch, da sie leicht wegrollen. Ein **Nadelkissen** und ein **Magnet** können daher sehr nützlich sein. Überziehen Sie eine kleine Schachtel mit Samt, beschweren Sie sie und füllen sie mit Schaumstoff oder Samt – fertig ist das Nadelkissen.

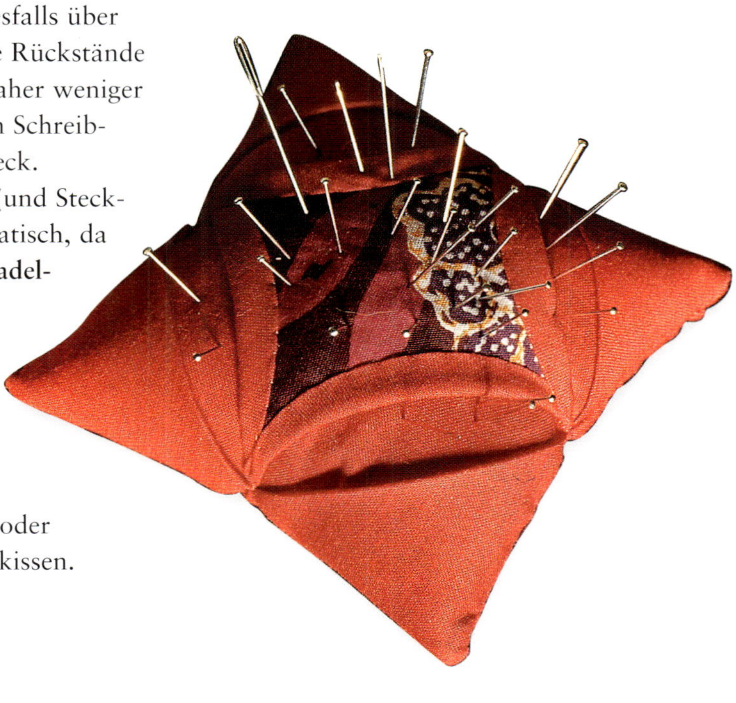

Eine große **Plastiktüte** ist nützlich, um das Tablett nach der Arbeit abzudecken. Einige kleinere kann man dazu verwenden, fertige und unfertige Teile der Arbeit zu verstauen.

Benutzt man eine Nähmaschine, muss jedes Teil vor dem Nähen festgesteckt oder -geheftet werden. Webpelz verrutscht sehr leicht, und dann werden die Nähte schief. Strickstoff näht man am besten mit einem sehr kleinen Zickzackstich, mindestens 12–15 Stiche auf 2 cm. Gewebte Stoffe, besonders Mohair, werden dagegen mit geraden Stichen genäht. Bei größeren Teddys ist es wegen der Haltbarkeit besser, das Garn doppelt zu nehmen, sofern man nicht Steppgarn verwendet.

Man sagt, wer nähen kann, kann auch Teddys nähen. Das stimmt zwar, aber wenn man den Teddy von Hand nähen will, kommt es darauf an, sehr sorgfältig und methodisch zu arbeiten. Die Stiche müssen ebenmäßig sein und die richtige Spannung haben, genau wie die maschinengenähten. Sie müssen gleich groß, klein und ganz gerade sein. **Jeder** Stich muss genau dieselbe Länge, Tiefe und Spannung besitzen. Dies gilt für alle Nähte, nicht nur für die Nasenstickerei. Wenn das noch nicht klappt, üben Sie mit alten Stofffetzen oder benutzen Sie eine Nähmaschine.

Vorbereitungen für bequemes Arbeiten

Sitzen Sie bequem? Wenn Sie während der Arbeit feststellen, dass Nacken und Schultern verspannt sind oder der Rücken schmerzt, sitzen Sie nicht richtig. Wenn der Stuhl zu tief ist, müssen Sie den Rücken zu stark krümmen. Die Rückenlehne sollte Ihren Rücken unterstützen, und das kann sie nicht, wenn sie zu weit hinten ist. In diesem Fall kaufen Sie sich ein festes Lendenkissen, um diese Lücke auszufüllen und Sie dazu zum Geradesitzen zu zwingen. Ist der Stuhl zu hoch, schneidet der Sitz möglicherweise die Blutzufuhr zu den Beinen ab. Wenn Sie immer wieder daran denken, sich aufzurichten, und der Stuhl die ganze Länge ihres Rückens und ihrer Oberschenkel berührt, ohne Unannehmlichkeiten zu verursachen, haben Sie die richtige Sitzgelegenheit. Ein Stuhl, der Ihren Rücken nicht genug unterstützt, verursacht Rücken- und Kopfschmerzen. Auch Ihre Arbeit wird darunter leiden.

Ihre Arbeitsplatte sollte in einer solchen Distanz und Höhe sein, dass Sie Ihre optimale Sitzposition beibehalten können. Sie sollte nicht zu weit weg sein, damit Sie bequem alles erreichen und gut sehen können. Falls Sie an einem Tisch arbeiten, müssen Stuhl- und Tischhöhe Ihrer Größe angepasst sein, nicht umgekehrt. Unverstellbare Stühle sind oft zu niedrig.

Ein Tisch bietet viel Platz für all die Dinge, die Sie für Ihre Arbeit benötigen, aber ein Tablett auf dem Schoß tut es mitunter auch. Halten Sie alle Utensilien in Griffnähe bereit.

Oben: *Bequeme Sitzhaltung – Paulchen von Gary Nett.*

Sorgen Sie dafür, dass Sie gut sehen können. Eine Lupe, die man auch um den Hals tragen kann, ist hier hilfreich, ebenso eine Vergrößerungsbrille (Lesehilfe). Es gibt sie in unterschiedlichen Stärken.

Gutes Licht ist ebenfalls notwendig, sowohl allgemein als auch punktuell, um sicherzustellen, dass die Augen die Stoffstrukturen und Farbunterschiede gut erkennen können. Man sollte nicht bei hellem punktuellem Licht am Arbeitsplatz, aber schwachem Raumlicht arbeiten, da der Kontrast zu stark ist und die Augen zu sehr anstrengt. Zu intensives Licht kann die Augen auch belasten. Wenn Sie die Augen nach der Arbeit schließen und das letzte Bild des Teddys immer noch vor sich sehen können, war das Licht zu stark.

Wenn Sie gerne unter einem Spot oder einer Schreibtischlampe arbeiten, sollte die Wattzahl nicht zu hoch sein, dafür aber das Raumlicht so hell wie möglich. Das punktuelle Licht sollte am besten seitlich einfallen: von links, wenn Sie Rechtshänder sind, und umgekehrt.

Sonnenlicht ist verlockend, jedoch ebenfalls nicht so günstig. Es wirft einen dunklen Schatten, obwohl dies auch verhindert werden kann, indem man einen Spiegel zur Reflexion benutzt, der in den Schatten gerichtet wird und direkt Ihre Arbeit beleuchtet.

Ich hoffe, Sie freuen sich auf Ihren ersten Teddy, und ich nehme an, Sie beginnen jetzt mit dem ersten Projekt. Wenn Sie möchten, können Sie Mohair dazu verwenden. Während Sie sich durch das Buch arbeiten, werden Sie bei jedem Teddy verschiedene Techniken kennen lernen. Schließlich werden Sie eine ganze Reihe von Teddybären haben, auf die Sie zu Recht stolz sein können. Vor allem aber sollten Sie langsam und sorgfältig arbeiten und die Anleitung vor Beginn immer gründlich durchlesen. Wenn Sie erst einen Teddy gemacht haben, dann aber nach langer Pause wieder damit anfangen, frischen Sie vorher Ihre Kenntnisse auf. Kaufen Sie vorher alles, was Sie brauchen, und bewahren Sie es separat von den anderen Nähsachen auf. Lassen Sie sich nicht von anderen Dingen wie Fernsehen ablenken und arbeiten Sie methodisch und akkurat.

HINWEISE UND TIPPS FÜR PERFEKTES NÄHEN

Aus einem Schnittmuster lassen sich viele verschiedene Teddys machen, denn alle Muster können durch Fotokopie in der Größe verändert werden. Jeder Teddy wurde für einen bestimmten Stoff entworfen, aber Sie können jeden anderen Stoff nehmen, der Ihnen mehr zusagt. Ein Teddy sieht mit langem dichten Fell viel größer aus als mit kurzem, dünnen Fell.

Lassen Sie sich mit jedem Lernabschnitt viel Zeit. Es ist kein Hobby wie Stricken oder Sticken, das man in Fernsehpausen aufnimmt und wieder hinlegt. Man benötigt Zeit und Konzentration, um Fehler zu vermeiden. Mit Präzision und ordentlichem Arbeiten entstehen Qualitätsteddys.

Alle Teddys dieses Buchs können mit der Hand genäht werden, aber mit der Nähmaschine geht es schneller und ist auch, besonders bei großen Bären, weniger anstrengend. Nähen Sie langsam und vorsichtig. Halten Sie die Maschine frei von Flusen und immer betriebsbereit. Das Maschinenöl darf nicht mit dem Mohair in Berührung kommen, denn dies kann die Maschine verkleben. Wenn Sie Stoffe nähen, die stark fasern, ist es wichtig, die Maschine regelmäßig zu säubern. Eine kleine, harte Bürste sollte zu diesem Zweck immer zur Hand sein. Auch ein batteriebetriebener Tischstaubsauger oder ein Aufsatz für den Haushaltssauger ist sinnvoll.

Sticharten für Teddymacher

Matratzenstich – der ideale unsichtbare Stich für alle Abschlusssäume. Die Stiche wandern wie Leitersprossen den Saum entlang. Sie werden auf der Oberseite des Stoffes gesetzt. Ziehen Sie den Faden ungefähr alle drei Stiche leicht an. Sind die Stiche fest genug, dann faltet sich die Saumkante nach innen um und verbirgt die Stiche vollkommen.

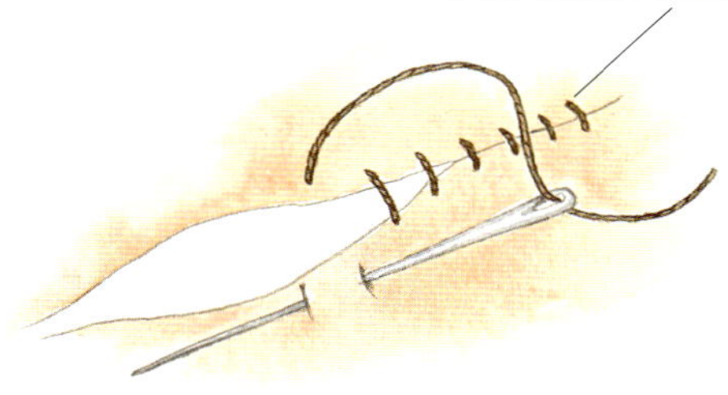

Fadensicherung mit Knoten und 2 oder 3 kleinen Stichen

Diagonalheftstich – Die Alternative zum Rückstich. Beim Anwenden dieser Stichart für Miniteddys sollten die einzelnen Stiche sich fast berühren, und die Unterseite der Stiche (durch den Stoff) sollte exakt ausgerichtet sein, da sonst ungerade Nähte entstehen.

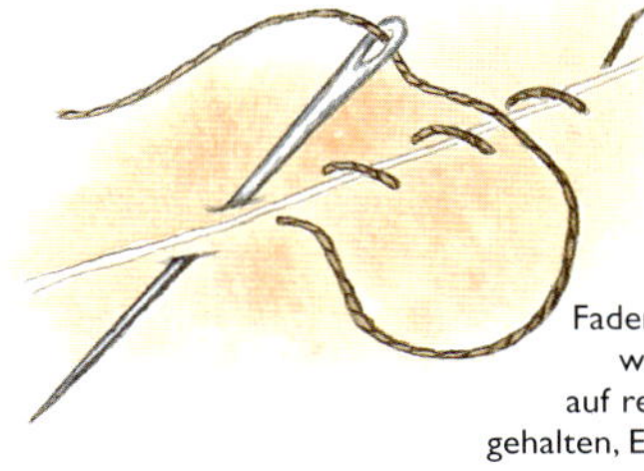

Faden muss gesichert werden. Stoff wird auf rechts zusammengehalten, Einstich von oben

Rückstich (Steppstich) – die Stichart, die für Teddys am meisten gebraucht wird. Für Miniteddys sollten bei einer Nadel der Stärke 12 etwa 15 bis 20 oder mehr Stiche auf 2 cm kommen.

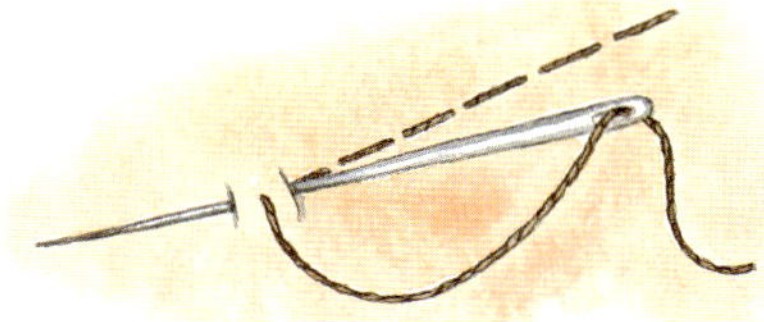

Kann auch wie ein Heftstich erst in eine Richtung, dann in die andere gearbeitet werden

Nähen

Näharbeiten müssen immer akkurat ausgeführt werden. Wenn Sie Probleme damit haben, die Naht exakt im Abstand von 6 mm zum Stoffrand zu halten, benutzen Sie einen Abstandhalter für Nähmaschinen.

1. Die erste Methode für einen sauberen und professionellen Abschluss ist, das Fell auf der Nahtzugabe am Rand aller Stoffteile zu kürzen. Übertreiben Sie es aber nicht, sonst werden die Nähte kahl. Bei dieser Methode müssen die Nähte jedoch extrem akkurat genäht werden, ob von Hand oder mit der Maschine.

2. Alternativ können Sie die Fellhaare auch während des Nähens nach innen stecken. So wird es üblicherweise gemacht, jedoch könnten dann einzelne Fellbüschel aus den Nähten herausschauen, was unordentlich wirkt.

3. Die dritte Methode besteht darin, die Fellteile zusammenzunähen, ohne auf die Haare zu achten, und sie danach von der rechten Seite her alle sorgfältig aus den Nähten herauszuziehen.

4. Eine aufwändige, aber gründliche Methode besteht darin, die Teile zuerst nur zu heften, die Haare von rechts herauszuziehen, zu wenden und alles endgültig zusammenzunähen. So bleibt kein Fell in der Naht stecken.

Welche Methode Sie auch wählen, achten Sie darauf, diese beim gleichen Teddy beizubehalten. Stecken und heften Sie die Teile vor dem Nähen zusammen. Markieren Sie am besten alles mit Garn, da gezeichnete Markierungen leicht verschwinden können.

Vor dem Wenden aller Teile sollten Sie alle Nähte überprüfen, um sicherzustellen, dass sie sich nicht zu nahe am Rand befinden, und beide Stoffteile durch die Naht erfasst sind. Fehler können Sie so sofort korrigieren. Wenn diese öfter auftreten, achten Sie sorgfältiger darauf, die Teile vor dem Nähen gut zusammenzuheften. Falls etwas übersehen wird, werden beim Stopfen Löcher auftreten.

Alle Teddys können vollständig von Hand genäht werden (s. Seite 27). Zuerst sollten alle Nähte mit Heftnähten zusammengeheftet und danach im Rückstich genäht werden. Möglich ist es, die Nahtlinie auf dem Stoff vorzuzeichnen, bevor man endgültig näht.

So ist eine gerade Naht einfacher zu erzielen. Wenn Sie die Nähmaschine vorziehen, sollten Sie alle Nähte vorher **sehr** eng abstecken (oder mit Heftstichen verbinden). So verhindern Sie am besten ein Verrutschen, das bei Webpelz ziemlich schnell passieren kann.

Sie sollten die Nähte niemals mit dem Bügeleisen glätten. Dabei kann das Fell schmelzen. Falls Nähte auseinandergebügelt werden müssen, ist es ausreichend, dies fest mit den Fingern oder der Rückseite eines Fingernagels zu machen.

Überprüfen Sie Ihre Näharbeiten immer wieder. Wenden Sie die Teile mit Ihrem Stopfwerkzeug. Man kann es ebenfalls dazu verwenden, die Gliedmaßen bis in die Ecken hinein nach Löchern zu untersuchen, bevor man mit dem eigentlichen Stopfen beginnt.

Pfoten und Beine sollten vor dem Zusammennähen absolut flach liegen und nicht verdreht sein. Wenn sie vor dem Nähen schon verdreht sind, werden sie danach noch viel verdrehter aussehen, und der Teddy bekommt womöglich Arme oder Beine, die nach außen weisen, statt nach innen zum Körper. Dies entsteht, wenn die Teile unsauber ausgeschnitten sind oder die Pfoten schief an die Arme und Beine angenäht wurden. Wenn Sie ein Schnittteil zeichnen, kann die Strichbreite des Stiftes Fehler verursachen. Überprüfen Sie daher, ob Zeichnung und Original übereinstimmen.

Füllung und Gelenke

Beim Stopfen müssen alle Hohlräume in Kopf, Körper und Gliedmaßen ausgefüllt werden. Die Hohlräume werden sonst immer größer, und es bilden sich Klumpen und Knoten. Günstig ist es, alle Teile nach dem Stopfen über Nacht liegen zu lassen, bevor man sie zusammenfügt. Das Material kann sich setzen, die Luft entweicht zum Teil, und Hohlräume verschwinden. Die Teile können dann nachgestopft werden.

Der Kopf muss relativ hart gestopft werden. Es sollte nicht möglich sein, einen Finger hineinzustecken. Die Festigkeit sollte ungefähr die einer Orange oder Grapefruit sein. Ein Apfel wäre zu hart, um die Augen einsetzen zu können oder den Kopf später noch zu gestalten.

Ohren werden selten ausgestopft, lediglich geformt und am Kopf befestigt oder in die Kopfseitennähte eingesetzt.

Bei großen Teddys reicht eine kleine Menge Füllmaterial im oberen Teil der Ohren aus, die man mit einigen Stichen sichert (s. Entwurf 25).

Die Pfoten sollten gleichmäßig und fest gestopft sein und keine scharfen Ecken oder Zipfel haben. Die Pfotenpaare sollten jeweils gleich lang und breit sein. Unebene Pfoten entstehen oft, wenn die Naht zwischen Unterarm und Pfote ungleichmäßig ist und die

Oben: *Stopfen des Kopfes.*

Pfoten nicht ganz gerade eingenäht wurden. Kräuselungen entstehen, wenn die Pfoten zu groß für die Öffnung im Arm oder Bein ausgeschnitten wurden und dies beim Einnähen nicht bemerkt wurde. Man sollte daher die Teile immer vor dem Zusammennähen vergleichen. Wenn Sie Pfoten und Fell außen um die Schnittmarkierung herumschneiden, kann die Pfote im Umfang mehr als 1 mm zu lang sein. Dies verursacht mit Sicherheit Probleme.

Wenn die Pfoten des Teddys näher an der Rückennaht sitzen, wird es immer so aussehen, als wolle er umarmt werden. Seine Pfoten sind immer offen. Wenn sie eher an der Vorderseite sitzen, werden sie enger zusammenstehen und können sogar im Sitzen innerhalb der Beine liegen. Dasselbe gilt für die Beine. Nach hinten weisende Beine stehen weiter auseinander, und wenn sie weiter vorne befestigt sind, wird er mit geschlossenen Beinen sitzen.

Teddys mit losen Gelenken fallen leicht nach vorne um. Besser ist es, die Gelenke so stark wie möglich zu befestigen, statt ihnen Spielraum zu geben.

Stickereien

Wie bei vielen Dingen macht die Übung auch hier den Meister. Nasen, die auf guter Grundlage gestickt sind, sehen immer hübscher aus als auf ungleichmäßigem Untergrund. Wichtig ist eine gleichbleibende Fadenspannung, sodass jeder Stich gleich aussieht.

Links: *Teddys von alten und modernen Künstlern, Eigentümer: Margaret und Gerry Grey.*

BENJAMIN

Benjamin ist Ihr erster Teddybär. Hier können Sie in Ruhe mit preiswerterem Plüsch experimentieren, bevor Sie sich an einen Mohairteddy wagen. Er dient als Vorlage für alle folgenden Modelle. Benjamin ist ein einfacher, ziemlich großer Teddy mit mittellangem Kunstfell, Sicherheitsaugen und Flachstimme im Bauch. Er ist für Kinder geeignet. Nach diesem Muster stellen Sie einen runden, kurzbeinigen Teddy mit kurzer Schnauze her. Benjamin trägt einen gestrickten Schal.

1 Schnittmuster erstellen

Kopieren Sie die Schnittteile mit Hilfe von Pergamentpapier und einem weichen Bleistift ab und kleben Sie sie auf Karton. Achten Sie dabei auf Genauigkeit, damit alles zusammenpasst.
Die Schnittteile müssen auf jeden Fall aus Karton sein, Papier ist für diesen Zweck nicht geeignet. Beim Feststecken eines Papierschnittteils auf Plüsch wird das Ergebnis zu ungenau, sodass die Teile beim Zusammennähen nicht passen. Sie können alte Lebensmittelpackungen als Karton verwenden. In diesem Fall dient die bedruckte Seite als rechte (Fell-)seite. Schneiden Sie alle benötigten Teile aus, einschließlich der zwei Beine (bzw. vier Beinhälften).
Übertragen Sie alle Markierungen des Schnittmusters auf den Karton und vergewissern Sie sich, dass jedes Teil richtig herum liegt. Versehen Sie jedes Teil mit seiner Bezeichnung. Denken Sie daran, es bei Bedarf umzudrehen.
Heften Sie den Karton an der bedruckten Seite mit Klebeband fest. Dies verhindert ein Verrutschen, während Sie auf dem Stoff zeichnen. Markieren Sie die Stellen der Gelenke und Augen durch kleine Löcher im Schnittmuster, damit Sie deren Position auf der Stoffrückseite leichter finden.
Stanzen Sie mit einem Locher in jedes Schnittteil ein Loch. So können Sie sie auf eine Sammelschnur gefädelt aufbewahren, um sie wiederzuverwenden.
Mit einem kompletten Satz von Schnittteilen lässt sich bei geschickter Anordnung der Teile Stoff sparen.

FÜR ALLE ENTWÜRFE BRAUCHEN SIE

- ❖ Pergamentpapier
- ❖ Dünnen Karton
- ❖ Bleistift, weich (B oder HB)
- ❖ Papierklebstoff
- ❖ Papierschere
- ❖ Klebeband (nicht das schwach klebende, das sonst empfohlen wird)

Optional

- ❖ Locher
- ❖ Sammelschnur

FÜR BENJAMIN BRAUCHEN SIE

- ❖ Für Ihren ersten Teddy benötigen Sie ½ m Plüsch. Dies genügt, um eventuelle Fehler auszugleichen
- ❖ Nähgarn, passend zum **Untergewebe** des gewählten Plüschstoffs
- ❖ Starkes Knopfgarn, oder besser noch, Teppichgarn
- ❖ Füllmaterial, ca. 700 g Spielzeugwatte aus Acryl
- ❖ Ein 55-mm-Gelenk für den Kopf
- ❖ Vier 45-mm-Gelenke für die Glieder
- ❖ Ein Paar Sicherheitsaugen, Größe und Farbe nach Wunsch. Benjamin hat schwarze Augen von 16 mm Ø
- ❖ Schwarze Sicherheitsnase oder ca. 5 m Nasengarn (Baumwollperlgarn oder dickes, schwarzes Garn)
- ❖ Stecknadeln, Textilkreide (für braune und schwarze Stoffe) oder dünnen Filzstift (für alle anderen Farben)

2 Schnittauflage

Jedes Schnittteil ist mit einem Pfeil versehen. Dieser zeigt die Richtung des Florlaufs an. Liegt der Stoff auf einem Tisch aus (gehalten durch ein Brett), können Sie die Florrichtung durch einfaches Darüberstreichen mit der Hand feststellen.

Anschließend zeichnen Sie einen großen Pfeil auf die Rückseite des Stoffs. Jedes Schnittteil kann nun immer mit diesem Pfeil abgeglichen werden. So ist gewährleistet, dass das Fell Ihres Bären auf jeden Fall in der richtigen Strichrichtung verläuft.

Überprüfen Sie jetzt, ob Sie alle benötigten Schnittteile in der richtigen Anordnung beieinander haben. Die Teile fallen öfter mal auf den Boden oder rutschen unter den Stoff.

Verschwenderische Schnittauflage, die Teile liegen zu weit auseinander

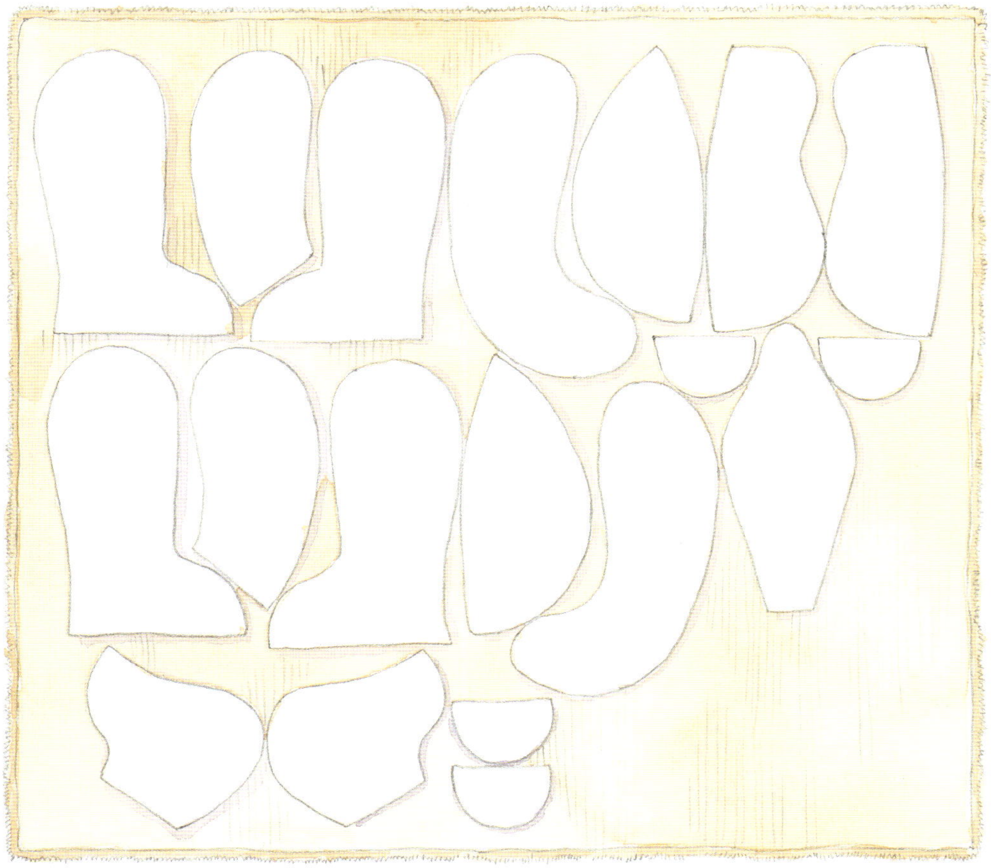

Bessere Schnittauflage, Teile liegen eng beieinander

Haben Sie zwei Beine (vier Schnittteile, zwei mit dem Fuß nach rechts zeigend und zwei nach links), zwei gleich aussehende Fußsohlen und vier verschiedene Armteile mit den jeweiligen Pfotenteilen? Gibt es vier Körperstücke, alle verschieden? Haben Sie zwei Kopfseitenteile, beide mit verschiedener Blickrichtung, ein Kopfmittelteil und vier Ohren? Überprüfen Sie alles noch einmal mit der obigen Zeichnung. Dies erspart Ihnen später viele Probleme.

Legen Sie die Schnittteile auf die linke Stoffseite. Übertragen Sie das Schnittmuster auf den Stoff. Dann kennzeichnen Sie mit Kreide oder Filzstift alle Teile mit den entsprechenden Markierungen, d. h. die Position der Gelenke, Augen usw., und wo der Saum offen bleibt.

Achten Sie bei Benutzung eines Filzstifts darauf, dass die Farbe nicht von Ihren Fingern auf den Plüsch übertragen wird. Am besten eignet sich ein feiner Permanentmarker, der auf dem Stoff sofort trocknet.

Überprüfen Sie erneut Ihre Schnittauflage und vergewissern Sie sich, dass die richtigen Teile umgedreht sind.

Auf weißem oder sehr hellem Stoff müssen alle Markierungslinien beim Zuschneiden verschwinden, da sonst beim fertigen Teddy dunkle Ränder sichtbar werden.

Schreiben Sie nicht mit Tinte auf die Rückseite des Plüschs, sonst könnte der Teddy dunkle Flecken bekommen, die von innen durch das Fell schimmern.

Falls Sie Angst haben, ein ausgeschnittenes Teil später nicht mehr zuordnen zu können, lassen Sie das Schnittmuster während der Arbeit vor sich liegen, um den Überblick zu behalten. Bald werden Sie die Teile auch alleine gut erkennen können.

Auf dunklen Stoffen kann mit Pastellstiften aus dem Künstlerbedarf gezeichnet werden. Textilstifte sind nicht so gut geeignet für Plüschstoffe, da die Farbe zu schwach ist.

Nun ist alles zum Zuschneiden bereit. Schieben Sie die Spitze der Schere zwischen den Unterstoff und den Flor. Wenn Sie Plüsch schneiden, sollten Sie nur den Unterstoff zertrennen, auf keinen Fall den Flor. Ansonsten haben die Fellsäume gestutzte Ränder und seltsame kahle Stellen. Deswegen verwenden Sie eine kleine, sehr scharfe Schere, mit der Sie mehr schnippeln als schneiden. Markieren Sie die Positionen der Augen, Ohren und Glieder mit Stecknadeln, nicht mit Kreide, damit Sie beim Nähen nicht weggewischt werden.

Schneiden des Unterstoffs

3 Der Kopf

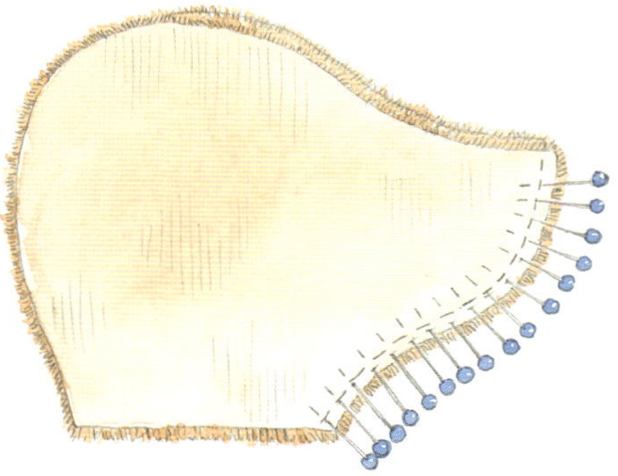

Bild 1

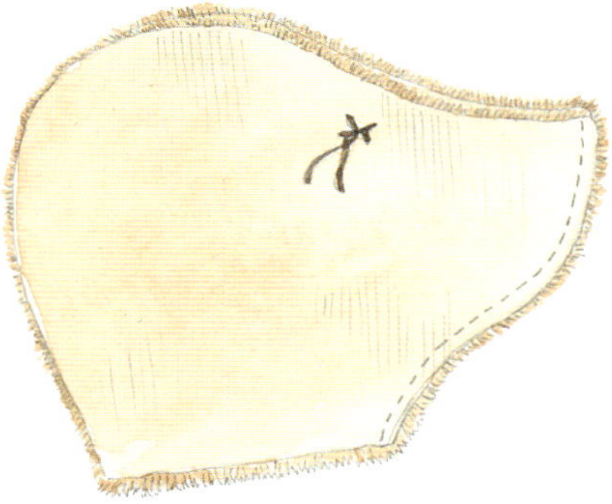

Bild 2

1. Wenn Sie den Kopf des Bären zuerst fertig stellen, kann er Ihnen bei der weiteren Arbeit zusehen. Legen Sie die Seitenteile des Kopfes rechts auf rechts übereinander und heften Sie A–A, B–B usw. zusammen (Bild 1). Nähen Sie die Teile für bessere Haltbarkeit doppelt zusammen, zuerst vom Kinn zur Nase. Diese Naht wird nämlich beim Stopfen des Kopfes stark belastet (Bild 2).

2. Falten Sie das Kopfmittelteil in der Mitte und markieren Sie die Nase. Verlassen Sie sich nicht auf Ihre vorherige Markierung, da die Mittelnaht der Kopfseitenteile krumm sein kann, wenn Sie die Nase sticken.

3. Befestigen Sie von der Nase aus das Kopfmittelteil mit Stecknadeln und heften es zusammen. So wird die Nase weich und rund (Bild 4). Lesen Sie zuvor die Anleitung für die Ohren auf Seite 36.

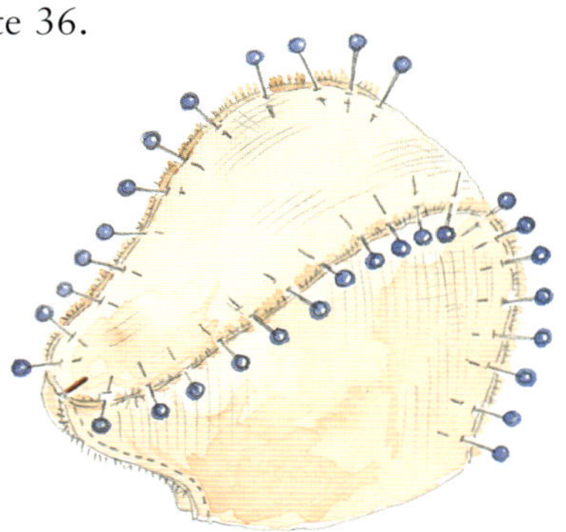

Bild 4

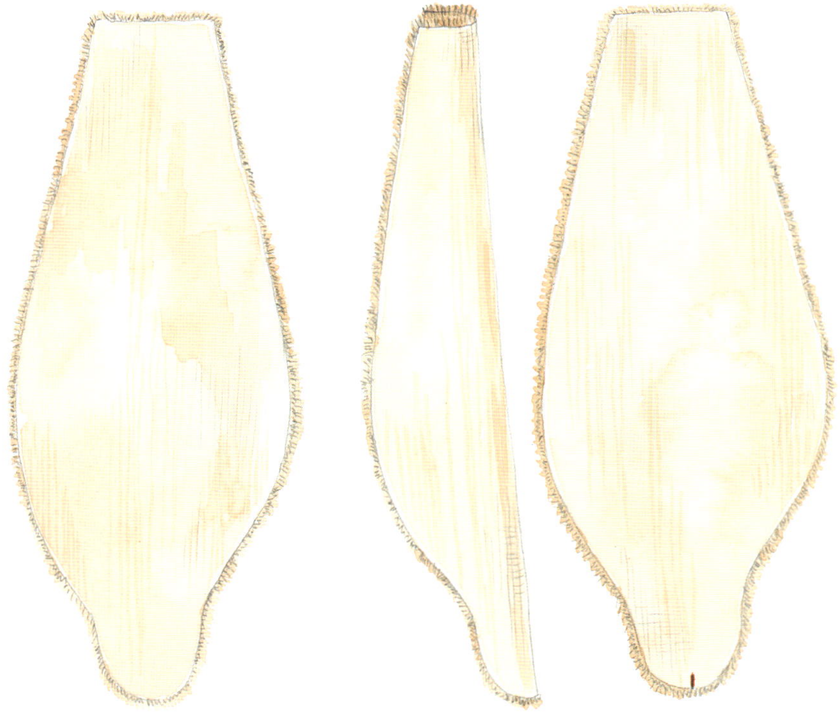

Bild 3

4. Wenden Sie den Kopf und stopfen ihn fest aus. Wählen Sie die Stellen für die Augen aus. Platzieren Sie dort schwarze Reißzwecken und sehen sich den Kopf von allen Seiten an (Bild 5). Sind Sie zufrieden? Wenn nicht, stecken Sie die Reißzwecken um und überprüfen Sie das Ergebnis. Platzieren Sie die Augen nicht zu weit oben am Kopf des Bären, sonst sieht er etwas trottelig aus. Auch sollten sie weder zu eng an der Nase sitzen, noch zu weit auseinander unter seinen Ohren versteckt sein. Fast alle echten Bären haben natürliche Augenhöhlen. Diese Stellen sind für die Augen am geeignetsten. Große Augen machen einen Bären jünger bzw. weiblicher. Kleine Augen lassen ihn älter bzw. männlicher aussehen. Egal, wo die Augen schließlich angebracht werden, sie müssen fest an den Kopf gezogen werden und dürfen nicht lose auf dem Fell sitzen.

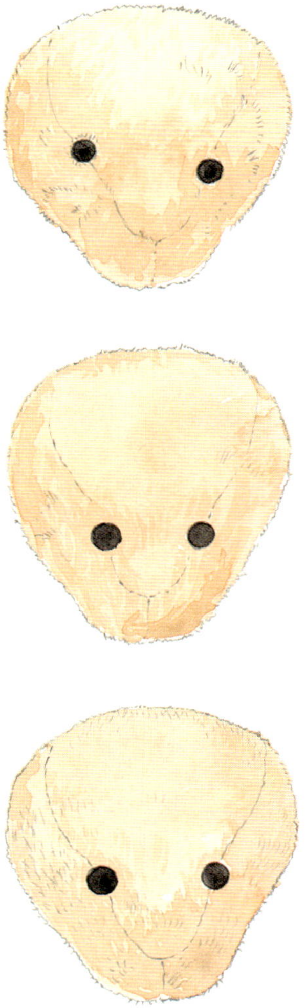

Bild 5

Wenn Sie zufrieden sind, markieren Sie die Position mit Stecknadeln und entfernen die Füllung aus dem Kopf. Achten Sie dabei darauf, nicht die Stecknadeln mit herauszuziehen. Die Augen sind die Seele Ihres Teddys. Sein Erscheinungsbild hängt sehr stark von der Position der Augen ab.

5. Um die Sicherheitsaugen einzusetzen, machen Sie zuerst Löcher an den Markierungen und nähen Sie mit Knopflochstich außen herum.

Um die Augen möglichst tief in das Fell zu setzen, schneiden Sie die Haare **sehr vorsichtig** nur an der zukünftigen Stelle der Augen ab. Schneiden Sie nicht zu viel ab, sonst bekommt der Teddy kahle Ränder um die Augen. Eventuell können Sie die Augen zusätzlich mit etwas Klebstoff fixieren, damit sie noch fester sitzen.

Drücken Sie den Schaft des Auges durch das Loch (Bild 6), entfernen es dann wieder und nähen mit Knopflochstich um das vergrößerte Loch herum. Setzen Sie das Auge wieder ein und stecken Sie die Sicherungsscheibe auf.

Sicherheitsgelenk aus Kunststoff

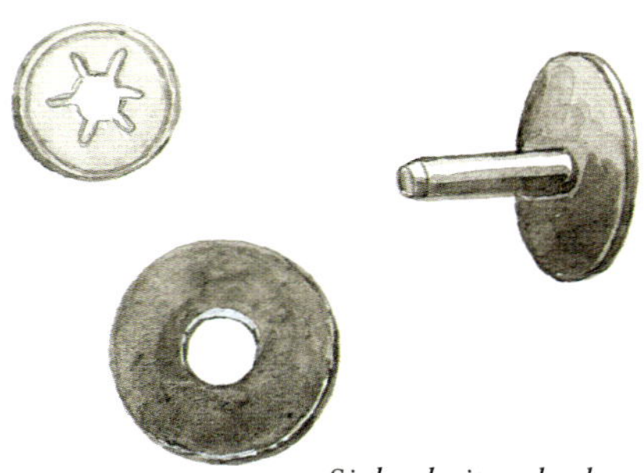

Sicherheitsgelenk

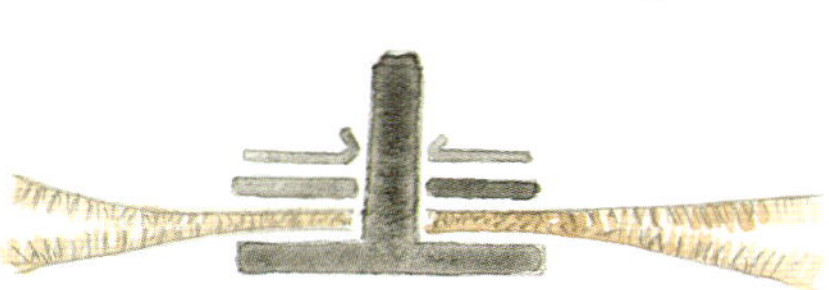

Sicherheitsauge aus Kunststoff

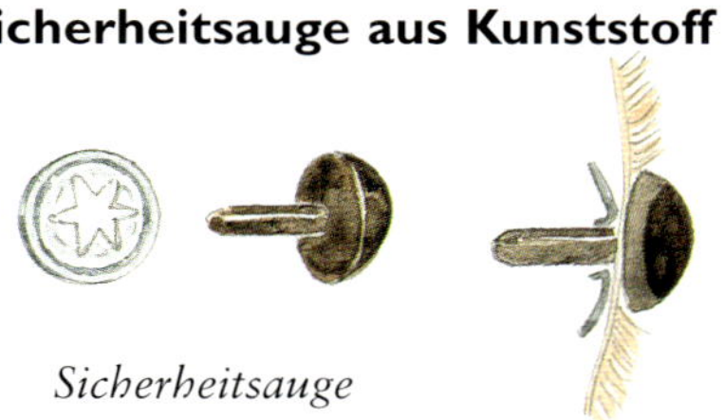

Sicherheitsauge

Die Sicherheitsscheiben werden mit den Augen mitgeliefert. Sie sollten beim Einsetzen eine weiche, gepolsterte Unterlage als Gegendruck verwenden, um die Augen nicht zu beschädigen.

Pressen Sie sie fest zusammen, bis Sie das Klicken hören. Sie können dafür ein spezielles Werkzeug, eine Garnrolle oder ein 13-mm-Kupferrohr als Hilfsmittel verwenden. Nach dem Einrasten darf kein Fingernagel mehr zwischen Scheibe und Auge passen.

6. Falls Sie sich für eine Kunststoffnase entschieden haben, setzen Sie sie an der Spitze der Schnauze (wo die Nähte der drei Kopfteile zusammenkommen) ein, bevor Sie den Kopf wieder stopfen.

7. Stopfen Sie den Kopf mit Füllmaterial in kleinen Portionen und drücken es dann mit Ihrem Füllwerkzeug fest an (Bild 7). Die Nase sollte zuerst hart ausgestopft werden, bevor Sie zum Rest des Kopfes übergehen. Der ganze Kopf sollte ziemlich hart sein. Formen Sie ihn während des Stopfens mit der Hand und achten Sie darauf, dass keine Löcher von außen fühlbar sind. Für Benjamin wird Füllmaterial in einer Menge benötigt, die etwa dem Volumen von zwei Fußbällen entspricht.

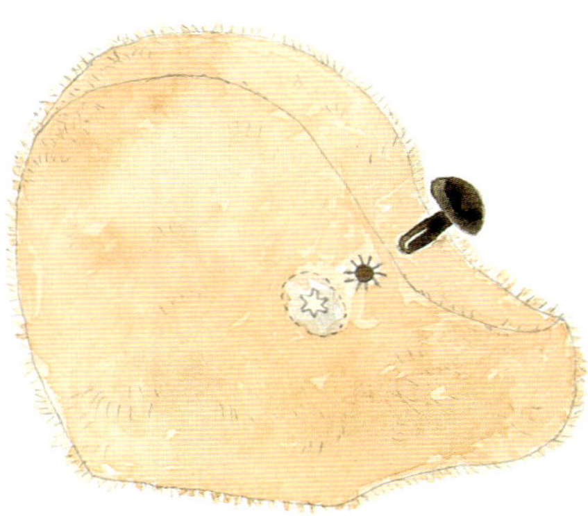

Bild 6

Bild 7

8. Jetzt können Sie mit dem Einsetzen des Kopfgelenks beginnen. Zuerst schieben Sie das Teil mit dem Schaft in den Kopf (Bild 8). Nähen Sie mit sehr festen Heftstichen ein- oder zweimal rund um den Rand des Halses, wobei das Schaftende heraussteht. Sichern Sie den Faden gut (Bild 9). Dies ist wichtig, da der Kopf sonst abgehen könnte.

Bild 8

Bild 9

4 Die Nase

1. Die Nase gibt dem Gesicht des Teddys seine charakteristischen Züge und fällt dem Betrachter meistens zuerst ins Auge. Die meisten Nasen werden aus zwei oder mehr Lagen Satin gestickt. Als erstes muss das Fell an der Stelle der Nase bis zum Unterstoff abgeschoren werden. Falls das nicht geschieht, werden Haarbüschel durch die Stickerei dringen, egal wie sehr man sich bemüht, sie zu verbergen.

Bild 1

Sie lassen sich hinterher nicht wegschneiden, ohne dass die Fäden Ihrer schönen neuen Nase beschädigt werden. Machen Sie einige schwarze oder braune Filznasen in verschiedenen Formen, mit denen Sie das Aussehen testen können, bevor Sie sie endgültig sticken (Bild 1).

Danach geht es relativ leicht, anhand der Form Ihrer Wahl den Umriss zu zeichnen. Dazu können Sie spezielle „unsichtbare" Stifte aus dem Fachhandel verwenden, deren Farbe nach einer gewissen Zeit von selbst verschwindet.

2. Nehmen Sie ein langes Stück Perlgarn. Verknoten Sie das Ende und stechen Sie die Nadel in der Nähe des Gelenks ein und im Nasenbereich, wo Sie zu sticken beginnen möchten, aus. Wenn Sie bei großen Nasen mehrere Fäden benötigen, achten Sie auf einen unsichtbaren Übergang.

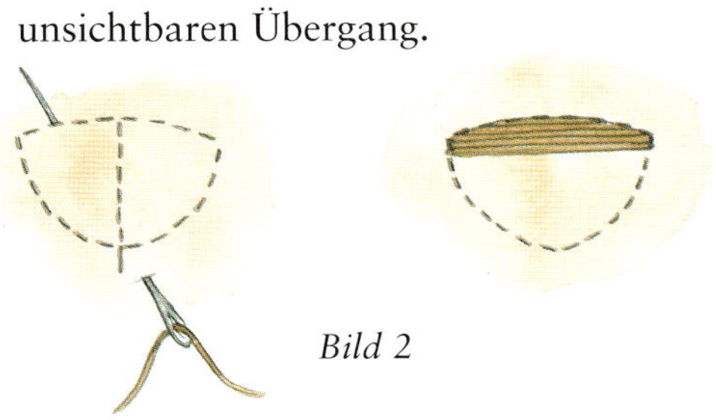

Bild 2

Markieren Sie mit ein paar Stichen den Umriss der Nase und beginnen Sie dann mit horizontalen Stichen, den Umriss auszufüllen (Bild 2). Halten Sie den Faden immer straff gespannt – jedoch nicht so straff, dass Sie den Stoff zusammenziehen.

Sehen Sie sich **jeden** Stich hinterher genau an. Liegt der Faden flach und dicht genug zum nächsten Faden? Ist er vollkommen waagerecht, und haben alle Stiche die gleiche Spannung? Eine hübsche Nase wird in mehreren Lagen gestickt!

3. Jede Lage sollte aus schönen, gleichmäßigen Stichen bestehen. Je mehr Lagen Sie sticken, umso fester und stärker wird die Nase aussehen. Also sticken Sie die Nase vollständig mit horizontalen Stichen fertig. Manchmal sind drei Lagen notwendig, gerade für größere Teddys. Dies ergibt die Grundlage für die endgültige Nasenform.

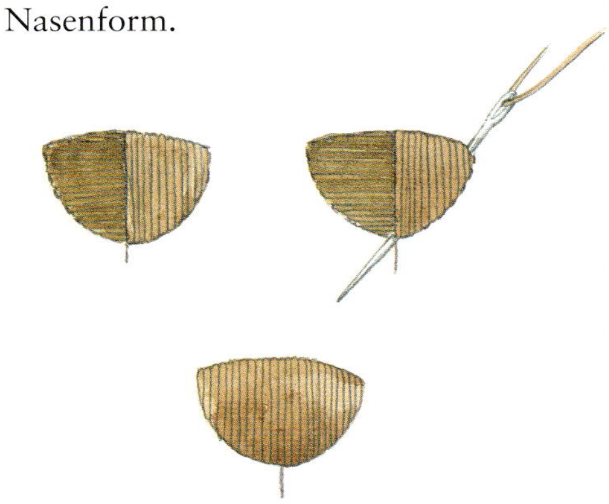

Bild 3

Jetzt können Sie entweder von der Mitte nach außen auf die eine Ecke und dann auf die andere Ecke sticken, oder von den Ecken zur Mitte hin, und zwar vertikal mit dichten Stichen. Auch hier sollte der Faden flach und ohne Zwischenraum liegen. (Bild 3).

Kontrollieren Sie nach jedem Stich, ob die Form der Nase immer noch von allen Seiten gleich aussieht. Überprüfen Sie aus einiger Entfernung, ob die Stiche gerade und glatt sind. Sie möchten ja keine schiefe oder abgebrochene Nase, und es ist viel einfacher, dies ständig zu kontrollieren, als hinterher mehrere Stiche auftrennen zu müssen, weil die Linien von Ihrer Zeichnung abweichen.

4. Die letzte Lage kann im Knopflochstich gestickt werden und verleiht der Nasenspitze einen abgerundeten horizontalen Rand. Die winzigen Schlingen müssen fest und flach auf dem Stoff anliegen. Mit dieser Methode bekommt die Nasenspitze eine sehr gerade, horizontale Linie, vorausgesetzt, dass sehr sauber genäht wird und die Fadenspannung immer gleichmäßig bleibt, denn sonst wird der Rand sehr wellig und unordentlich.

5 Der Mund

Der Mund wird entlang der Mittelnaht des Kopfes unterhalb der Nase gestickt, mit zwei geraden diagonalen Stichen für die Schnauze (Bild 1).

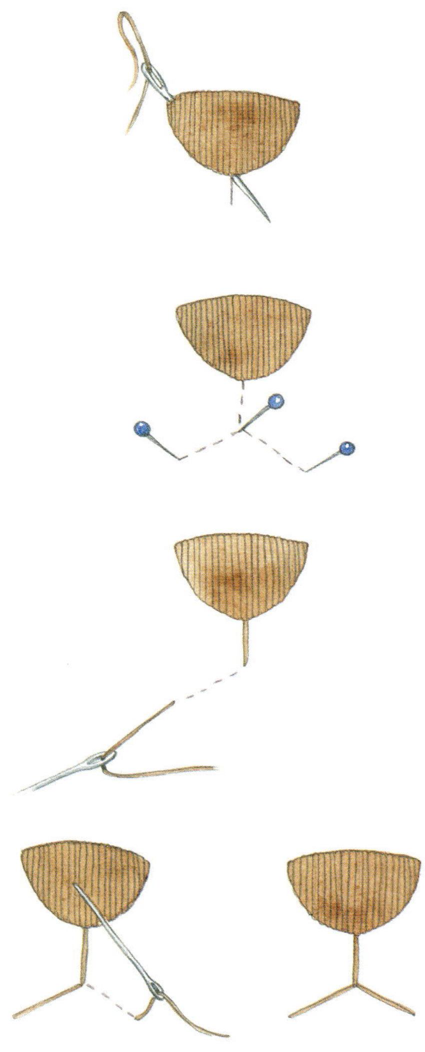

Bild 1

6 Die Ohren

1. Vielleicht möchten Sie die Ohren vor dem Zusammennähen des Kopfes gründlich festnähen (s. S. 33), besonders wenn der Teddy für ein Kind gedacht ist. In diesem Fall kennzeichnen Sie die Position der Ohren vor dem Zusammenfügen des Kopfes und bevor Sie die Ohrenschlitze schneiden.

Die Schlitze müssen sehr vorsichtig geschnitten werden. Sie sollten an der Seite des Kopfes und nicht länger als die Ohren selbst sein. (Bild 1).

Legen Sie die Ohrenteile rechts auf rechts übereinander und nähen Sie sie rund um die äußeren Kanten zusammen. Dann wenden Sie sie und heften die Unterkanten ebenfalls zusammen. Setzen Sie das Ohr mit dem unteren Teil in den Schlitz. Achten Sie dabei auf die Vorderseite. Nähen Sie die Ohren fest, bevor Sie den Kopf zusammenfügen (Bild 2).

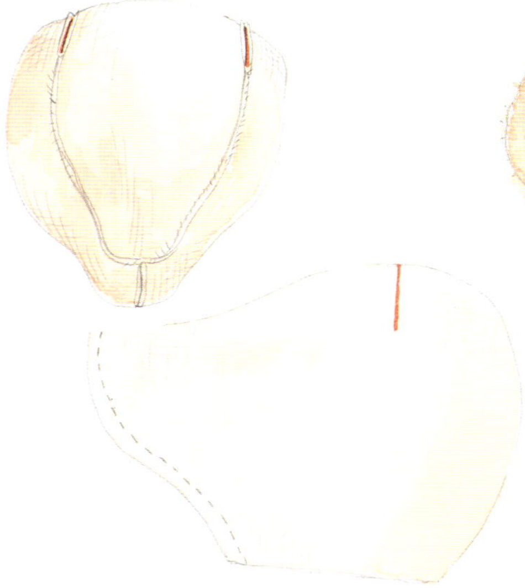

Bild 1

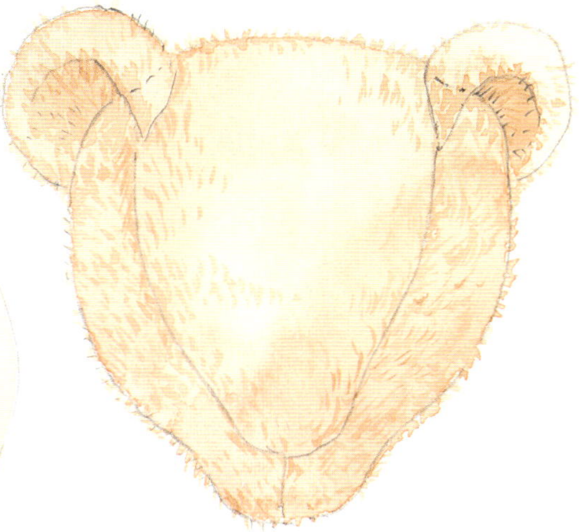

Bild 2

2. Wenn man die Ohren nachher annäht, geht man genauso vor. Markieren Sie die Ohrposition mit Stecknadeln (Bild 3). Befestigen Sie die Ohren mit zusammengehefteter Unterkante (Bild 4) oder mit offenen Kanten, um eine breitere Form zu erhalten (Bild 5). Stecken Sie beide Ohren mit langen Stecknadeln fest und betrachten Sie den Teddy von allen Seiten, um zu überprüfen, ob die Ohren gleich aussehen. Wenn ja, nähen Sie die Ohren im Matratzenstich fest, zuerst die Rück-, dann die Vorderseite (Bild 6). Achten Sie beim Nähen darauf, dass die Ecken fest nach innen eingefaltet sind.

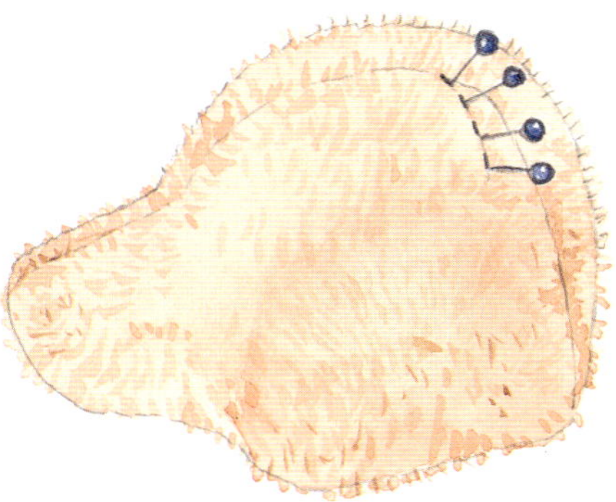

Bild 3

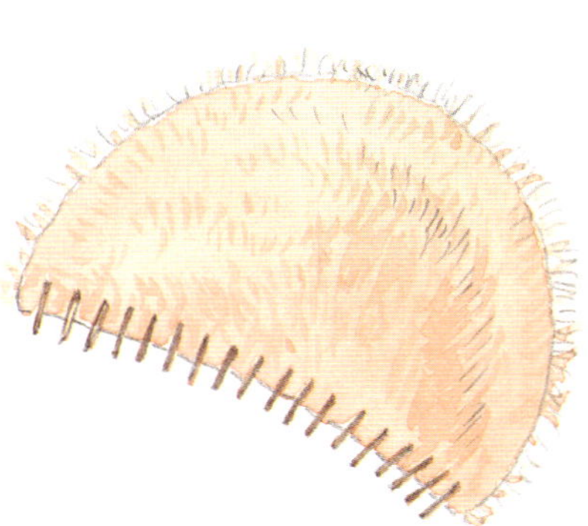

Bild 4

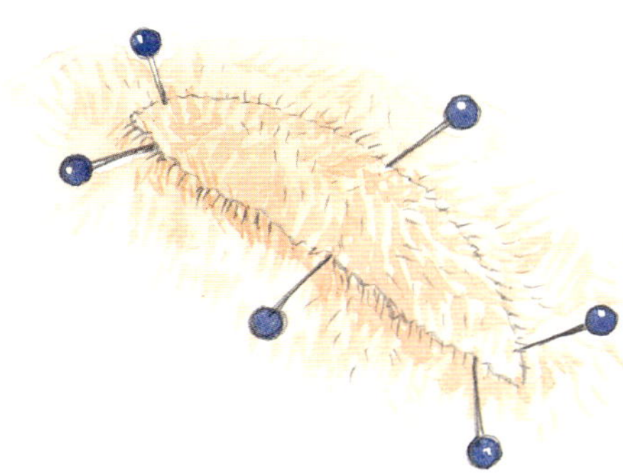

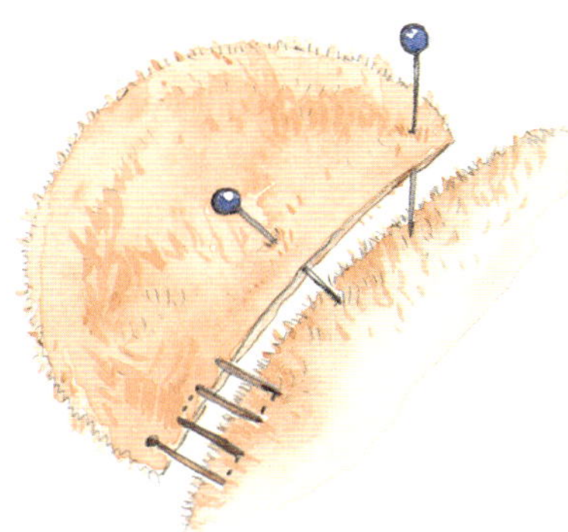

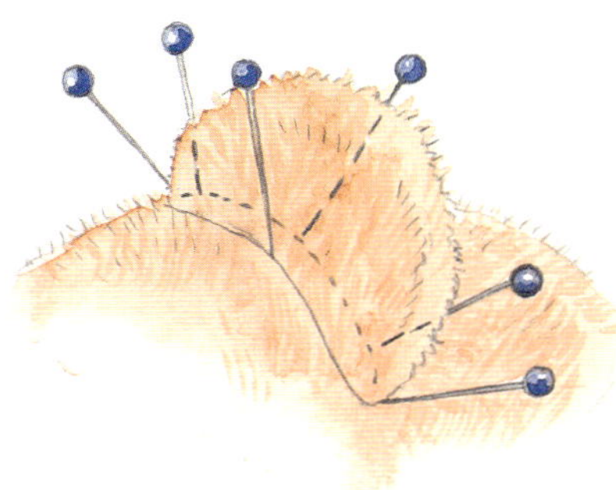

Bild 5

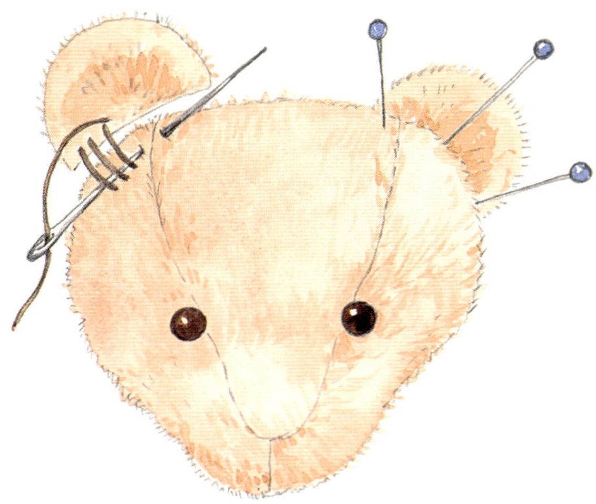

Bild 6

Positionen für Teddyohren

Sie finden die richtigen Stellen für die Ohren Ihres Teddys, wenn Sie sie mit langen Stecknadeln festheften und sich das Ergebnis aus allen Richtungen anschauen. Probieren Sie, wie es Ihnen am besten gefällt.

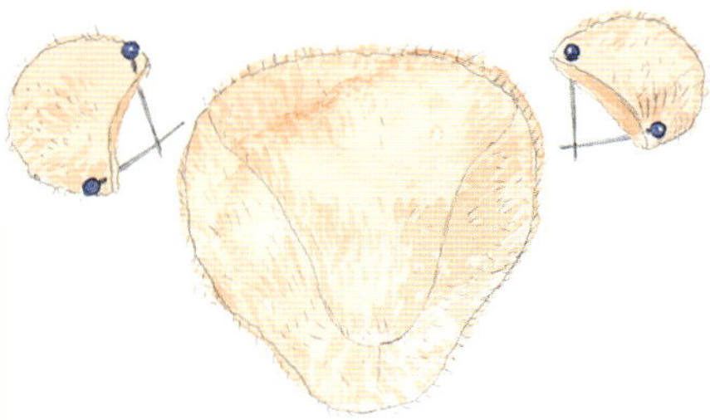

Ohren am Kopf feststecken

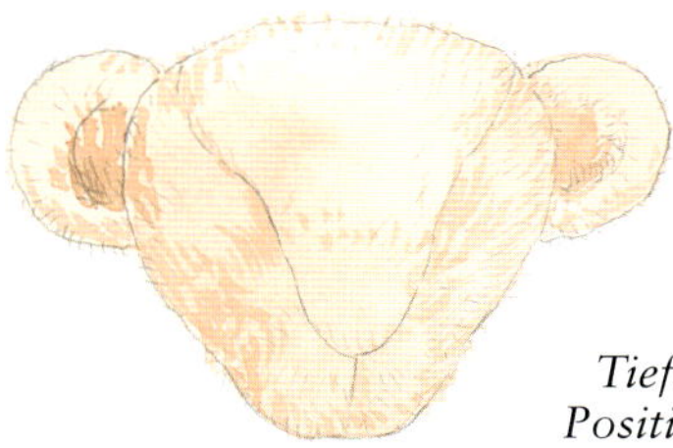

Tiefe Position

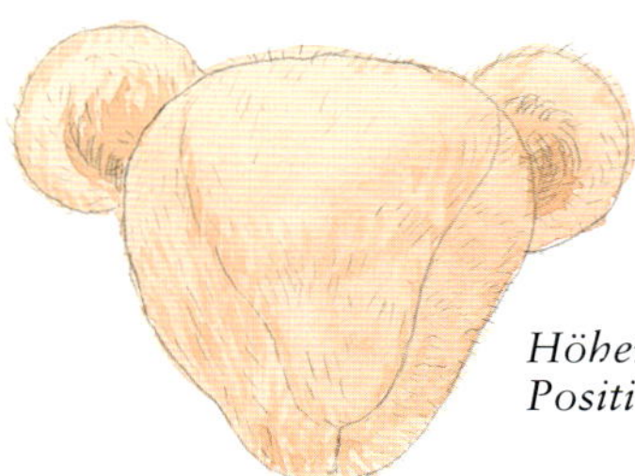

Höhere Position

Hohe Position

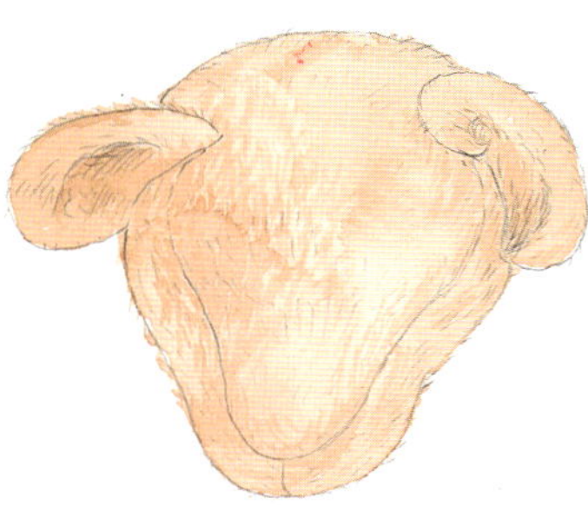

Ohren sollten gerade sitzen

7 Die Gliedmassen

1. Nähen Sie jedes Glied einzeln und beenden Sie sie der Reihe nach. Stecken und nähen Sie die Pfotenteile mit den inneren Unterarmen, rechts auf rechts gelegt, zusammen. Öffnen Sie die Nähte mit den Fingern. Nähen Sie hierbei mit kleinen Stichen (Bild 1).

Dann verbinden Sie auf die gleiche Art, ebenfalls rechts auf rechts, die inneren und äußeren Armteile. Lassen Sie den Saum bei den Markierungen für Gelenke und Füllung offen (Bild 2). Wenden Sie die Teile und stopfen sie bis zur Einfüllöffnung.

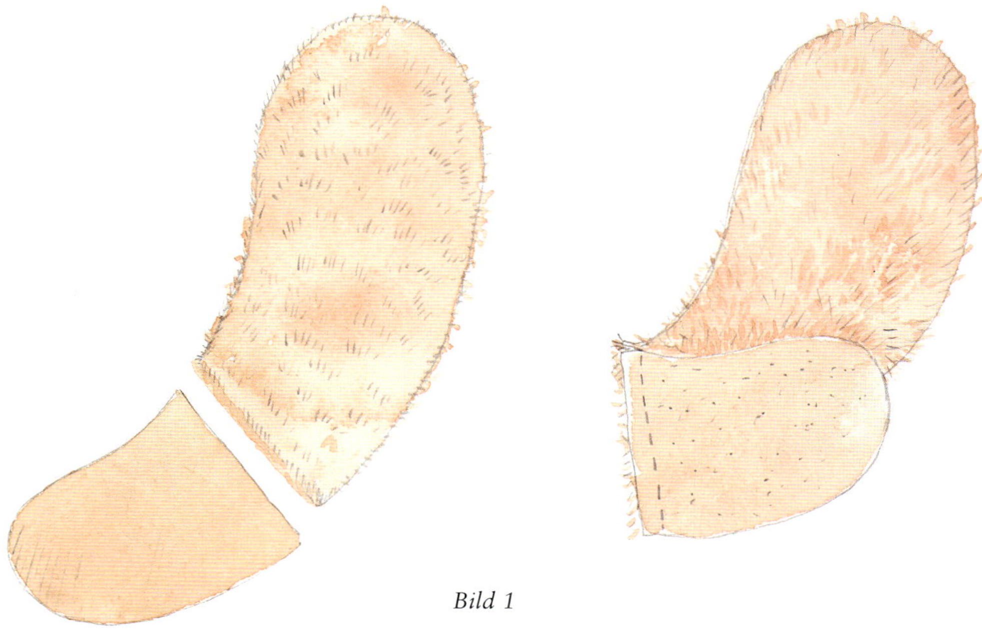

Bild 1

Bild 2

2. Nähen Sie die Beinteile in der gleichen Weise zusammen wie die Arme. (Bild 1), dann befestigen Sie die Fußteile. Am einfachsten gelingt dies, wenn Sie sie in der Mitte falten und auf der Rückseite an Fußspitze und Ferse genau markieren (Bild 2).

Stecken Sie sie mit Stecknadeln an den Beinenden fest, wobei die Markierungen genau an den Fußnähten liegen müssen (Bild 3). Dann können Sie festgenäht werden. Wenn Sie mit der Maschine nähen, achten Sie darauf, die Fußsohle in einer durchgehenden Naht zu nähen, damit die Pfote eine abgerundete Form bekommt und nicht ausgebeult aussieht. Viele nähen die Fußsohlen lieber von Hand, auch wenn sie sonst mit der Maschine nähen. Stopfen Sie die Beine bis zur Einfüllöffnung.

3. Platzieren Sie die Gelenke mit dem Schaft in die Arme bzw. Beine, und machen Sie an der Markierung ein ganz kleines Loch. Der Schaft muss aus dem Glied ragen, um es mit dem Körper verbinden zu können (Bild 4). Ist der Teddy als Spielzeug gedacht, dann nähen Sie mit einigen Knopflochstichen um das kleine Loch herum, wie Sie es mit den Augen gegen Ausfransen gemacht haben. Stopfen Sie die Arme und Beine fest aus.

Verbinden Sie die Stoffkanten durch kleine Matratzenstiche mit festem Knopfloch- oder Teppichgarn. (Bild 5). Keinesfalls reicht normales Baumwollgarn aus, da es viel zu leicht reißt.

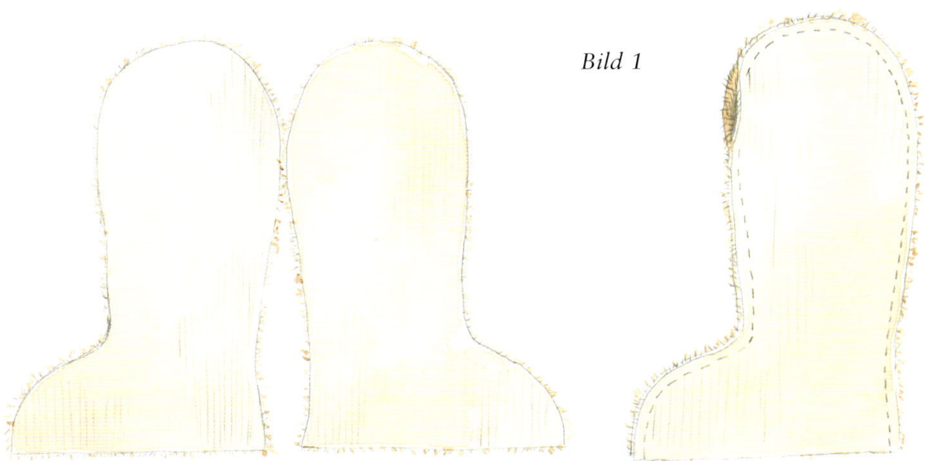

Bild 1

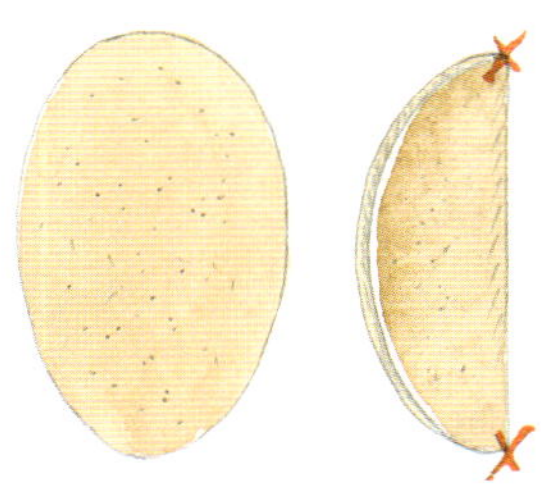

Bild 2

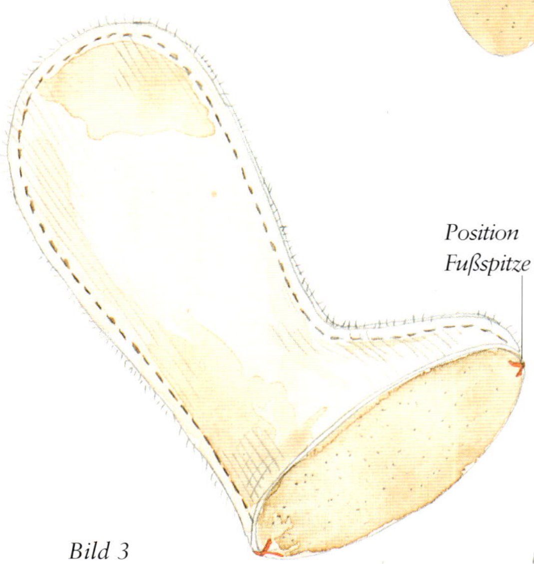

Position Fußspitze

Bild 3

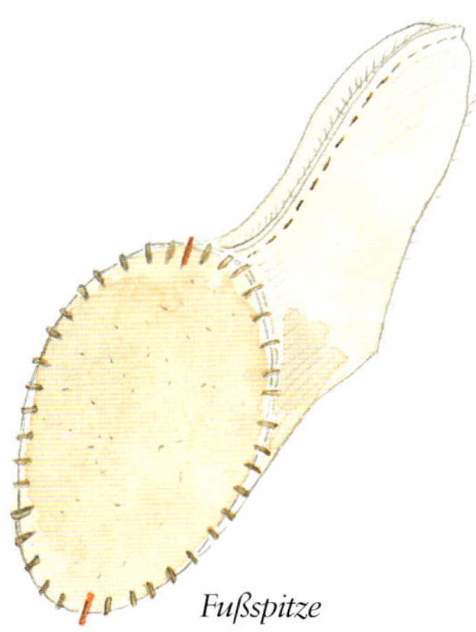

Fußspitze

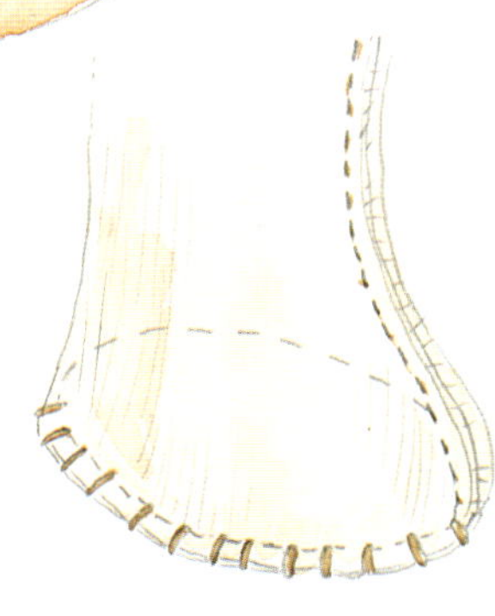

Nähen der Pfote mit der Maschine von oben

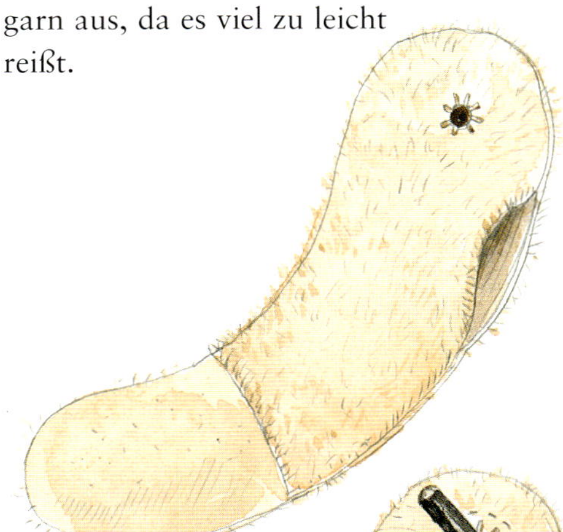

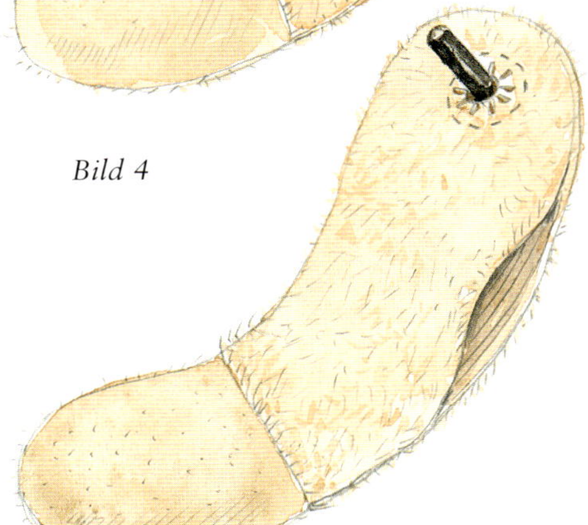

Bild 4

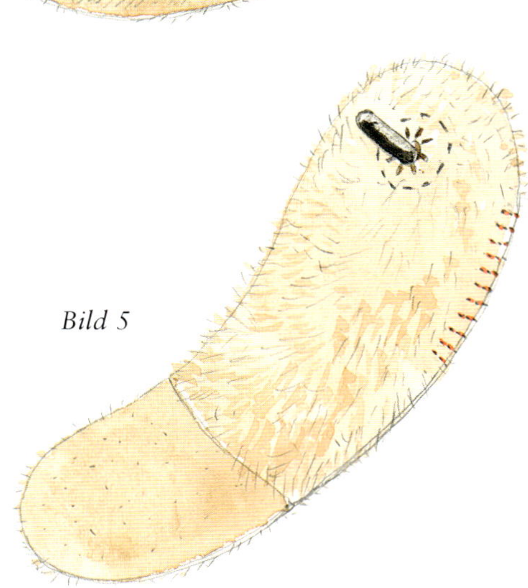

Bild 5

8 Der Körper

1. Benjamins Körper besteht aus vier Stoffteilen. Prüfen Sie, ob die Stecknadeln zur Markierung der Gelenkpositionen noch an ihrem Ort sind. Wenn nicht, ersetzen Sie sie. Verbinden Sie zunächst die vordere Mittelnaht, wobei Sie wie bereits beschrieben vorgehen (Bild 1). Dann nähen Sie die zwei Teile entlang der hinteren Mittelnaht zusammen, wobei Sie ca. 10–13 cm zum Stopfen offen lassen (Bild 2). Gleichen Sie Vorder- und Rückseite des Körpes sorgfältig an den Seitenkanten ab und nähen sie zusammen (Bild 3). Zum Schluss wenden Sie den Körper.

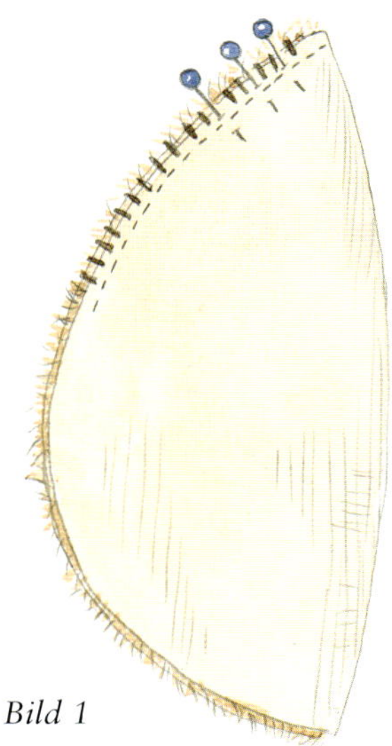

Bild 1

Oben: *Alle Teddys für Kinder sollten Sicherheitsaugen und -gelenke besitzen.*

Bild 2

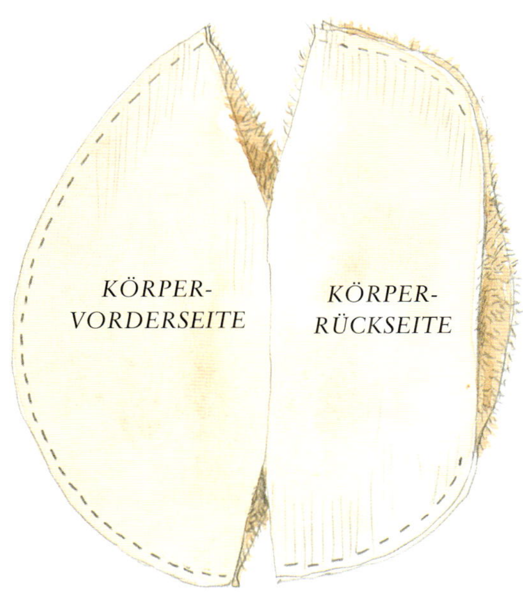

Bild 3

9 Montage

1. Verbinden Sie Kopf, Arme und Beine des Teddys an den Stellen, die im Schnittmuster mit Kreuzen markiert sind, mit dem Körper. Kopf und Glieder werden mit der anderen Gelenkhälfte in derselben Weise wie die Augen zusammengesteckt. Die Sicherheitsgelenke haben eine zweite, große Scheibe, die vor der kleineren metallgezähnten Scheibe eingesetzt wird (s. Seite 34).

Sicherheitsgelenke sind nie so fest wie Splintgelenke (bei richtiger Montage). Sie sollten so wenig Spiel wie möglich haben, da sie sich mit der Zeit ohnehin lockern.

2. Stopfen Sie den Körper ziemlich fest aus. Der Bauch muss gut ausgefüllt sein. Drücken Sie die Füllung zwischen seine Arme und rund um den Hals, damit der Kopf aufrecht gehalten wird. Zwischen den Beinen sollten auch keine Hohlräume zurückbleiben, die von außen gefühlt werden können.

3. Wenn Sie eine Brummstimme einsetzen wollen, hüllen Sie die Box in ein Stück Nylonstrumpfhose und verknoten Sie die Enden. Damit verhindern Sie, dass Füllmaterial in den Mechanismus eindringt und ihn zerstört.

Platzieren Sie die Stimme in den Bauch, am besten mit den Löchern nach vorne. Dann brummt der Bär, wenn er auf auf den Rücken gelegt wird. Die Stimme sollte nicht das Fell berühren, sonst fühlt man die Kanten, und der Plüsch nutzt sich von innen ab.

Stopfen Sie rund um die Stimme alles fest mit Polyfill aus. Füllen Sie so viel ein, bis der Bauch schön rund ist und keine Knoten fühlbar sind. Allerdings muss er nicht so fest wie der Kopf gestopft werden. Zum Schluss nähen Sie die Rückennaht mit festem Garn und Matratzenstich. Zupfen Sie Fellhaare mit einer Bürste oder langen Nadel aus der Naht. Machen Sie den Schal (s. unten) und binden Sie ihn dem Bären um.

Alle Teddys für Kinder sollten auf diese Art hergestellt werden, möglichst mit qualitativ gutem Synthetikplüsch. Mohairhaare gehen leichter aus und landen womöglich im Mund!

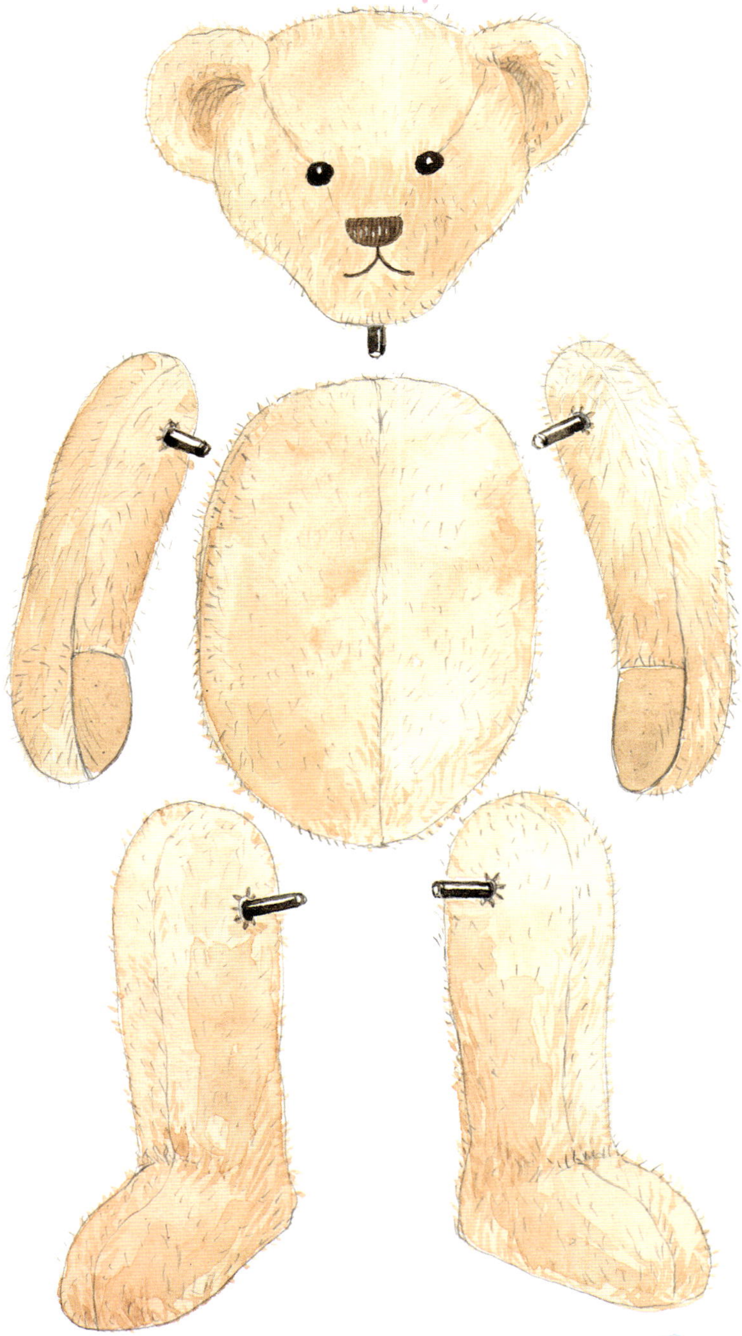

Benjamins Schal

Sie brauchen etwas Wolle und ein Paar Stricknadeln, Größe 3. Nehmen Sie 16 Maschen auf und stricken Sie den Schal kraus in einer Länge von 46 cm, wobei jede erste Masche einer Reihe nur abgehoben wird. Ketteln Sie ab und versäubern Sie den Faden. Wenn Sie möchten, machen Sie einen Bommel für jedes Ende.

TEIL III

DER TRADITIONELLE TEDDYBÄR

In diesem Abschnitt finden Sie Schnittmuster für vier konventionelle Teddys und einen Bären auf vier Pfoten. Auch dieser wird bereits seit langem von den Spielzeugherstellern produziert, manchmal auch auf Rädern, die entweder am Teddy selbst, mit Metallachsen zwischen den Pfoten oder an einem Holzgestell befestigt sind.

SEBASTIAN

Sebastian ist Ihr erster Mohairteddy. Er hat Splintgelenke und Glasaugen. Dieser kleine, putzige Teddy sollte aus glattem oder geknautschtem Mohair gemacht werden. Sebastians Machart unterscheidet sich leicht von Benjamins.

SIE BRAUCHEN

- Knapp 23 cm Mohairplüsch
- Nähgarn, passend zum Untergewebe des Plüschstoffs
- Reißfestes Garn für die Saumabschlüsse
- Ein 35-mm-Gelenk für den Kopf
- Zwei 25-mm-Gelenke für die Arme
- Zwei 30-mm-Gelenke für die Beine
- Zwei 10-mm-Glasaugen (schwarz)
- Ungefähr 4,5 m Perlgarn
- Ca. 450 g Polyfill

Wenn Sie sich bei Sebastian für Schrauben/Muttern-Gelenke entscheiden, folgen Sie der Anleitung für Benjamin, lassen Sie jedoch kleine Öffnungen in den Armen und Beinen zur Montage der Schrauben/Muttern-Gelenke. Außerdem benötigen Sie dann die in Kapitel eins beschriebenen entsprechenden Werkzeuge. Wenn Sie Splinte verwenden, folgen Sie dieser Anleitung.

DER KOPF

Zur Auffrischung des Gelernten lesen Sie Entwurf 1, Teile 3 und 4 nach

1. Beginnen Sie mit dem Kopf. Schließen Sie zuerst die Abnäher der Wangen. Nähen Sie die Teile von der Nase zum Hals A–B zusammen. Da der Kopf Ihres Teddys sehr fest gestopft wird, ist es besser, die Naht doppelt zu nähen. Legen Sie dann das Kopfmittelteil ein und nähen es fest (Bild 1).

Um Nahtwülste beim Drehen des Kopfes zu vermeiden, schneiden Sie das Fell auf der Nahtzugabe vorsichtig ab, bevor Sie zu nähen beginnen. Schneiden Sie nicht mehr ab, sonst werden die Nähte kahl. Während Sie die Kanten verbinden, lassen Sie sich Zeit und zupfen Sie alle Haare mit einer großen Sticknadel heraus – benutzen Sie hierfür nicht Ihre kostbare Puppennadel, die leicht brechen könnte. Ihr Teddy darf später keine hässlichen Nähte haben, in denen das Fell steckt.

Bild 1

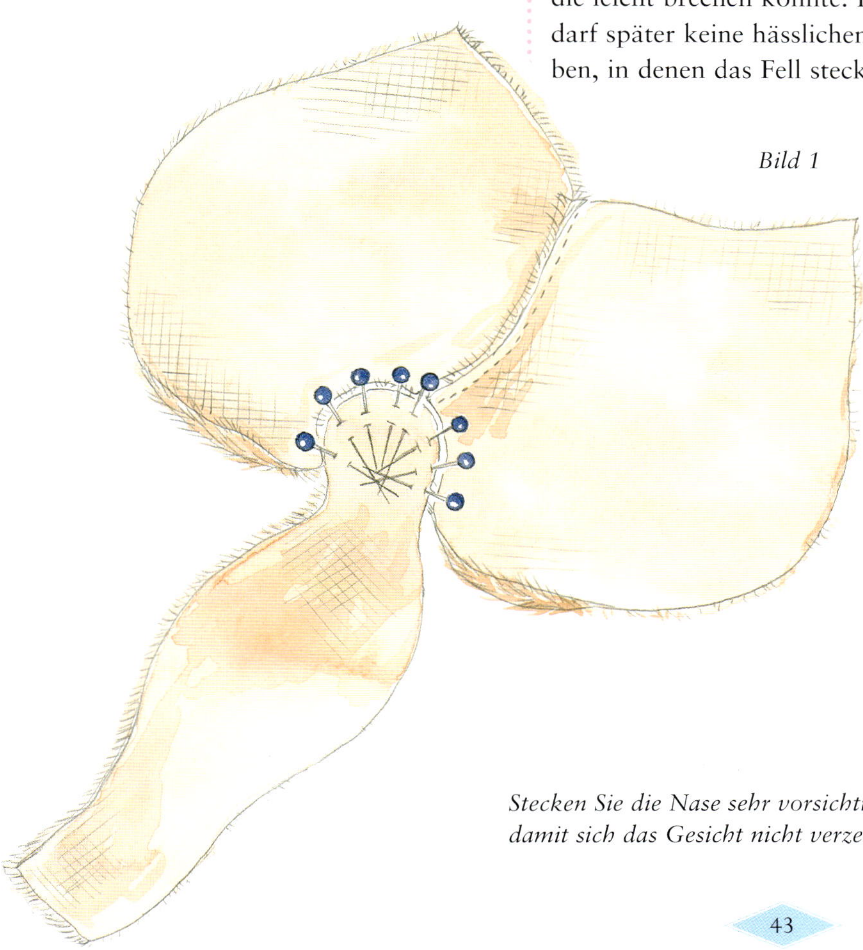

Stecken Sie die Nase sehr vorsichtig an, damit sich das Gesicht nicht verzerrt.

STOPFEN DES KOPFES

2. Wenden Sie den Kopf auf die rechte Seite und stopfen Sie ihn in kleinen Büscheln. Drücken Sie mit dem Stopfwerkzeug oder Stäbchen nach. Beginnen Sie am Bereich der Nase und formen Sie dabei den Kopf. Arbeiten Sie an der Stirn entlang und gestalten Sie eine schöne Form ohne Hohlräume. Denken Sie an die Vertiefungen für die Augen und formen Sie diese sorgfältig aus. Die ordentliche Füllung bestimmt zu einem großen Teil das Aussehen Ihres Teddys. Der Kopf muss sehr hart gestopft werden, dann ist auch die Nase einfacher zu sticken. Ich nehme für einen nur 20 cm großen Teddy ungefähr Füllmaterial von Fußballgröße, manchmal sogar mehr. Sebastian verbraucht leicht einen ganzen Eimer Füllmaterial!

Stopfen Sie die Nase erst richtig hart aus, bevor Sie mit dem Rest des Kopfes beginnen. Auch wenn Sie glauben, dass das Material bereits fast aus der Nase herauskommt, halten Sie durch. Die Nasenspitze muss unbedingt gut gefüllt sein und darf keine Hohlräume haben, sonst können Sie an diesen Stellen nicht sticken.

Wenn Sie sicher sind, dass die Nase beinahe hart genug ist, fangen Sie an, sich durch den Kopf des Teddys nach hinten zu arbeiten. In der Mitte des Kopfes werden Sie jetzt einen großen Hohlraum vorfinden. Hier hinein werden Sie viel Material pressen können. Arbeiten Sie mit den Daumen und dem Stäbchen.

3. Stopfen Sie den Hohlraum weiter aus, wobei das bereits vorhandene Füllmaterial allmählich die Wangen und den Hinterkopf auspolstert. Modellieren Sie die Kopfform während des Stopfens und vergewissern Sie sich, dass alle Hohlräume gut ausgefüllt und alle Beulen verschwunden sind. Gleichzeitig formen Sie mit den Daumen die Vertiefungen für die Augen. Ihre Position entnehmen Sie dem Schnittmuster.

Abschlussarbeiten

4. Nehmen Sie das größte in das Halsloch passende Gelenk und setzen es mit einer Sicherheitsscheibe und dem Splint ein, wobei die Schenkel des Splints aus dem Kopf ragen. Beim fertigen Kopf sieht man nur noch den Splint. Mit doppeltem extrastarken Garn wird der Saum genäht und gesichert. Dafür stechen Sie die Nadel nochmals ein und machen einen Knötchenstich, indem Sie den Faden zwei- oder dreimal um die Nadel wickeln und diese dann durch ein kleines Stück Stoff ziehen. Danach stechen Sie in den Kopf ein.

Drücken Sie die Nadel ganz durch den Kopf und schneiden Sie den Faden dicht am Unterstoff ab. Wenn Sie den Faden dabei straff ziehen, verschwindet er im Kopf. Achten Sie darauf, dabei kein Fell abzuschneiden. Diesen Knoten können Sie bei Bedarf zwei- oder dreimal wiederholen. Diese Naht darf sich niemals lockern, sonst könnte Ihrem Teddy irgendwann der Kopf abfallen!

Nasenstickerei

5. Hier gibt es verschiedene Stilarten (s. unten). Sie müssen selbst herausfinden, welche Ihnen am meisten zusagt. Nasen sollten vor allem ordentlich aussehen. Sie sind wie Ihre Visitenkarte, denn sie fallen als erstes ins Auge. Sie können die Nase zu jedem Zeitpunkt sticken (Bild 1). Es ist jedoch ratsam, den Kopf mit dem Gelenk zuerst fertig zu stellen, die Ohren einzunähen, dann die Nase zu sticken und zuletzt die Augen einzusetzen.

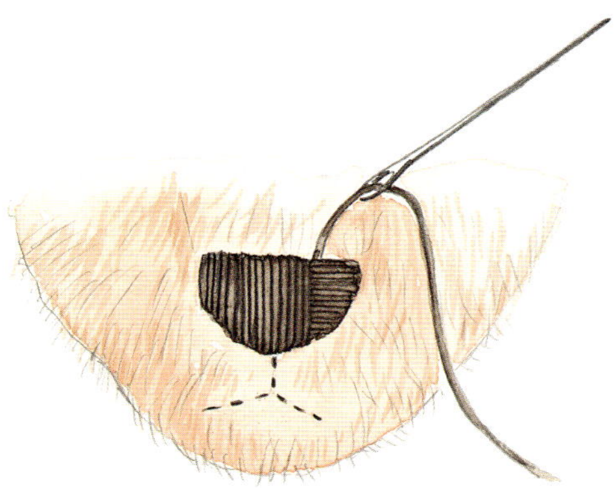

Bild 1

Oben: *Varianten verschiedener Mundformen.*

Links: *Das Fell um Sebastians Mund und Nase wurde leicht rasiert.*

Nasenformen

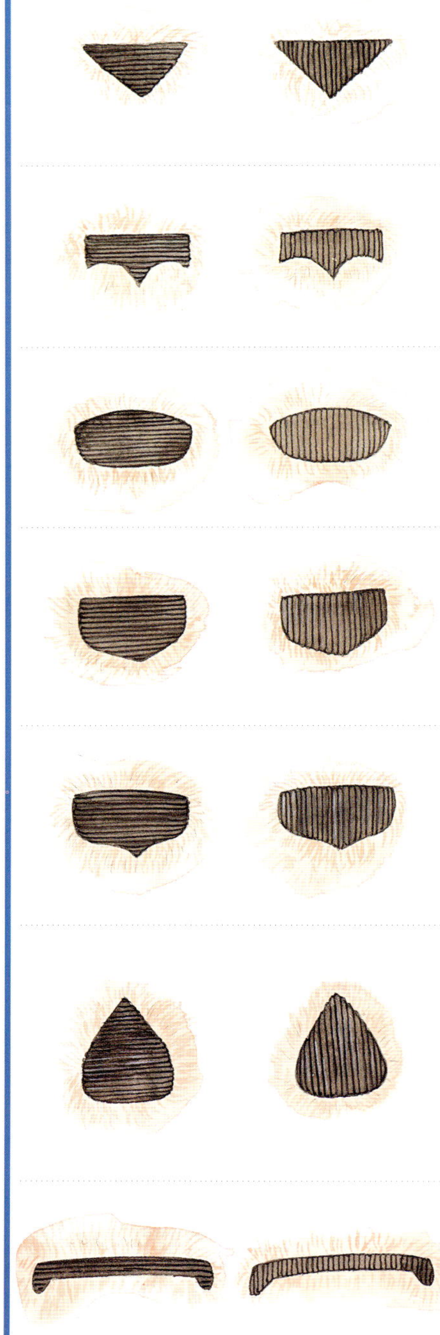

Die Augen

6. Setzen Sie Glasaugen auf keinen Fall ein, bevor der Kopf gestopft, das Gelenk eingesetzt und die Öffnung zugenäht sind. Finden Sie die beste Position für die Augen heraus, indem Sie zwei schwarze Reißzwecken an verschiedenen Stellen in den Kopf stecken. Prüfen Sie, ob die Augen aus allen Richtungen symmetrisch aussehen. (Bild 1). Versetzen Sie die Reißzwecken, bis Sie endgültig zufrieden sind.

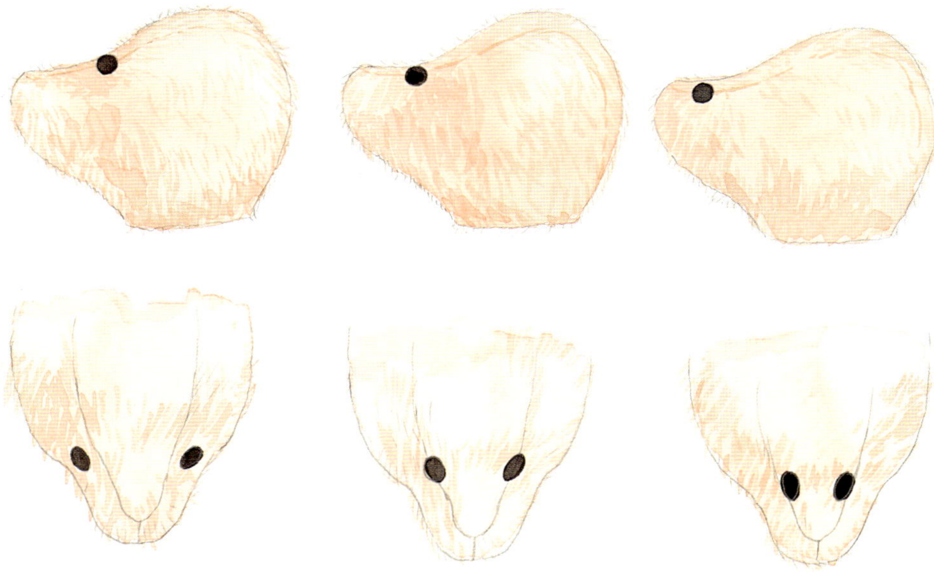

Bild 1

7. Formen Sie die Augendrähte zu Spiralen, wenn sie es nicht bereits sind (Bild 2). Drücken Sie mit der Schere an den gewünschten Positionen Vertiefungen in den Stoff (Bild 3), in denen die Spiralen platziert werden. Fädeln Sie einen vierfachen Faden in eine 14–18 cm lange Puppennadel ein.

Stechen Sie die Nadel von der Augenhöhle bis hinter das Halsgelenk am Hinterkopf durch. Achten Sie darauf, dass die Hartfaserscheibe unversehrt bleibt. Lassen Sie ca. 15–20 cm Restfaden am Nadelende und schneiden Sie den Faden ab (Bild 4). Fädeln Sie dann das Auge auf die vier Fäden und danach wieder die Nadel. Stechen Sie die Nadel nochmals in die Augenhöhle und führen sie wieder zurück durch den Kopf zum Ausgangspunkt (Bild 5).

Das ist einfacher, als mit der Nadel vom Hals aus zu versuchen, durch den Kopf hindurch die Augenhöhle zu treffen. Die Fäden unterhalb des Halses können jetzt verknotet und fest angezogen werden (Bild 6). Je fester man diesen Faden zieht, umso besser modelliert man den Kopf des Teddys. Die Augen sollten immer in den Kopf hinein gezogen werden. Auf dem Fell „schwimmende" Augen sehen hässlich aus.

Wenn Sie den Knoten gesichert haben, fädeln Sie sämtliche Fäden auf die Nadel und stechen sie durch den Kopf. Ziehen Sie sie fest an, schneiden sie dicht am Fell ab, und die Fäden verschwinden im Innern des Kopfes.

Das Sichern der Knoten in den Gliedern, Augen, Ohren und im Kopf ist die einzige Gelegenheit, bei der Sie Klebstoff benötigen. Betupfen Sie die Knoten mit einem Cocktailspieß mit Kunststoffkleber und lassen sie trocknen. Das beim Teddymachen oftmals verwendete Nyloncoat-Garn ist sehr glatt, und Knoten lösen sich leicht, aber Klebstoff löst dieses Problem.

Bild 2

Die Fäden im Winkel durch den Kopf führen, nicht gerade nach hinten.

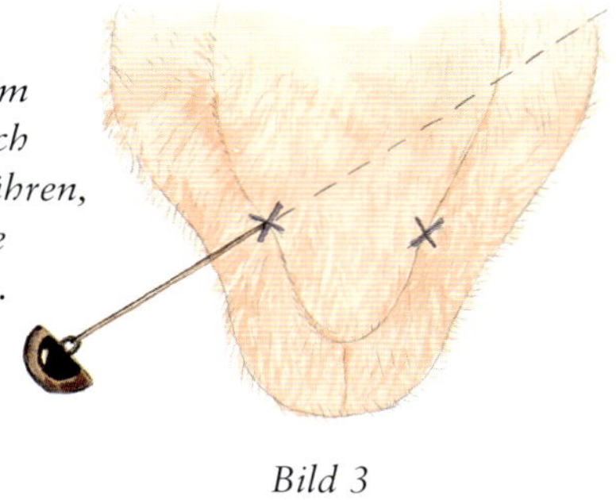

Bild 3

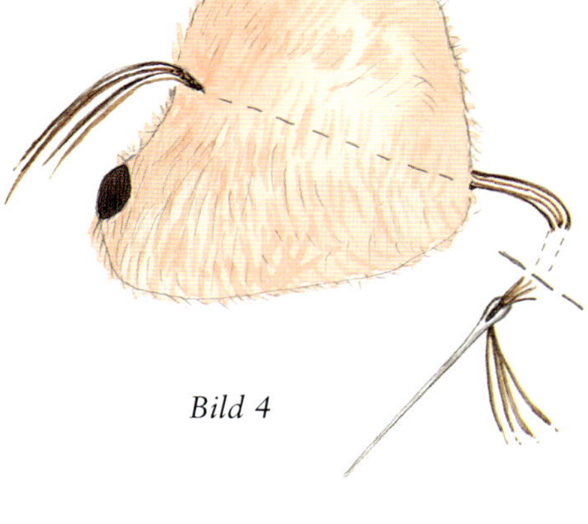

Bild 4

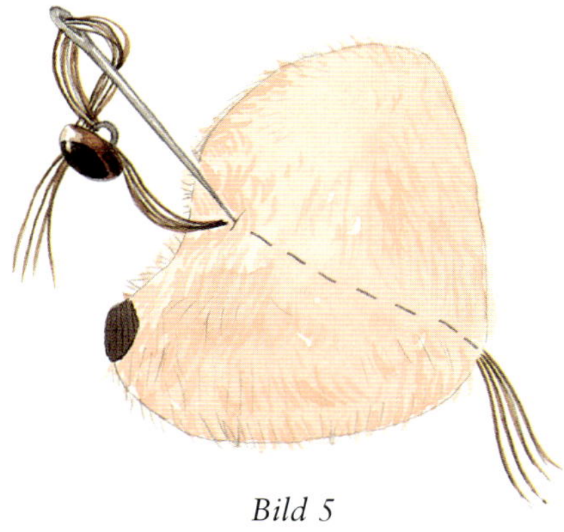

Bild 5

Bild 6

Die Ohren

8. Bestimmen Sie die Stelle für die Ohren und befestigen Sie sie mit Stecknadeln. Wenn Sie nicht zufrieden sind, stecken Sie die Nadeln einfach um.

Vernähen Sie die Ohrkanten und verbinden sie mit kurzen Matratzenstichen mit dem Kopf, wobei Sie eine 8 cm lange Nadel und zwei Stränge festes Garn benutzen. Ziehen Sie den Faden sehr straff am Kopf fest. So falten Sie die Ohrkanten nach innen, damit man sie beim fertigen Teddy nicht sieht. Welche Seite Sie zuerst annähen, bleibt Ihnen überlassen, aber achten Sie darauf, dass keine Saumteile irgendwo herausragen.

Die Gliedmassen

Zur Auffrischung des Gelernten lesen Sie Kapitel eins, Teil 10

9. Nähen Sie die Arme und Beine rundherum zu, **ohne** eine Öffnung zum Wenden zu lassen (Bild 1). Dann schneiden Sie einen vertikalen Schlitz in das Glied, wie auf dem Schnittmuster gekennzeichnet (Bild 2). Wenden Sie es und stopfen Sie es bis fast ganz oben. Die Glieder können Sie so hart stopfen, wie sie möchten.

Setzen Sie Gelenke in jedes Glied ein, die ca. 13 mm kleiner sein sollten als das Glied selbst. Nehmen Sie das größtmögliche Gelenk, wobei es nach dem Stopfen nicht fühlbar sein sollte. Je kleiner das Glied, umso kleiner muss natürlich auch das Gelenk sein. Setzen Sie das Gelenk so ein, dass es mit dem Schaft zum Körper zeigt. **Schieben Sie das Gelenk bitte so weit wie möglich in das Bein oder den Arm hinein,** sonst bekommt Ihr Bär Bodybuilding-Schultern oder kurze Beine mit enorm breiten Hüften.

Stopfen Sie die Glieder fertig aus und achten Sie besonders auf die gute Polsterung der Gelenke. Das Gelenk sollte nicht sofort fühlbar sein. Versäubern Sie mit Matratzenstichen die Öffnungen der Arme und Beine.

Alle Gelenke sollten so wenig Spiel wie möglich haben, da sie sich mit der Zeit sowieso von selbst lockern. Sind sie schon von Beginn an locker, kann der Teddy nicht vernünftig aufrecht sitzen und stattdessen auf die Nase fallen.

Sichern Sie zum Schluss die in den Gliedern verborgenen Knoten mit Kunststoffkleber.

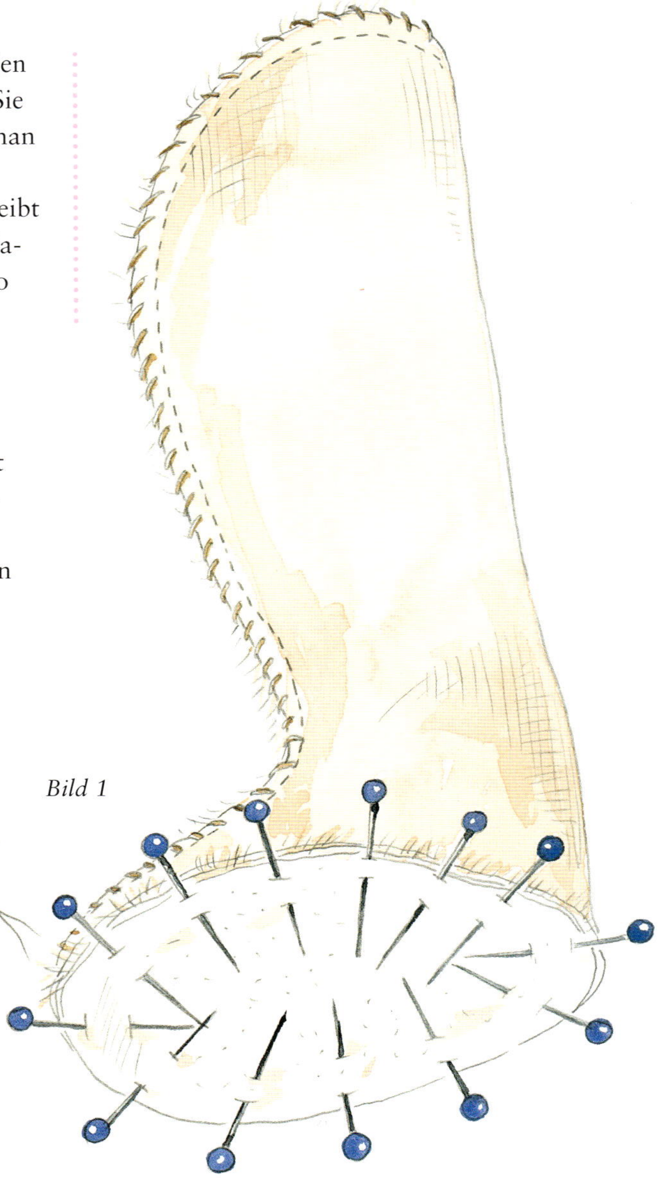

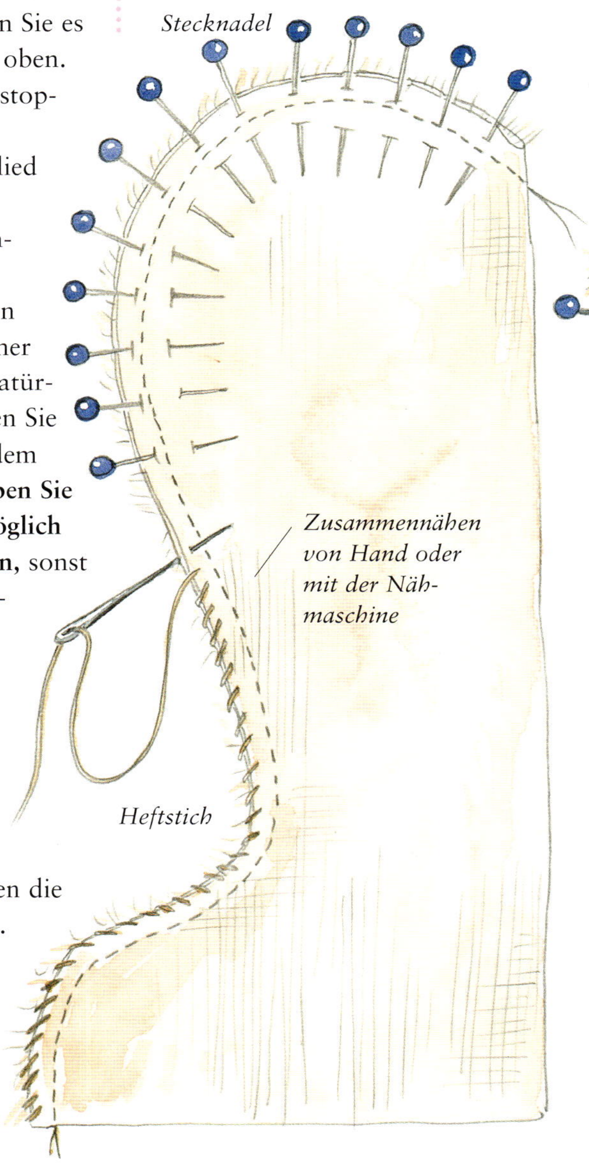

Bild 1

Bild 2

Montage des Teddys

10. Manche Teddymacher stellen zuerst den Körper komplett mit allen Gliedmaßen fertig und setzen zum Schluss den Kopf auf. Machen Sie es jedoch so, wie **Sie** es am besten finden, ganz egal in welcher Reihenfolge. Wenn Sie zuerst den Kopf, dann die Beine und zuletzt die Arme einsetzen, wird der Teddy zumindest keine Arme haben, die am Hals ansetzen. Alle Glieder sollten mit Hartfaserscheiben befestigt werden, die zur Größe der Scheiben in Kopf und Gliedern passen (Bild 1). Stechen Sie kleine Löcher in den Körper, um die Stellen zu markieren, an denen die Glieder an den Körper angesetzt werden sollen. Dann umnähen Sie sie mit Knopflochstich und führen die Spitze des Kopfgelenks ein. Setzen Sie von der Innenseite des Körpers eine zweite Scheibe ein, dann eine Metallscheibe (Bild 2).

Die Splintschenkel werden mit einer Flachzange oder einem Splintschlüssel zu Schnecken gedreht oder umgebogen (Bild 3). Der Splint sollte fest auf der Metallscheibe sitzen, sodass die Hartfaserscheibe beim Drehen des Kopfes nicht durch Reibung beansprucht wird.

Ich setze die Hartfasergelenke so ein, dass die raue Seite zum Gelenk hin und die glatte Seite vom Gelenk wegzeigt. Auch setze ich manchmal an den Gelenken kleine Mohairstücke zusätzlich zur Festigung ein, aber dies sind rein persönliche Entscheidungen.

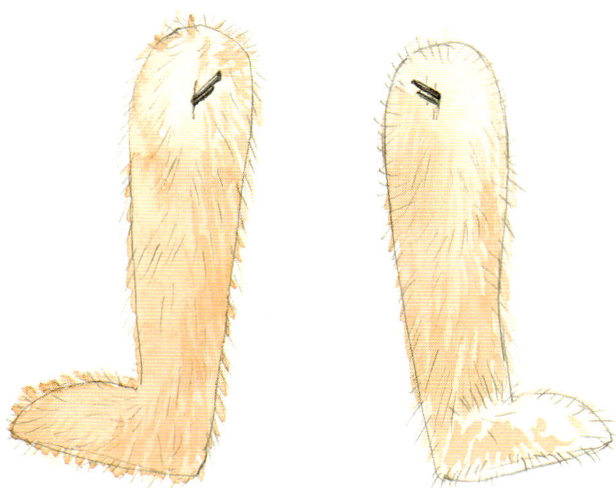

Bild 1

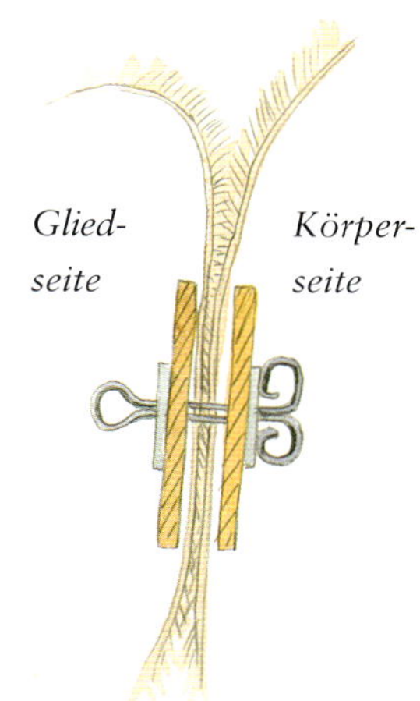

Bild 2

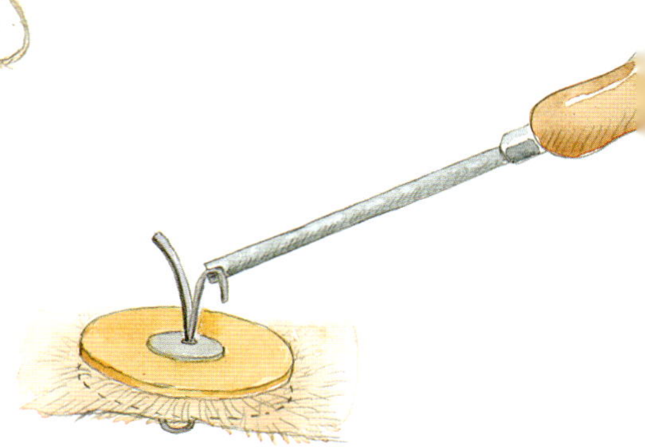

Bild 3

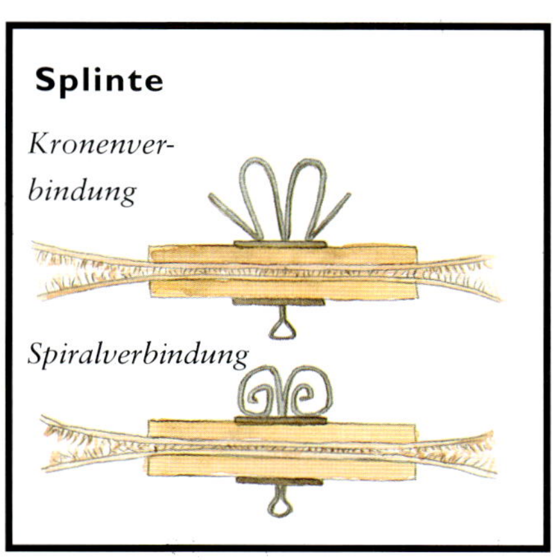

PAULCHEN

Paulchens Herstellung ist viel einfacher und schneller als die der beiden ersten Teddys, denn er benötigt weniger Schnittteile. Arme und Beine bestehen jeweils nur aus zwei Teilen (einem Fellstück und einem Veloursstück. Sein Körper hat ebenfalls zwei Teile, der Kopf die üblichen drei. Er ist weich und knuddelig, mit lockigem Fell. Als einziger Teddy dieses Abschnitts wird er nicht mit dem traditionellen vierteiligen Schnittmuster genäht. Seine Körperform entsteht durch die Pfeile auf den Schnittteilen.

SIE BRAUCHEN

- ❖ 46 cm dicken, flauschigen Mohairplüsch
- ❖ 23 cm Alpaka im Quadrat. Paulchen hat große Pfoten!
- ❖ Ein 60-mm-Gelenk für den Kopf
- ❖ Zwei 55-mm-Gelenke für die Beine
- ❖ Zwei 40-mm-Gelenke für die Arme
- ❖ Zwei 16-mm-Augen (Farbe nach Wunsch)
- ❖ Reißfestes Garn für Saumabschlüsse
- ❖ Nähgarn, passend zum Untergewebe des Plüschstoffs
- ❖ Ca. 6,5 m Baumwollperlgarn
- ❖ Ca. 900 g Füllmaterial und 450 g Granulat

Sie können eine Flachstimme in den Kopf eines großen Teddys einsetzen. Denken Sie daran, diese mit Nylon zu umhüllen.

Zur Auffrischung des Gelernten lesen Sie Entwurf 1, Teile 4 und 9 nach

1. Nähen Sie Kopf und Gliedmaßen wie für Sebastian. Setzen Sie die Gelenke ein und schließen Sie die Nähte. Nähen Sie beim Körper zuerst die Abnäher und verbinden Sie die Stücke.

Füllen Sie Paulchen mit Polyfill und Granulat. Die Pfoten sollten bis zu den Gelenken gut mit Polyfill ausgestopft sein. Es dürfen keine Ungleichmäßigkeiten zu fühlen sein, und die Pfoten sollten fest aussehen.

Dann wird das Granulat eingefüllt. Dies geht am einfachsten, wenn man eine kleine Pappschachtel oder einen Plastikbehälter zum Dosieren verwendet. So kann immer die gleiche Menge in jeden Arm und jedes Bein eingefüllt werden. Die Arme fassen normalerweise weniger Granulat als die Beine.

Zum Abschluss legen Sie Polyfill um das Gelenk, wobei die Füllung gründlich in die oberen Endungen der Arme und Beine gestopft werden sollte. Man darf die Gelenke nicht fühlen, wenn die Gliedmaßen gut ausgestopft sind. Nach dem Einsetzen der Gelenke schließen Sie alles mit Matratzenstichen.

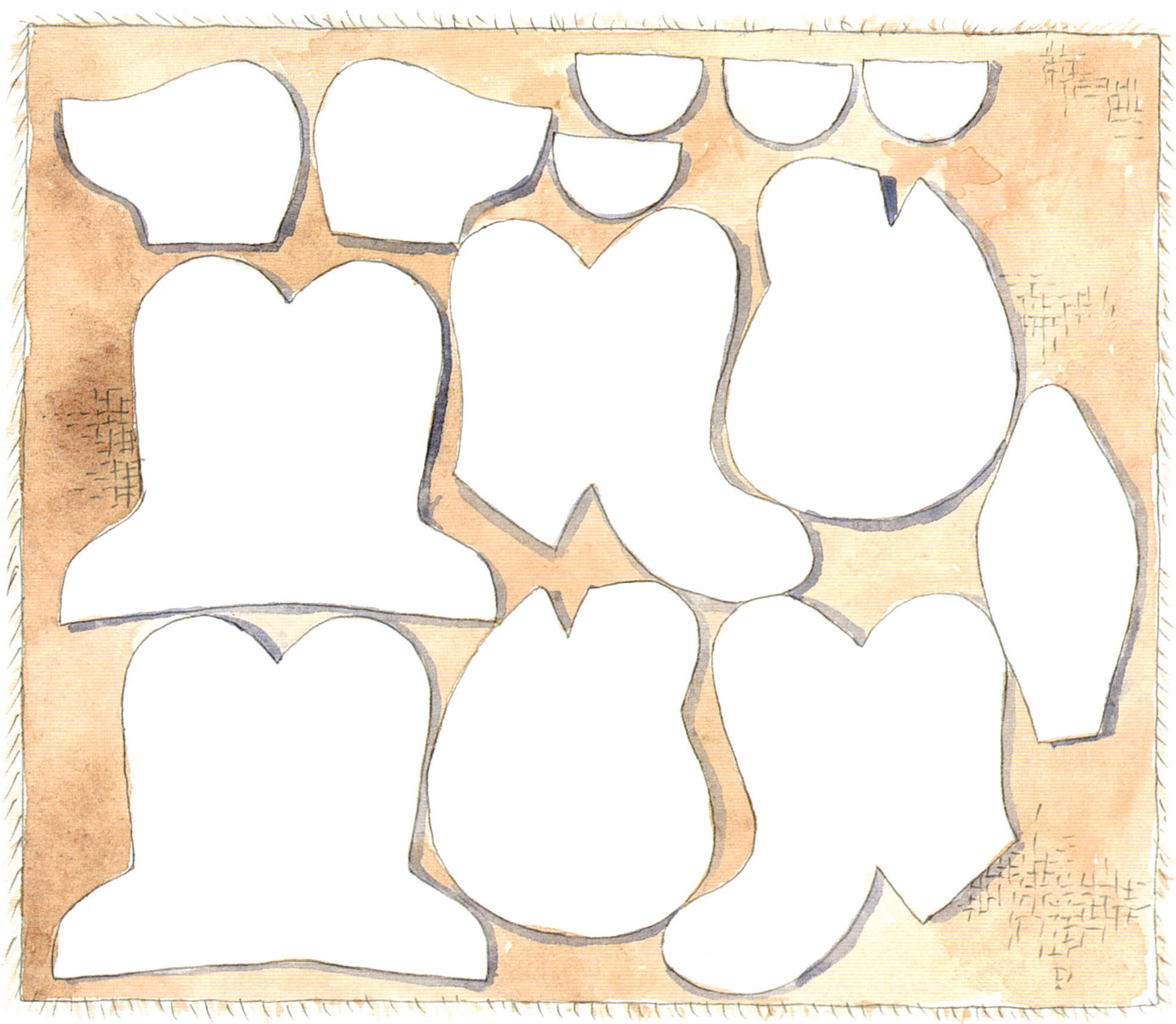

Schnittauflage

Bild 1

Granulattasche

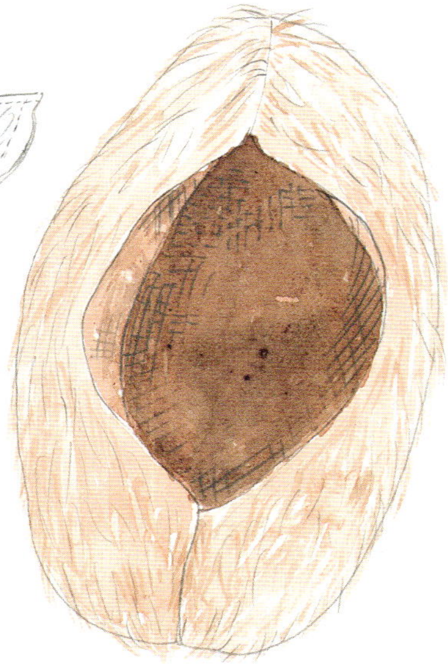

Bild 2

Oben: *Paulchens Bauch ist groß genug für eine Brummstimme.*

2. Setzen Sie zuerst Paulchens Kopf auf seinen Körper, befestigen Sie die Arme und Beine. Verwenden Sie nur Granulat als Füllung, knirschen die Gelenke. Nehmen Sie daher genug Polyfill, um dies zu vermeiden. Stopfen Sie damit die Bereiche zwischen den Armen und den Beinen, dem unteren Bauch und dem Nacken gut aus.

Besonders der Nackenbereich sollte gut gefüllt werden, sonst kann die Füllung hinunter in das Granulat wandern, und der Nacken wäre leer. Bedecken Sie den ganzen Bauch des Teddys mit einer dünnen Schicht Polyfill und füllen Sie das Granulat anschließend darauf ein. Schließen Sie mit einer Schicht aus Polyfill ab und nähen Sie die Rückennaht darüber. Paulchens Bauch ist groß genug für eine mittelgroße Brummstimme.

Sie können auch das Granulat in einer aus dünnem Stoff genähten Granulattasche in den Teddy füllen. Um die Tasche herum stopfen Sie den Bauch mit Polyfill fest aus (Bild 2). So kann keinesfalls Granulat durch die Nähte nach außen treten, was allerdings bei gut verarbeiteten Nähten auch nicht passieren dürfte.

3. Zum Schluss bürsten Sie Paulchen gründlich die Haare aus den Nähten.

Richtiges und falsches Nähen

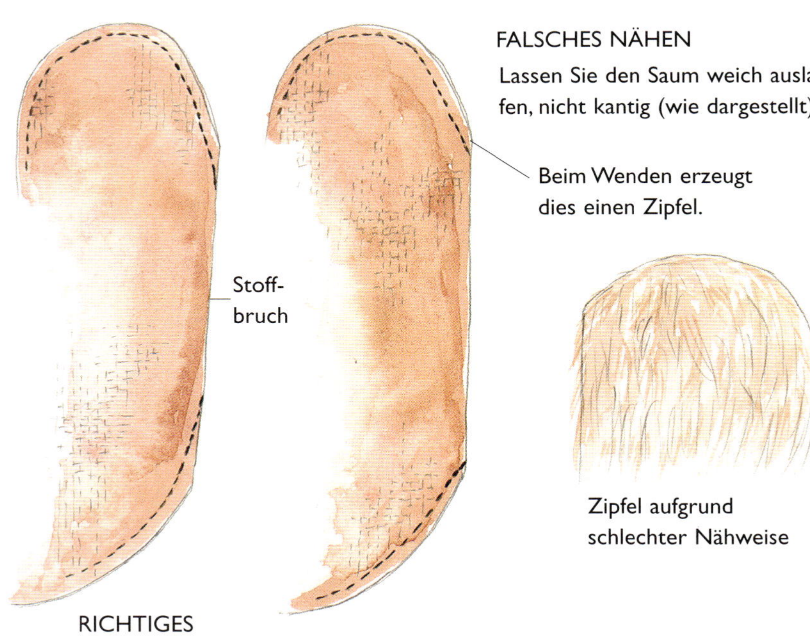

Onkel Ben

Onkel Ben ist den Teddys nachempfunden, die man z. B. auf einem alten Dachboden finden könnte. Auf dem Bauch hat er eine Mittelnaht und ähnelt dadurch den heute so kostspieligen antiken Teddys. Er wird jedoch aus modernem 13 mm langem Sparse-Mohairplüsch mit dunklem Untergewebe genäht. Seine Augen bestehen aus Lederschuhknöpfen.

SIE BRAUCHEN

- ❖ 23 cm Mohairplüsch. Dieser Teddy ist aus 13 mm langem, hellen Sparse-Mohair. Dichtes Mohair wird nicht empfohlen, da kahle Stellen in dichtem Pelz scharfe Kontraste erzeugen.
- ❖ 15 cm Alpaka im Quadrat
- ❖ Drei 35-mm-Gelenke für die Arme
- ❖ Zwei Schuhknopfaugen, Größe ca. 10 mm. Alternativ schwarze Glasaugen, auch 10 mm
- ❖ Nähgarn, passend zum Untergewebe des Plüschstoffs
- ❖ Reißfestes Garn für die Saumabschlüsse
- ❖ Ca. 4,5 m Perlgarn zum Sticken
- ❖ Farbige Wolle, die zu der Plüschfarbe kontrastiert
- ❖ Ungefähr 700 g Füllmaterial und 225 g Granulat

Onkel Ben ist mit Granulat gefüllt, das ihn schwer und beweglich macht. Er hat einige gewollt abgenutzte Stellen. Auch ist die Naht am Bauch gut sichtbar, das wirkt „antik".

Seine Kopfmittelnaht ist ziemlich wichtig. Achten Sie deshalb darauf, dass der Flor jeden Teils in der richtigen Richtung verläuft (Bild 1). Wenn die zwei Pelzstücke zusammengesetzt werden, sollte er einen Mittelscheitel haben, von dem aus das Fell nach links und rechts fällt (Bild 2). Diese Methode diente früher dazu, Fell zu sparen. Nur wenige Teddys haben diese Mittelnaht. Diese Teddys sind bei Auktionen besonders kostspielig, da sie so selten sind.

1. Das Kopfmittelteil für Onkel Ben ist so geformt, dass sein Kopf – wie bei den meisten Teddys mit Mittelnaht – nicht flach ist. Nähen Sie zuerst die Mittelnaht, um ein ähnliches Kopfmittelteil wie für Benjamin und für Sebastian herzustellen. Versuchen Sie aber, die Heftstiche, die ein Verrutschen des Fells verhindern, so schonend wie möglich zu machen.

Nach dem Nähen und dem Entfernen aller Heftnähte öffnen Sie die Naht mit den Fingern (nicht bügeln!). Es ist ratsam, die Nahtzugabe über die ganze Länge der Mittelnaht hinweg nach rechts und links anzuheften, um eine flache Naht zu erzeugen (Bild 3). Dadurch wird sie offen gehalten, sodass sie beim Stopfen des Teddys flach an beiden Seiten des Kopfes anliegt. Würde sie auf eine Seite gedrückt, könnte sich das Fell auf dieser Seite des Scheitels stärker abnutzen.

2. Kopf, Körper und Gliedmaßen werden wie bei Sebastian ausgestopft. Fügen Sie dem Kopf Augen, Ohren und Nase an. Setzen Sie die Gelenke in die Gliedmaßen ein und stellen Sie sie fertig. Onkel Ben wird wie Paulchen mit einer Mischung aus Polyfill und Granulat gefüllt. Folgen Sie der Anleitung für Paulchen, setzen Sie die Gelenke ein und schließen Sie mit Matratzenstichen.

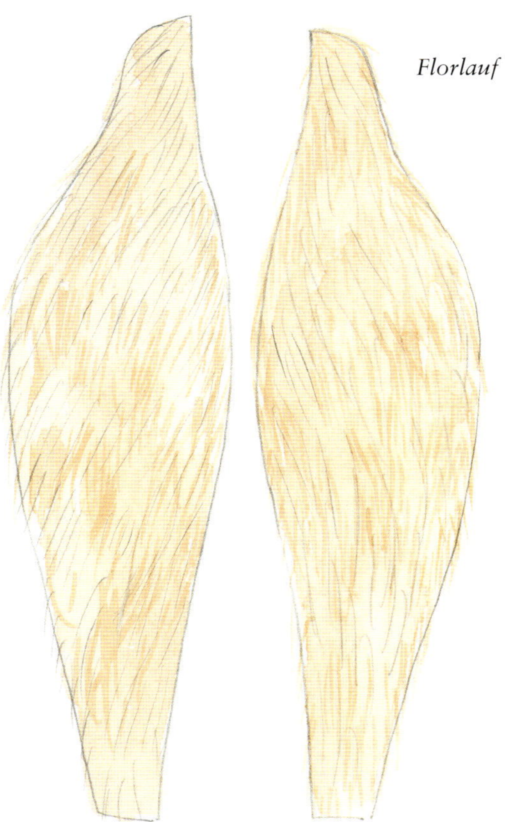

Bild 1

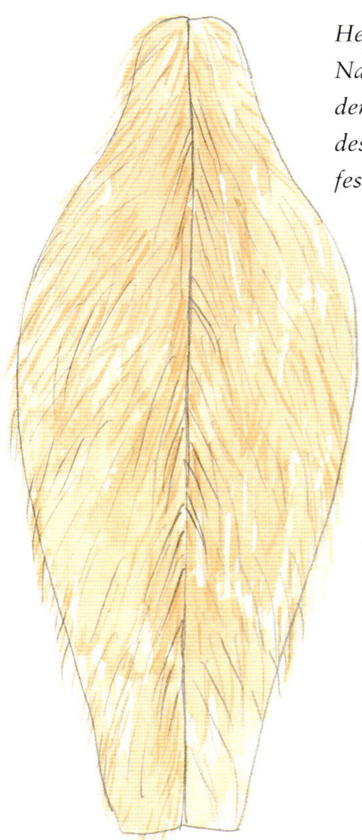

Bild 2

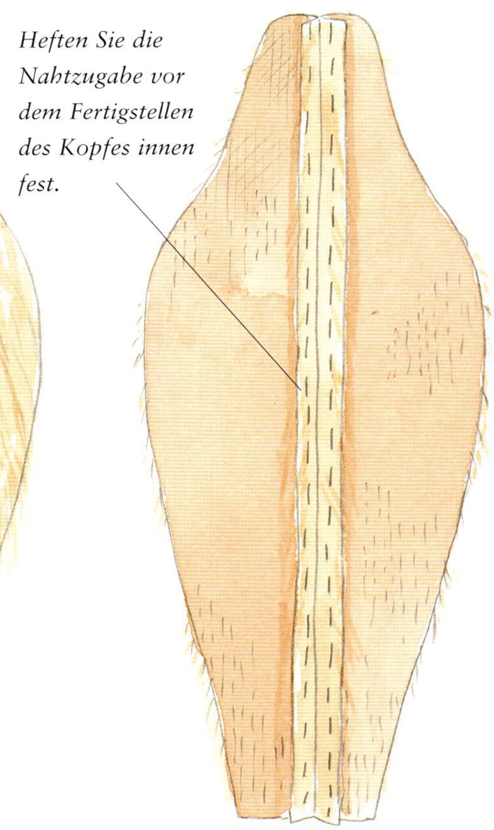

Bild 3

Nähte

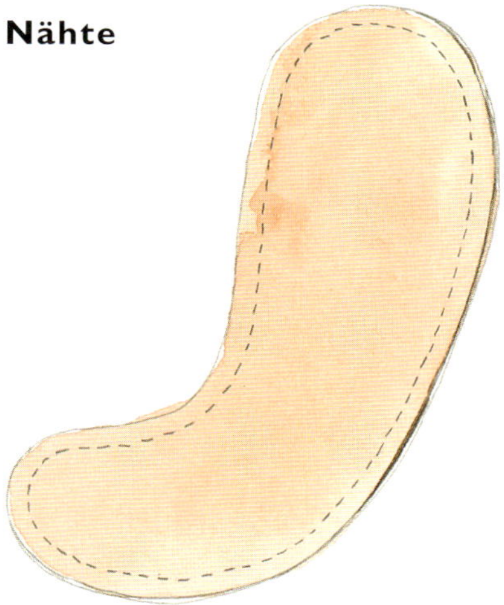

Die Nähte sollten unbedingt gleichmäßig genäht werden, sonst sehen die Gliedmaßen beulig aus, und Füllmaterial kann austreten.

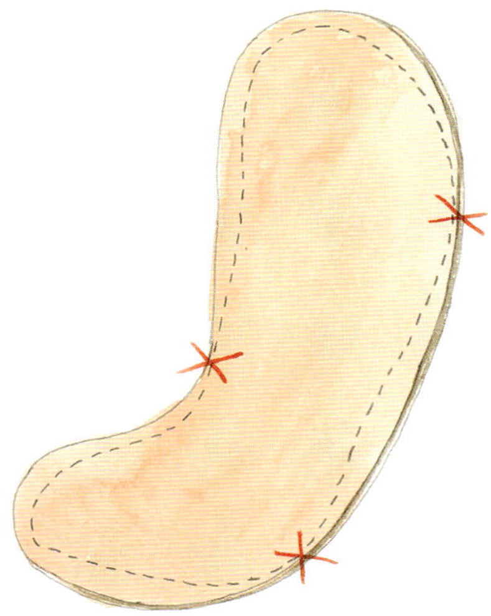

Oben: *Man sieht deutlich Onkel Bens abgenutzte Stellen.*

Entfernen Sie den Heftfaden der Mittelnaht.

3. Bevor Sie den Teddy zusammensetzen, sticken Sie die Krallen auf alle Pfoten. Dies sollte, wie bei der Nase, mit einem einzelnen Perlgarnfaden geschehen und mit einem Stich pro Kralle. Dafür sind nicht mehr als drei oder vier Stiche von beliebiger Länge nötig. Sie können im Fell, nur im Alkantara oder über beides hinweg gestickt werden. Das Design bleibt Ihnen überlassen (Bild 4).

4. Nun kann der Teddy zusammengesetzt werden. Stopfen Sie danach den Körper aus und vervollständigen Sie Onkel Ben. Nähen Sie die Rückennaht mit Matratzenstichen und bürsten Sie ihn gut. Alle Nähte sollten ordentlich

Vorschläge zum Sticken der Krallen

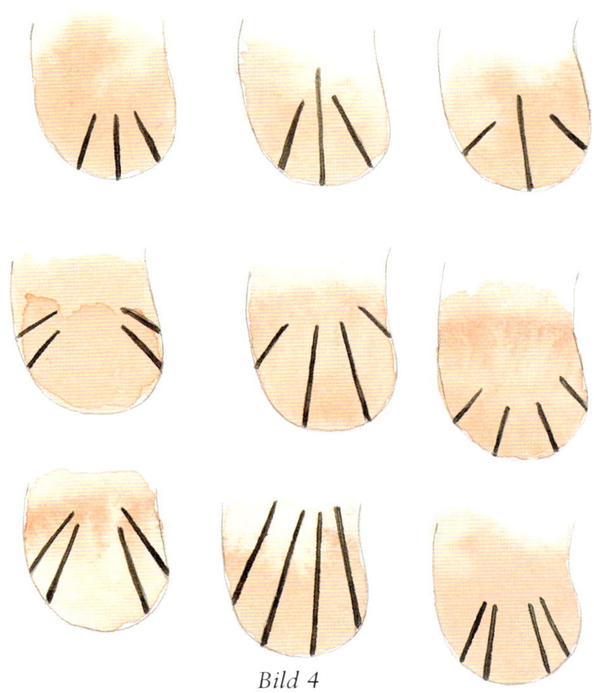

Bild 4

Kürzen der Florhaare im Gesicht

Dies ist grundsätzlich eine Sache des persönlichen Geschmacks. Wenn Sie die Florhaare des Teddys kürzen wollen, tun Sie es vorsichtig mit einer sehr scharfen, spitzen Schere. Am besten schneidet man immer nur wenige Haare auf einmal und überprüft dann das Ergebnis von allen Seiten. Das Fell sollte überall die gleiche Länge haben.

Beginnen Sie an der Nase und kürzen Sie das Schnauzenfell von oben bis zu den Nähten der Seitenteile. Entfernen Sie alle Fellbüschel, die aus den Nähten herausstehen. Schneiden Sie langsam und nie zu viele Haare gleichzeitig. Denken Sie daran, dass man hinterher immer noch mehr abschneiden kann, aber verlängern lassen sich die Haare nicht!

Arbeiten Sie sich langsam nach hinten durch, bis sie die Stellen für die Augen erreichen. Nehmen Sie schwarze Reißzwecken und setzen Sie sie dort ein. Dann schneiden Sie das Fell in diesem Bereich völlig ab, sodass die Augen flach auf dem Untergewebe sitzen und nicht durch verbleibende Haare hochgedrückt werden. Schneiden Sie jedoch nicht über den Umriss der Augen hinaus.

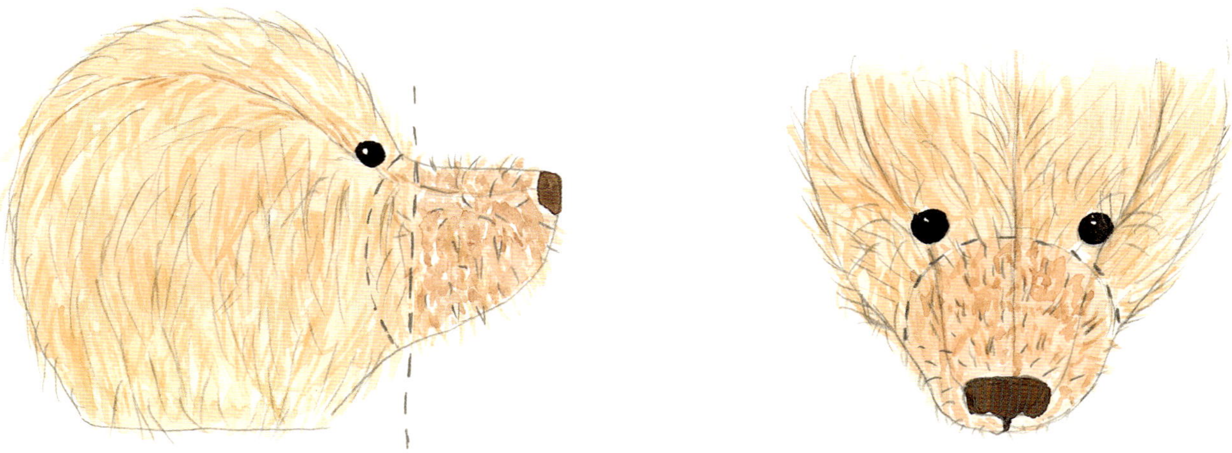

Bild 5

aussehen und sein Fell flauschig. Jetzt muss der Pelz behandelt werden, um sein antikes Aussehen zu erzielen.

5. Ein wirklich alter Teddy hat kahle Stellen. Unser Teddy wurde im Antik-Look entworfen, aber er sollte nicht übertrieben abgenutzt aussehen. Wenn Sie Mohairplüsch mit dunklerem Untergewebe verwenden, fallen die kahlen Stellen auf. Wenn sie nicht gut gemacht sind, werden sie seltsam aussehen.

Beginnen Sie mit den Ohren. Schneiden Sie wenig vorne an den Ohrspitzen ab, bis das Untergewebe durchscheint. Gehen Sie vom Rand aus und schnippeln Sie dann so viel weg, bis die Stelle natürlich aussieht. Sie können noch weitere kleine Stellen mit der Schere oder durch Herausziehen von Haaren erzeugen. Übertreiben Sie aber nicht, sonst sieht es künstlich aus. Wenn Sie viel Fell entfernen wollen, machen Sie weiche Übergänge – nicht viele kahle Löcher.

Beim echten alten Teddy fehlt etwas Fell auf dem Kopf und rund um die Schnauze, an verschiedenen Stellen der Arme und Beine – gerade so viel, wie durch normale Abnutzung durch ein Kind entsteht. Sie können so viel oder so wenig Fell entfernen, wie Sie möchten, aber variieren Sie die Größe der kahlen Stellen. Es ist nicht gut, wenn alle kahlen Stellen gleichgroß sind, das wirkt zu künstlich.

6. Schließlich sticken Sie mit einem kleinen Stück Garn, das sich von der Fellfarbe leicht absetzt, mit einigen großen Stichen längs über seinen Bauch. So sieht es aus, als wäre eine aufgegangene Naht hinterher etwas schlampig repariert worden.

7. Setzen Sie den Teddy vor sich hin und betrachten ihn von allen Seiten. Sitzt er stabil oder hängt er schief nach einer Seite? Sind seine Augen und sein Mund symmetrisch?

Auf diese Weise sollte man alle Teddys kontrollieren, bevor man sie fertig stellt. Manchmal ist das Fell im Gesicht zu lang, sodass die Augen teilweise verdeckt werden. Dann müssen die Florhaare gekürzt werden (Bild 5).

Schneiden Sie mit Ihrer schärfsten Schere das Fell des oberen Teils der Nase von einem Auge zum anderen kurz. Damit markieren Sie eine Linie. Schneiden Sie nicht zu viel ab, nur gerade die Haarspitzen, sodass eine Linie sichtbar ist. Keinesfalls sollte das Fell bis auf das Untergewebe heruntergeschnitten werden. Im Grunde ist es eine Geschmacksache – kürzen Sie so viel oder so wenig, wie Sie möchten. In jedem Fall sollte jeweils immer nur wenig Fell auf einmal gekürzt werden. Arbeiten Sie sehr langsam, vorsichtig und gleichmäßig, mit einem weichen Übergang zum umgebenden Bereich.

Bürsten Sie ihn noch einmal, dann ist er vorzeigefähig. Herzlichen Glückwunsch zu Ihrem ersten antiken Teddy!

LENNY

Lenny ist einem bekannten Steiffteddy nachempfunden, der auf Auktionen hohe Preise erzielt. Sein Aussehen ist nicht ganz das eines antiken Teddys: Seine Schnauze ist weniger spitz, und sein Fell ist nicht so abgenutzt.

SIE BRAUCHEN

- ❖ 23 cm (46 x 46 cm) kurzen glatten Mohairplüsch (roter Pelz mit blassgoldenem Unterstoff)
- ❖ 15 cm Alkantara im Quadrat
- ❖ Drei 35-mm-Gelenke für Kopf und Beine
- ❖ Zwei 24-mm-Gelenke für die Arme
- ❖ Zwei Schuhknopfaugen von ca. 10 mm Größe oder schwarze Glasaugen von 10 mm Größe
- ❖ Nähgarn, passend zum Untergewebe des Plüschstoffs
- ❖ Reißfestes Garn für die Saumabschlüsse
- ❖ Ca. 4,5 m Perlgarn zum Sticken für Nase and Krallen
- ❖ Ungefähr 700 g Holzwolle und ein Holzwolle-Stopfwerkzeug

Bei kurzem, glatten Mohair ist es besonders wichtig, dass Sie die Nahtzugaben vor dem Nähen rasieren (Bild 1). Diese Plüschart verzeiht keine Fehler und bleibt viel leichter als andere in den Nähten stecken. Der Teddy würde ziemlich unordentlich aussehen, wenn man die Säume nicht vorbehandelt.

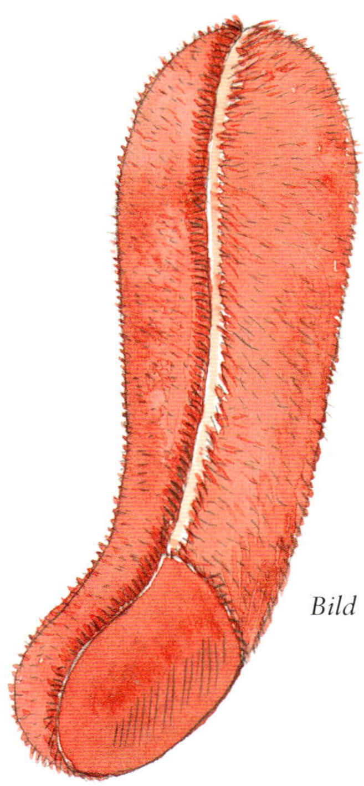

Bild 1

Beim Stopfen die Nähte abflachen

Richtig

Falsch

1. Nähen Sie den Kopf, den Körper und die Gliedmaßen wie für Sebastian and Onkel Ben, nur dass sie dieses Mal mit Holzwolle gestopft werden, damit sie sich so hart wie die antiken Teddys anfühlen. Allerdings ist Holzwolle keim Muss – wenn Sie Polyfill vorziehen, können Sie auch dieses verwenden.

Alternativ kann auch eine Mischung aus Holzwolle und Polyfill oder Schurwolle verwendet werden. Dies gibt ihm mehr Gewicht und fühlt sich wie bei den älteren Teddys an. Arme und Beine sollten fest und gleichmäßig gefüllt sein und keine Hohlräume aufweisen.

2. Setzen Sie die Gelenke ein und schließen Sie die Nähte mit Matratzenstichen. Diese Teddys haben auch Krallen, die man nach der Anleitung für Onkel Ben vor der Montage auf die Pfoten stickt. So können alle Knoten gut verborgen werden.

3. Nun können Sie Lenny wie vorher beschrieben montieren und stopfen. Die Rückennaht wird mit sauberen Matratzenstichen geschlossen. Dann wird der Teddy gut gebürstet, um eingenähtes Fell aus den Nähten zu ziehen. Falls Sie möchten, können Sie ihn wie Onkel Ben ein wenig mit der Schere behandeln, aber seien Sie bei rotem Fell sehr vorsichtig, da der Unterstoff sehr hell ist und kahle Stellen im knallroten Fell seltsam wirken können.

Zum Schluss bürsten Sie den Teddy noch gründlich.

Aufbewahren der Schnittmuster

Heben Sie Ihre Schnittmuster in einer Klemmmappe oder einem Schnellhefter auf und notieren Sie auf einem Blatt Papier die wichtigsten Angaben, z. B. die benötigte Stoffmenge und wo sie den Stoff gekauft haben. Schreiben Sie alle weiteren Materialien auf und notieren Sie die Augenfarbe, das Nasengarn und die Größe der Gelenke, indem Sie sie skizzieren.
Diese Angaben können sehr wichtig werden, falls Sie Ihre Teddybären verkaufen möchten, denn eventuell möchte der Käufer einen Nachweis haben, dass und wie Sie die Bären hergestellt haben.

Oben: *Lennys Bauchnaht ist vollkommen glatt.*

Lumpenteddy

Selbst Teddys müssen Spielzeug haben! Lenny hat seine eigenen lustigen Stoffbärchen zum Spielen. Es sind einfach genähte Lumpenteddys aus Resten von farbenfroh gemusterten Baumwollstoffen.

SIE BRAUCHEN

- 20 cm Baumwollstoff bzw. Stoffreste im Quadrat. Für einen Patchworkteddy passen auch verschiedene Stoffe.
- Zwei 3 mm große Perlen für die Augen. Möglich sind auch sehr kleine dunkle Knöpfe
- Baumwollstranggarn in einer dunklen Farbe für Nase und Mund
- Einen Faden reißfestes Garn

Bild 1

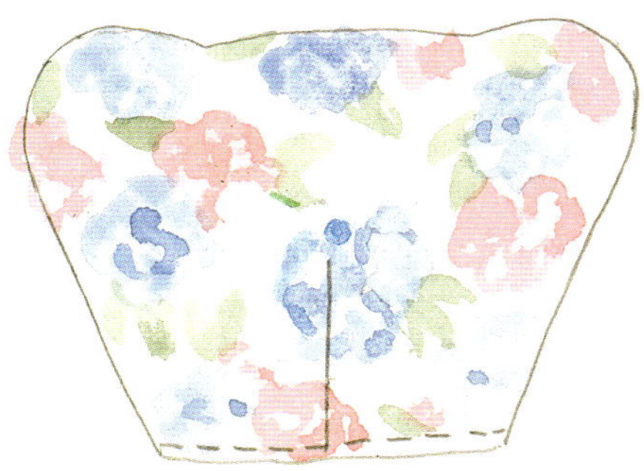

Bild 2

Bild 3

Bild 4

Jedes Teil hat eine kleine Nahtzugabe. Nähen Sie die Teile mit einem sehr kleinen Rückstich zusammen.

1. Schneiden Sie alle Teile zu. Schließen Sie den Abnäher im Gesicht, um die Nase zu formen (Bild 1). Nähen Sie die Kopfteile auf links zusammen und wenden Sie sie (Bild 2).

2. Stopfen Sie ein sehr kleines Stück Füllung in die Ohrenspitzen und nähen Sie entlang der gepunkteten Linie des Schnittteils die Ohren (Bild 3). Stopfen Sie den Kopf fest, aber nicht hart aus. Nähen Sie mit Heftstichen rund um den Hals und kräuseln Sie den Stoff durch Ziehen des Fadens. Sichern Sie den Faden durch einige Stiche.

3. Nähen Sie die Augen an und ziehen Sie den Faden etwas an, um Mulden in den Kopf zu formen. Sticken Sie die Nase und den Mund wie im Schnittmuster gezeigt (Bild 4).

4. Falten Sie Gliedmaßen und Körper wie dargestellt (Bild 5) und nähen Sie sie zusammen, wobei Sie Öffnungen zum Wenden lassen. Wenden Sie sie und stopfen die Glieder und den Körper aus. Schließen Sie die Öffnungen mit winzigen Matratzenstichen und doppeltem Nähgarn. Dann schlagen Sie Kapitel fünf auf und folgen der Anleitung zur Herstellung von Gelenken für Miniteddys (Seite 103).

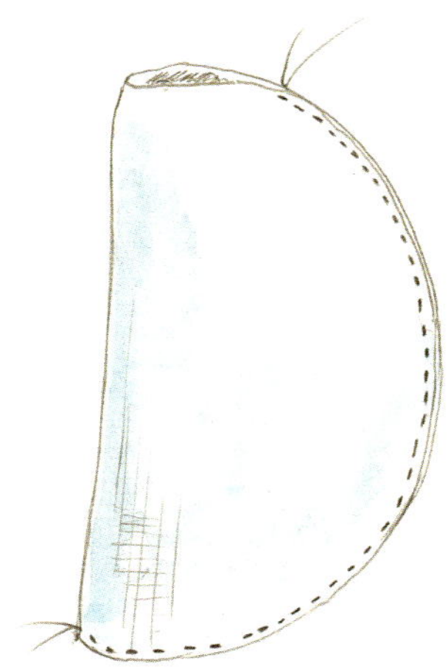

Bild 5

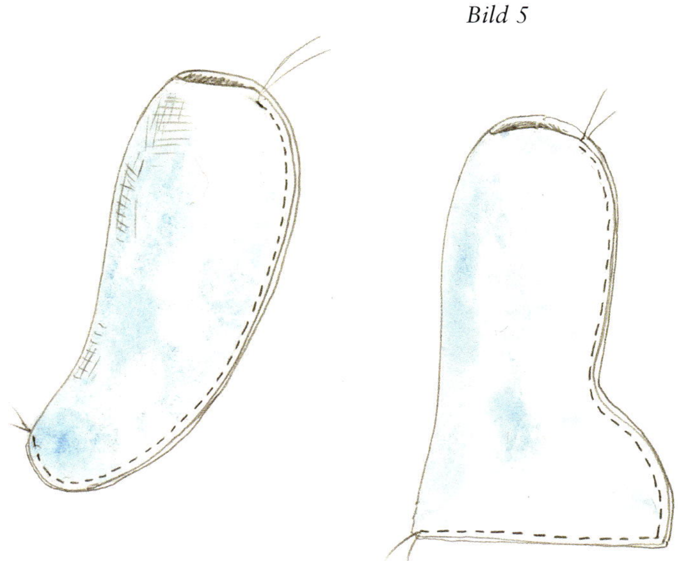

GRIZZLYBÄR

Grizzlybär steht auf allen Vieren und hat Krallen. Trotz seiner Haltung wird er auf die gleiche Art hergestellt wie die bisher beschriebenen Teddys. Der Körperbau sowie die Form seines Kopfes weichen leicht von denen der anderen ab.

SIE BRAUCHEN

- ❖ Ca. 12 cm dicken Langhaar-Mohairplüsch, dunkelbraun
- ❖ Vier 30-mm-Gelenke
- ❖ Zwei 8-mm-Glasaugen (schwarz)
- ❖ Nähgarn, passend zum Untergewebe des Plüschstoffs
- ❖ Reißfestes Garn für die Saumabschlüsse
- ❖ 2,75 m Baumwollperlgarn zum Sticken
- ❖ Ungefähr 225 g Polyfill und knapp 225 g Granulat
- ❖ Eine Packung Kunststoffmodelliermasse in Schwarz oder Braun
- ❖ Lack für Kunststoffmodelliermasse
- ❖ Eine kleine Dose Acryllack, matt oder glänzend

Bild 3

1. Beginnen Sie mit dem Herstellen des Kopfes wie bei den vorherigen Modellen. Die Beine werden auch auf die gleiche Art wie bei den anderen Teddys gemacht, nur dass seine Pfoten aus Fell sind. Nähen Sie die Beinnaht und lassen Sie die Pfoten unten offen.

Grizzlybärs Körper wird aus vier Teilen zusammengesetzt. Wenn Sie keine Krallen machen wollen, nähen Sie die Pfoten und gehen Sie gleich zur Montage über. Die nächsten Schritte können Sie in diesem Fall überspringen.

Bild 1

Die Krallen

2. Die Krallen des Grizzlybären werden aus Modelliermasse gebrannt und anschließend lackiert. Rollen Sie aus der Masse kleine Kügeln ungefähr von Erbsengröße. Formen Sie sie dann mit den Fingerkuppen zu kleinen Kegeln und ziehen sie gleichmäßig lang (Bild 1).

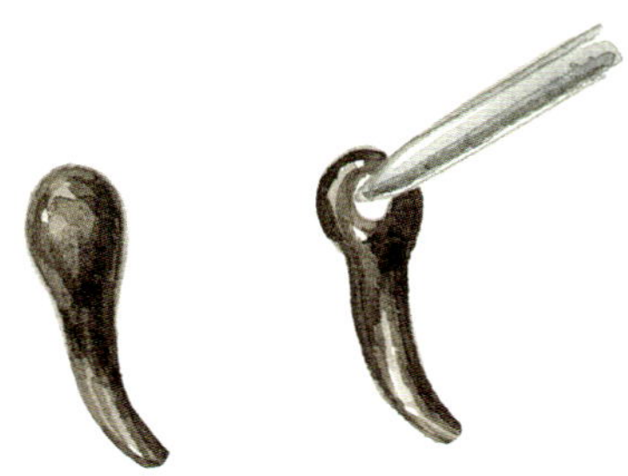

Bild 2

Biegen Sie sie über einen Stift zur Krallenform und bohren Sie mit einer kleinen Stricknadel in ein Ende ein Loch (Bild 2). Einige Krallen sollten etwas kürzer sein. Machen Sie zwölf lange und acht kürzere Krallen sowie einige zusätzliche, falls einige kaputtgehen. Die Krallen sollten nicht zu dünn sein, sonst brechen sie zu leicht. Sie werden im Ofen 10–20 Minuten lang bei 170° C gebrannt.

Nachdem die Krallen fertig lackiert sind, teilen Sie sie in vier Gruppen zu je fünf auf. Die drei längsten liegen in der Mitte und die zwei kürzeren außen. Machen Sie fünf gleichgroße Löcher für die Krallen in das Beinende, wie im Schnittmuster gekennzeichnet (Bild 3).

Bild 4

Nähen Sie jede Kralle einzeln an und kleben sie zusätzlich fest (Bild 4). Rollen Sie etwas Polyfill zu einer Wurst und platzieren es unter den Krallen, bevor Sie die Pfote annähen (Bild 5).

Bild 5

3. Stopfen Sie Grizzlybärs Kopf mit Polyfill und seine Beine mit Granulat aus. Das Granulat muss dicht gepackt werden, damit er gut stehen kann. Die Krallen sollten im gleichen Abstand sitzen. Wenn nicht, stopfen Sie das Bein mit korrigiertem Krallenabstand neu.

Links: *Grizzlybärs lackierte Krallen sind mit Polyfill in den Pfoten unterlegt.*

4. Montieren Sie nun Grizzlybärs Kopf am Körper. Die Gliedmaßen sind auf die gleiche Weise angebracht wie die eines traditionellen Teddys. Weil er jedoch auf allen Vieren steht, müssen sie so fest wie möglich sein. Daher ist es günstig, Schrauben/Muttern-Gelenke zu verwenden, damit sich die Gelenke nicht lockern.

5. Der Körper kann mit Granulat und Polyfill gefüllt werden, das fest gestopft werden sollte, wenn der Teddy auf seinen Beinen stehen soll. Ist er zu weich, wirkt er außerdem unförmig. Nur ein schwerer Bär kann richtig stehen.

6. Die Nase sollte so glatt wie möglich gestickt werden, weil sie mit Dichtungskleber überzogen wird. Dieser wird von Teddykünstlern immer öfter verwendet. Die Nase bekommt so ein glattes, glänzendes oder matt glänzendes Aussehen, die Stickerei muss jedoch makellos sein. Ein Grizzlybär mit glänzender Nase sieht aus, als komme er gerade vom Fische fangen aus der Wildnis.

Überzug der Nase

Der Überzug der Nase mit Dichtungskleber sieht professionell aus. Dichtungskleber kann mit einer kleinen Bürste aufgetragen werden. Nehmen Sie eine Bürste guter Qualität, damit sich keine Borsten abspreizen und mit dem Fell in Kontakt kommen können. Dies könnte Ihre harte Arbeit leicht zunichte machen.

Es sollten mindestens sechs oder sieben Schichten Dichtungskleber dünn aufgetragen werden. Jede Schicht muss vollkommen trocken sein, bevor die nächste Schicht folgt. Anschließend muss die Bürste sofort gründlich mit Wasser ausgewaschen werden, da sie sonst hart wird.

TEIL IV

BESONDERE TEDDYS

In diesem Kapitel werden einige ganz besondere Teddybären beschrieben: ein Eisbär auf allen Vieren, ein lässiger Teddy mit offenem Mund, ein bärtiger Teddy, ein Harlekin und ein Clown.

EISBÄR

Entwurf von Pamela Howells

Pam Howells Eisbär ist ein schöner Teddy mit schneeweißem, flauschigen Fell aus Mohair. Er schmilzt die Herzen aller Bärenfans! Seine Nase wird nach dem Sticken mit einem schwarzen Stift übermalt, was besonders hübsch aussieht.

SIE BRAUCHEN

- 46 cm Mohairplüsch
- Ein 75-mm-Gelenk
- Vier 64-mm-Gelenke
  Falls Sie Schwierigkeiten haben, Splintgelenke richtig zu befestigen, verwenden Sie lieber Schrauben und Muttern, damit der große Eisbär stehen bleibt und nicht umfällt.
- Samt für die Pfoten
- schwarze Augen von 9 oder 10 mm
- Baumwollperlgarn zum Sticken
- Reißfestes Nähgarn
- Polyester-Füllmaterial
- Stoffmalstift (zum Malen rund um Nase und Augen)

1. Zuerst werden die Saumzugaben von Fell befreit und die Ohrhaare gekürzt. Der Kopf und damit auch das Kopfmittelteil sind beide ziemlich kurz, und der Körper enthält einen Halskeil. Beginnen Sie am Kopf, indem Sie von A nach B entlang der Linie des Kiefers nähen (Bild 1). Setzen Sie das Kopfmittelteil von A nach C an beiden Seiten ein. Sie werden bemerken, dass im Schnittmuster zwei Kopfscheiben gezeichnet sind. Bohren Sie ein Loch in die Mitte der Scheibe 1, um den Splint oder die Schraube durchzustecken. Nähen Sie mit Knopflochstich rund um das Loch, damit das Mohair nicht reißt (Bild 2). Dann nähen Sie von einem zum anderen Abnäher am Kopf über das Kopfmittelteil hinweg. Lassen Sie den Kopf an der Unterseite offen. Der Flor sollte an den Kopfseiten abwärts verlaufen.

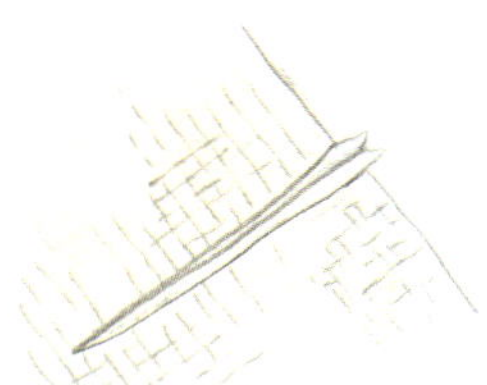

2. Schließen Sie den Abnäher an der Rückseite des Körpers und nähen Sie den Halskeil von D nach E an beiden Körperseiten. Nähen Sie rund um den Körper vom Ende des Halskeils bis zur Markierung > für die Halsöffnung. Dann nähen Sie von F zur anderen Markierung <. Die zweite Kopfscheibe wird auf die gleiche Weise wie die erste durchstochen und die Öffnung verstärkt. Diese Stoffscheibe wird in die Halsöffnung zwischen D und F eingesetzt, wobei der Flor wieder abwärts von D nach F verlaufen muss (Bild 3).

3. Verbinden Sie die Teile der Vorderbeine von G ringsherum nach H, wobei Sie die Säume zwischen den Markierungen < > oben an den Beinen offen lassen. Wiederholen Sie dies an den Hinterbeinen. Setzen Sie die Pfoten aller vier Beine ein, nachdem Sie sie vorher festgesteckt haben.

4. Nähen Sie Ohren und Schwanz und wenden Sie beide.

5. Das Füllen des Teddys ist etwas schwierig, und insbesondere der Kopf wird anders gestopft als bei den traditionellen Bären. Achten Sie besonders darauf, den Kiefer und später die Nase ziemlich fest auszustopfen. Pressen Sie die Füllung immer wieder gut an. Modellieren Sie mit den Fingern den Kopf und machen Sie Vertiefungen für die Augen an den entsprechenden Stellen.

Bild 1

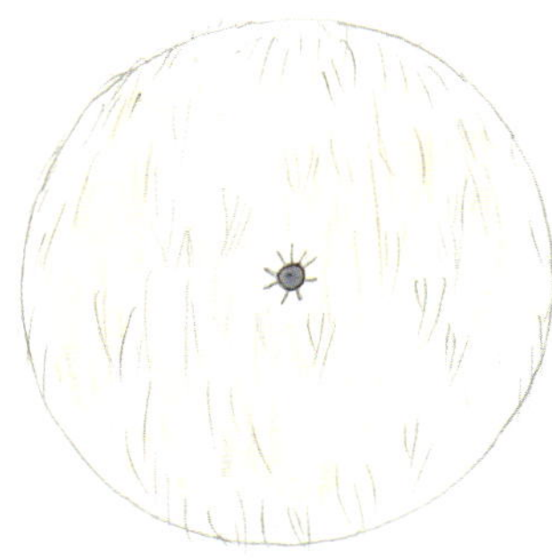

Bild 2

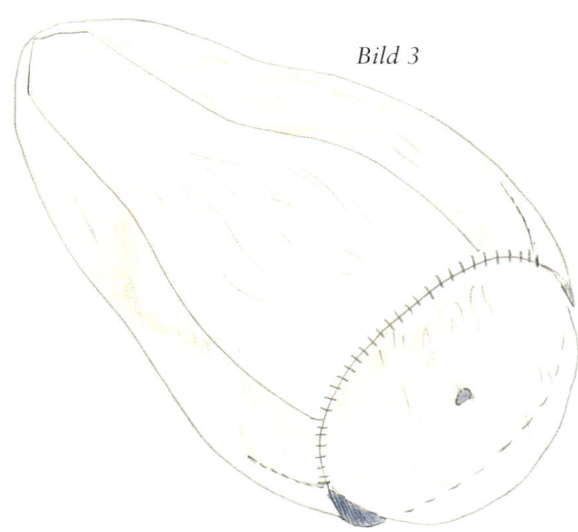

Bild 3

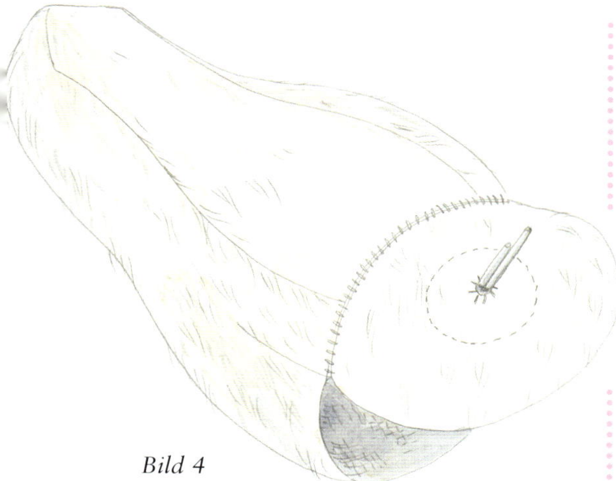

Bild 4

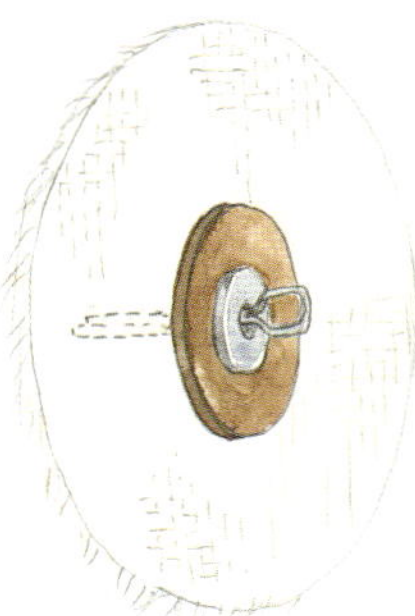

Kopfscheibe von innen

Wenn Sie ein Foto eines Eisbären besitzen, hilft es Ihnen vielleicht bei der Gestaltung des Teddys. Kurz bevor Sie den Kopf fertig gestopft haben, platzieren Sie die Gelenkscheibe an der **Innenseite** des Kopfes auf der Fellscheibe. Drücken Sie den Splint oder die Schraube durch das Loch in der Mitte der beiden Scheiben (Bild 4).

Füllen Sie so viel Füllmaterial in den Kopf wie möglich (Bild 5). Dann wird die Öffnung mit Matratzenstichen geschlossen, während Sie immer weiter nachfüllen können, um den Kopf so fest wie möglich zu stopfen. Es ist wichtig, dass der Kopf richtig geformt wird, nehmen Sie sich dafür Zeit.

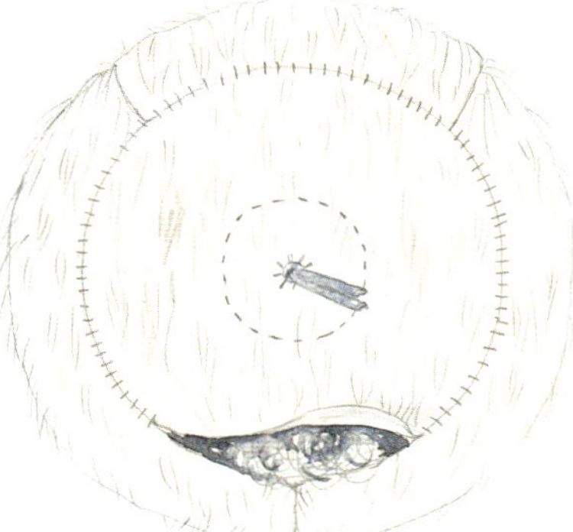

Bild 5

Oben: *Der Eisbär hat fünf gestickte Krallen.*

6. Jetzt kann der Kopf am Körper befestigt werden. Stecken Sie den Splint oder die Schraube durch das entsprechende Loch in der Körperscheibe.

7. Füllen Sie die Beine gut aus, damit der Teddy stehen kann, und setzen Sie die Gelenke ein. Verbinden Sie Beine und Körper fest miteinander. Stopfen Sie den Körper und formen Sie Nacken und Hinterteil sorgfältig aus. Schließen Sie die Öffnung mit Matratzenstichen und füllen Sie währenddessen so viel wie möglich nach.

8. Die Ohren werden mit Matratzenstichen bis zu den markierten Stellen festgenäht. Formen Sie sie dabei schön rund. Befestigen Sie den Schwanz auf die gleiche Weise. Markieren Sie die Positionen der Augen. Kürzen Sie das Schnauzenfell nach Ihrem Geschmack.

9. Sticken Sie die Nase mit Perlgarn in eine gleichmäßige Form. Zeichnen Sie den Umriss vorher bei Bedarf mit einem Stoffmalstift auf. Beginnen Sie mit dem Sticken in der Mitte in Richtung einer Ecke und wiederholen Sie dies in die andere Richtung. Sticken Sie den Mund mit langen vertikalen Stichen. Setzen Sie die Augen in die markierten Positionen bzw. Vertiefungen ein, die sie beim Füllen geformt haben, und ziehen Sie die Fäden so fest wie möglich zum Kiefer.

Verknoten Sie die Fäden dreimal fest miteinander und führen Sie sie zurück durch den Kopf. Sticken Sie die Krallen aller vier Pfoten. Bürsten Sie die Nähte aus. Malen Sie zum Schluss mit dem Stoffmaler ein bisschen um Nase, Ohren und Augen herum, um dem Teddy ein natürlicheres Aussehen zu geben.

JONATHAN

Jonathan ist ein weicher, granulatgefüllter Teddy mit biegsamen Armen und Beinen. Dieser Bär mit seinem offenem Maul ist eine Herausforderung an den Anfänger. Er ist sehr gelenkig, und seine langen Arme können jede beliebige Stellung einnehmen, da seine Vorderpfoten nur aus Fell bestehen.

SIE BRAUCHEN

- ❖ 30 cm glatten Mohairplüsch von 13 mm Florlänge und einen kleinen Mohairrest (15 cm²) von 6 mm Florlänge, passend oder kontrastierend
- ❖ 23 cm² Polstersamt für Maul und Pfoten, möglichst rosa. Normaler Samt eignet sich weniger, da er ausfranst. Falls kein Polstersamt erhältlich ist, nimmt man reinen Wollfilz doppelt.
- ❖ Zwei Augen von 12 mm
- ❖ Ein 55-mm-Gelenk für den Kopf
- ❖ Vier 45-mm-Gelenke für die Glieder
- ❖ 350 g Granulat und 350 g Polyfill

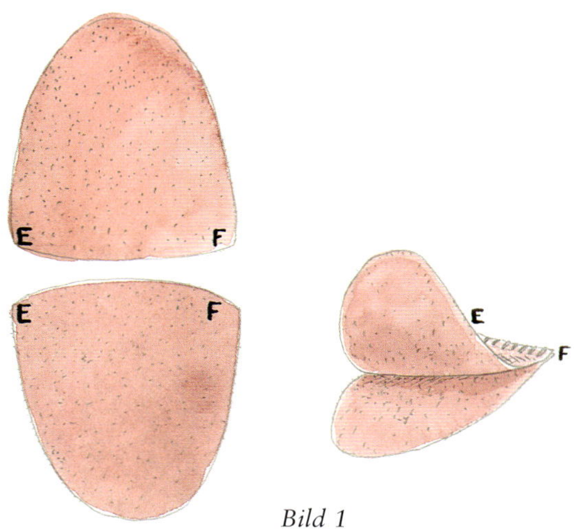

Bild 1

1. Der Kopf dieses Teddys wird etwas anders hergestellt als die vorigen. Zuerst wird das Maul genäht und am Kopf befestigt. Das Innere des Mauls wird als Erstes zusammengenäht (Bild 1). Die Naht von E nach F stellt das Ende der Zunge hinten im Maul dar. Dann wird die Naht von A nach A genäht, die von der Nase zum Maul verläuft, und schließlich die Naht von B nach B, die von der Unterlippe zur Kinnunterseite verläuft.

Nun haben Sie drei Teile: das Innere des Mauls, den Unterkiefer (Bild 2) und den Oberkiefer (Bild 3).

2. Nähen Sie Maul und Ober- bzw. Unterkiefer zusammen (Bild 4). Verbinden Sie den Ober- und den Unterkiefer mit den Kopfseiten. Dabei müssen die Mundwinkel fest mit den Kieferteilen verbunden werden, da sonst Probleme beim Stopfen entstehen. Dann nähen Sie unter dem Unterkiefer von D nach D (Bild 5) und fügen das Kopfmittelteil ein (Bild 6).

3. Der Teddy wird größtenteils mit Granulat gefüllt, aber achten Sie darauf, dass er zwischen den Schultern, im Kopf- und Halsbereich und zwischen den Beinen mit Polyfill ausgepolstert wird. Vorder- und Hinterpfoten sehen besser aus, wenn sie zusätzlich fest mit Polyfill gestopft sind, nicht nur mit Granulat, da man es auch unter dickem Stoff als kleine Klumpen fühlt.

4. Jonathans Beine werden in vier Teilen genäht, plus die Hinterpfoten, sodass er auf einem Regal sitzen oder auf einer Sofalehne liegen kann. Er ist sehr biegsam, bleibt aber dennoch in der gewünschten Postitur.

Weiter wie Sebastian (s. Seite 42).

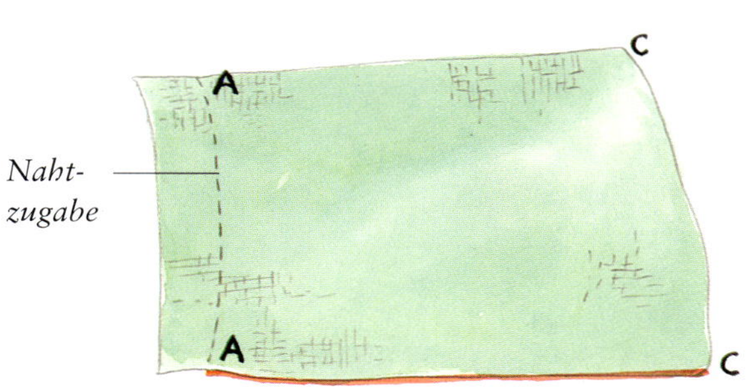

Bild 2

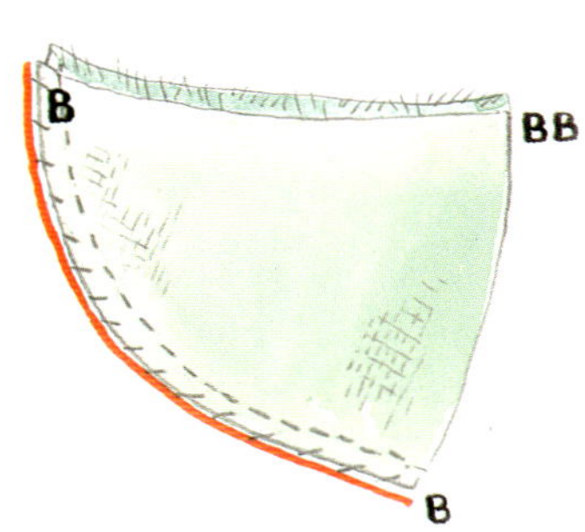

Bild 3

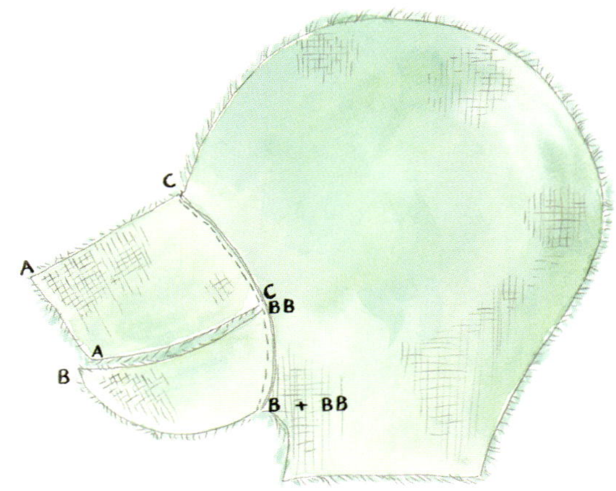

Bild 4

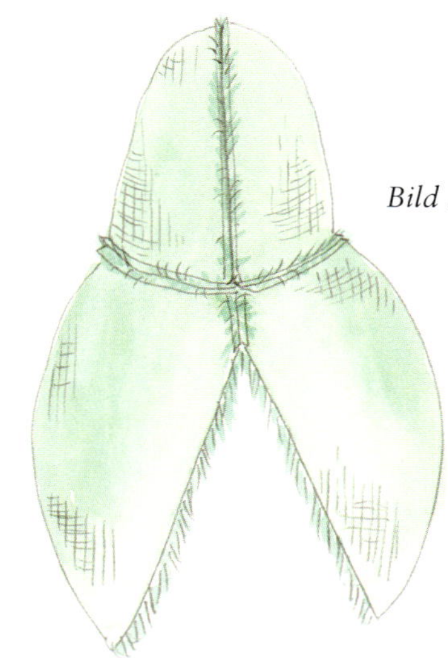

Bild 5

Blick auf die Kieferunterseite von unten

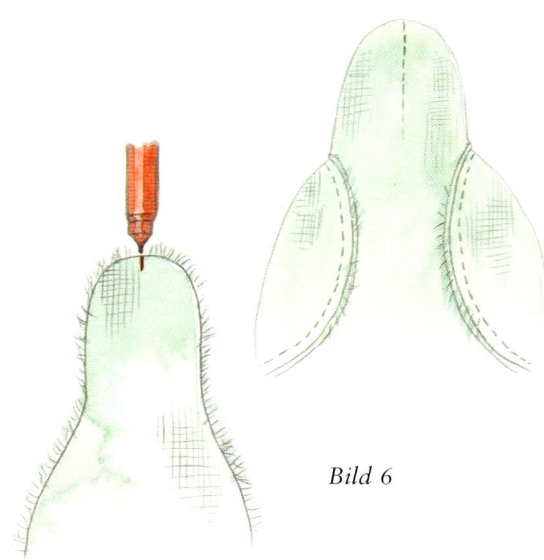

Bild 6

Anpassen des Kopfmittelteils, Blick von oben auf den Kopf

HERBERT HEMBÄR

Entwurf von Sue Tolcher

Herbert Hembär ist ein aufrecht stehender Teddy. Mit seinem wundervollen Backenbart und passendem „Lätzchen" kann er in jeder Farbe genäht werden. Hier wurde weiches goldenes Mohair gewählt. Der Bart ist aus Rohmohair.

SIE BRAUCHEN

Die Nahtzugabe beträgt bei diesem Bären 6 mm.

- ❖ Knapp 46 cm Mohairplüsch für Körper, Kopf und Glieder und 23 cm² Rohmohair für Bart und Lätzchen
- ❖ Ein kleines Stück Alkantara für die Pfoten
- ❖ Ein Paar Augen nach Wahl
- ❖ Drei 60-mm-Gelenke für Kopf und Beine
- ❖ Etwas Holzwolle zum Mischen mit dem Polyfill für den Kopf
- ❖ Zwei 55-mm-Gelenke für die Arme Zu empfehlen sind hier Schrauben- und Mutter-Gelenke. Splintgelenke sind möglicherweise nicht fest genug.
- ❖ Insgesamt ca. 250 g Granulat und Polyfill

1. Die Nahtzugabe beträgt 6 mm. Kürzen Sie vor dem Zusammennähen das Fell auf allen Nahtzugaben. Körper und Kopf werden etwas anders hergestellt als bei den bisherigen Teddys. Nähen Sie den Bart entlang der Linie von A nach B an den Kopf und achten Sie darauf, dass beide Seiten gleich aussehen, wenn der Kopf zusammengenäht wird (Bild 1). Heften Sie das Kopfmittelteil fest, bevor Sie es nähen (Bild 2).

Bild 1

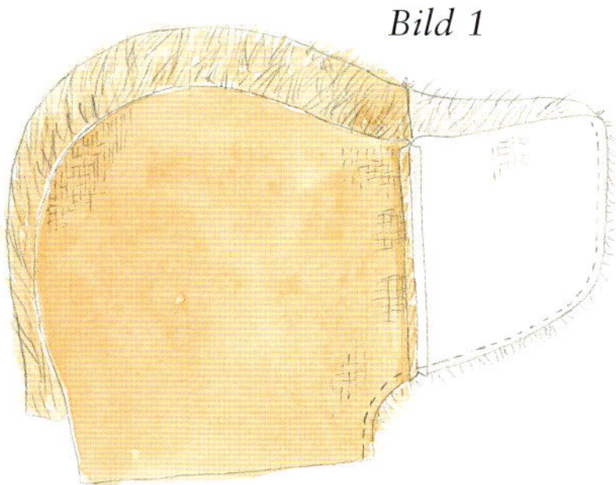

Bild 2

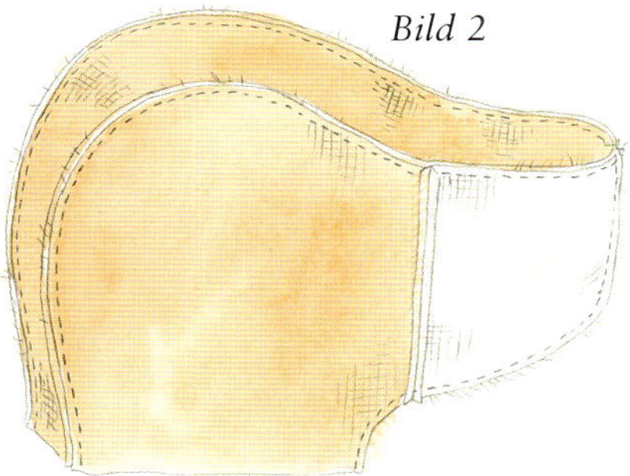

2. Das „Lätzchen" wird entlang der Linie von C nach D eingesetzt (Bild 3). Gleichen Sie die Seiten ab, während Sie die Bauchnaht nähen. Schließen Sie die Seite mit dem Abnäher von C nach E. Falten Sie das Schwanzteil der Länge nach, nähen Sie es zusammen und verbinden es mit dem Körper, wie gezeigt (Bild 4). Ziehen Sie die Schwanzseiten nach dem Stopfen auseinander.

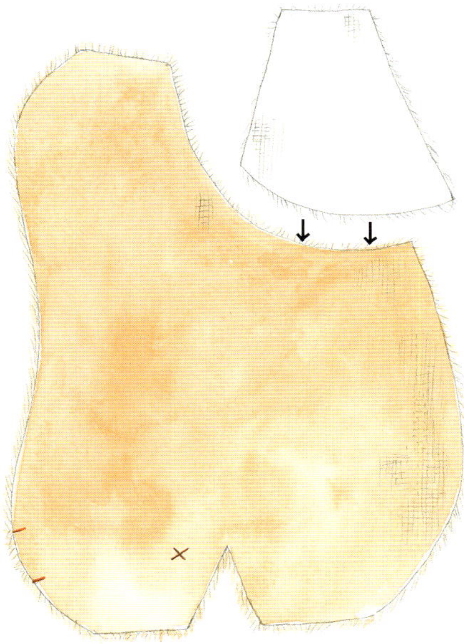

Bild 3

3. Stopfen Sie den Kopf mit einer Mischung aus Holzwolle und Polyfill hart aus. Für Körper und Arme verwenden Sie eine Polyfill-Granulat-Mischung. Stopfen Sie die Beine mit Polyfill, damit Herbert gut stehen kann. Granulat wäre hierfür nicht geeignet.

4. Zwischen den Augen wird mit einer Nadel eine leichte Erhöhung zur Nase hinunter modelliert (Bild 5). Fixieren Sie Herberts Augen diagonal am hinteren Kopfende. Sie können die Fäden zum Vernähen auch bis unter die Ohren hochziehen. Hellen Sie Herberts Augenhöhlen ein wenig auf, um die Augen stärker zu betonen (Bild 6).

Herberts Pfoten wurden mit einer Nähmaschine mit automatischem Stickprogramm mit kleinen goldenen Elefanten bestickt. Etwas Ähnliches kann man auch von Hand sticken.

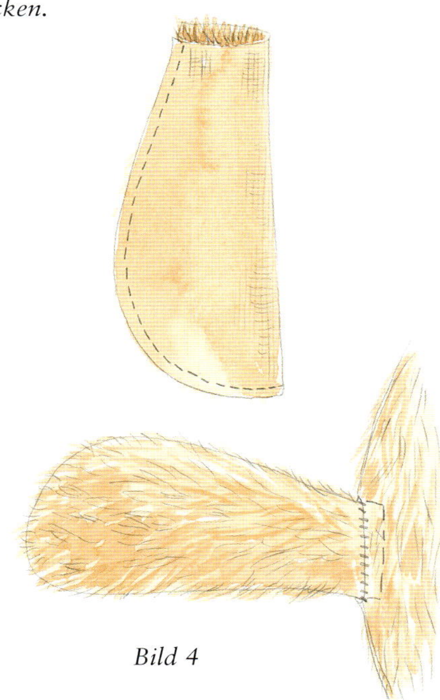

Bild 4

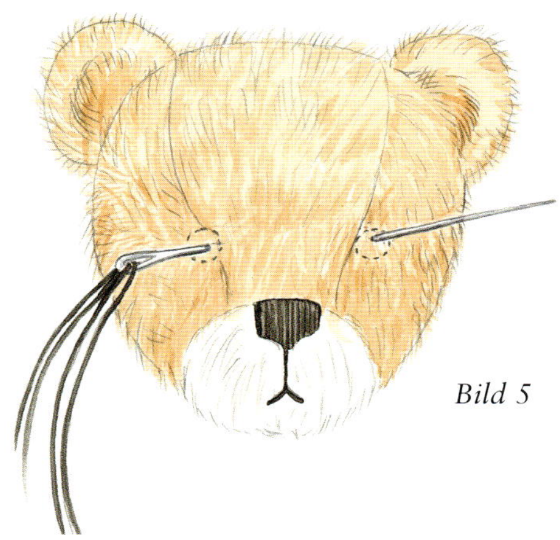

Bild 5

Bild 6

Roly, der Harlekin

Roly ist ein altmodischer Teddy mit einem hübschen Anzug aus aufgereihten Stoffkreisen im Patchwork-Stil. Auf diese Weise können Sie Mohairreste sinnvoll verwenden, die für einen ganzen Teddy zu klein wären.

SIE BRAUCHEN

- ❖ Ein kleines Stück Mohairrest, mehrere Stücke verschiedenfarbig bedruckter Stoffreste (möglichst mit gleichem Stoffgewicht)
- ❖ Zwei Augen von 8 mm
- ❖ Fünf ziemlich große Knöpfe: 4 cm Durchmesser für den Kopf und etwa 2,5 cm Durchmesser für die Gliedmaßen.
- ❖ 1–2 m rundes Gummiband (muss recht stark sein)

Ankräuseln der Kreise

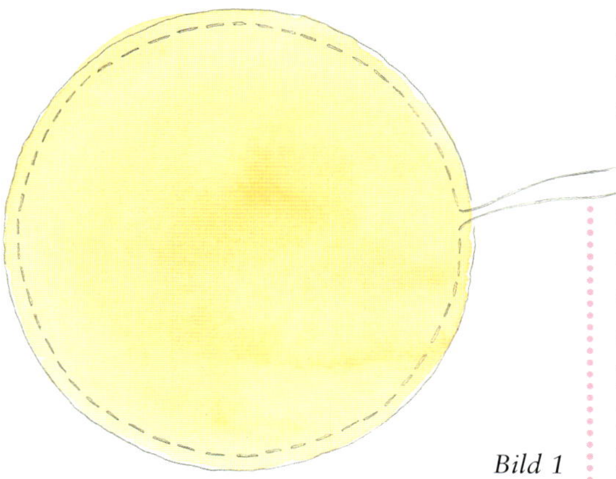

Bild 1

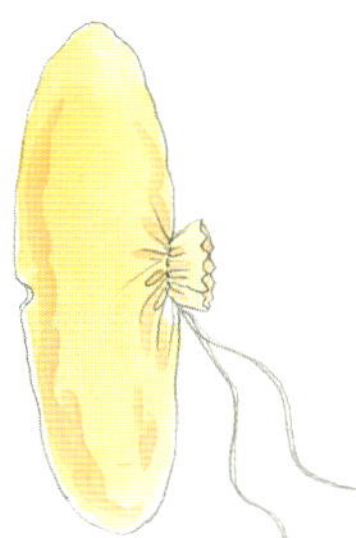

1. Machen Sie die nötige Anzahl Stoffkreise, wie im Muster angegeben. Die Kreise müssen angerüscht werden, wobei die Enden nicht versäubert werden müssen, weil sie später verdeckt werden (Bild 1). Man näht einen Faden um den Rand und zieht ihn zu einem Beutel zusammen, der dann flach gedrückt wird.

2. Schneiden Sie in jeden Kreis in der Mitte ein Loch für das Gummiband. Nehmen Sie zehn große Kreise für den Körper, jeweils zehn kleine für die Arme und zehn mittelgroße für die Beine.

3. Fädeln Sie doppeltes Gummiband durch einen Knopf von 4 cm Durchmesser, was als „Gelenk" für den Kopf dient. Dann wird die Kopfnaht um den Knopf herum geschlossen (Bild 2). Lassen Sie das Gummiband heraushängen. Fädeln Sie drei große Kreise auf das Gummiband (Bild 3).

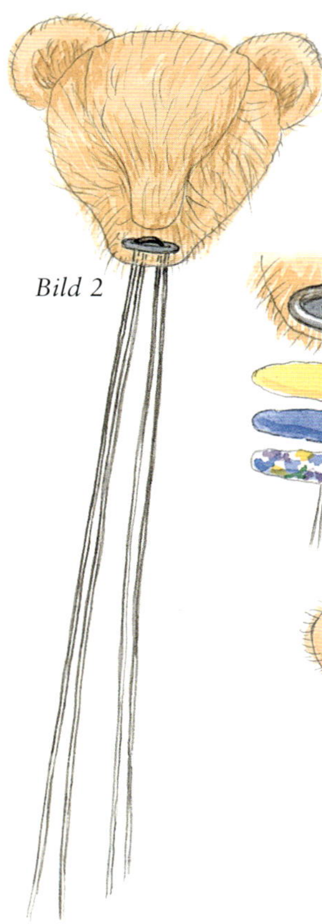

Bild 2

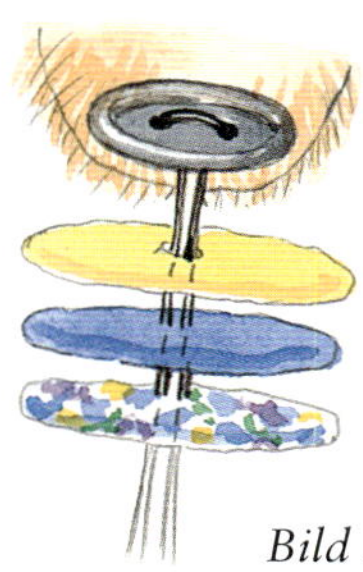

Bild 3

Links: *Rolys Körper ist bunt und sehr biegsam*

4. Schneiden Sie 38 cm Gummiband ab und falten es in der Mitte. Fertigen Sie die erste Pfote wie den Kopf mit einem 2,5 cm großen Knopf. Fädeln Sie dieses Mal zehn kleine Stoffkreise auf das Gummiband (Bild 4). Befestigen Sie die zweite Pfote mit dem Rest der kleinen Kreise am anderen Ende des doppelten Gummibands mit einem Zwischenraum in der Mitte (Bild 5), den Sie zwischen die beiden Gummistränge, die aus dem Kopf hängen, führen. Fädeln Sie sieben große Kreise auf das Gummi.

Bild 4

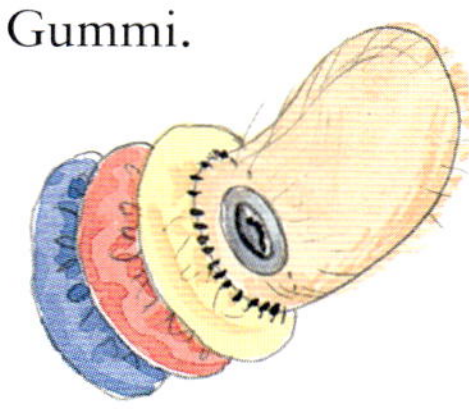

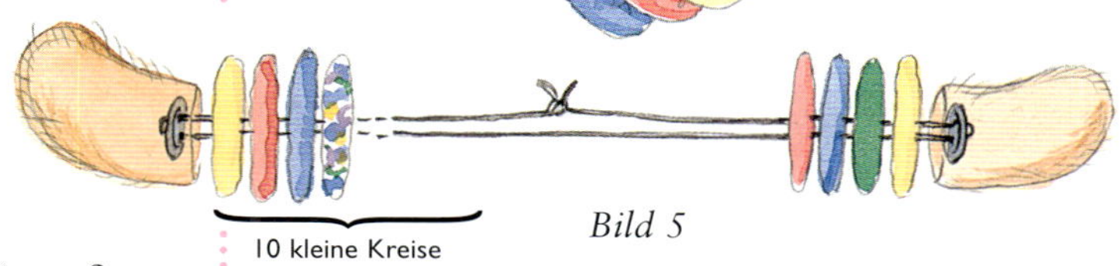

Bild 5

5. Fädeln Sie zehn mittelgroße Kreise auf das verbliebene Gummiband für die Beine. Befestigen Sie dann die Füße am Ende des Gummis und nähen Sie die Knöpfe in die Füße ein. Bei Bedarf nähen Sie die Pfoten an Armen und Beinen mit Matratzenstichen fest (Bild 6).

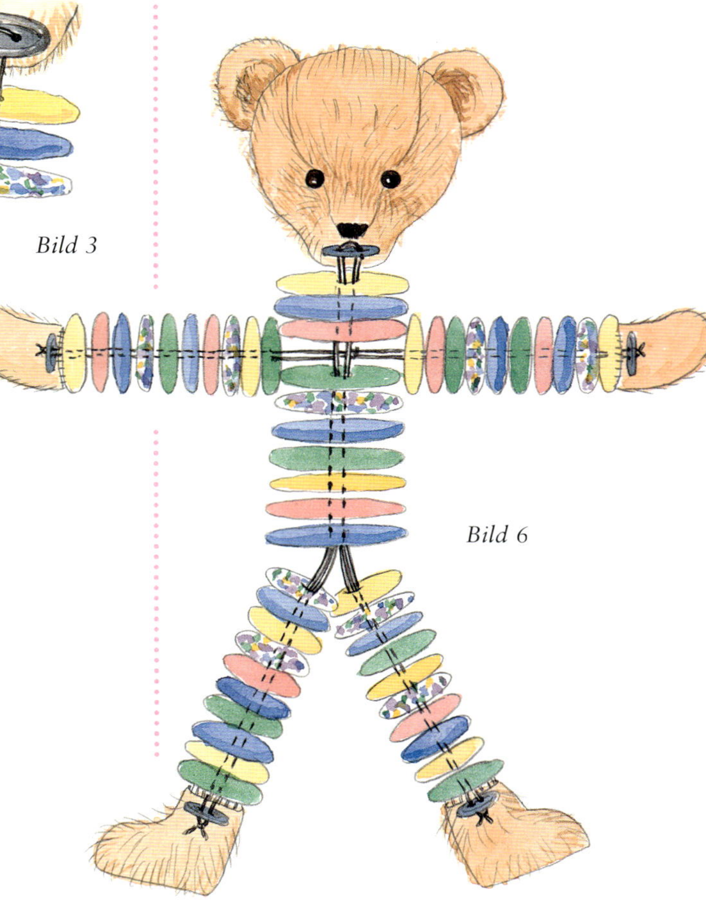

Bild 6

Coco, der Zirkusclown

Coco ist ein sehr farbenfroher Teddy – weiß, mit rosafarbener Nase, orangefarbener Perücke und leuchtend buntem Kostüm.

SIE BRAUCHEN

- ❖ 46 cm kurzen, glatten Mohairplüsch in einer hellen Farbe
- ❖ 15 cm^2 Alkantara in dazu passender Farbe
- ❖ Zwei Augen von 10 mm (hellblau)
- ❖ Einen Strang Baumwollperlgarn in hellrosa (oder passend zum Kostümstoff)
- ❖ Fünf 40-mm-Schrauben/Muttern-Gelenke
- ❖ Passendes Nähgarn
- ❖ Polyester-Füllmaterial und Granulat

FÜR KOSTÜM UND PERÜCKE:

- ❖ 1 m leuchtend bunter Stoff für den Anzug (im Original reine Dupionseide)
- ❖ 1 m Band (Breite 50 mm) mit Drahtrand für die Halskrause (passend zum Stoff)
- ❖ je 1 m schmales Band (3 mm) in zwei verschiedenen Farben für die Streifen auf der Halskrause
- ❖ Vier 25-mm-Pompoms aus Acryl von beliebiger Farbe
- ❖ Zwei Stränge farbige Teppichwolle für die Perücke
- ❖ 10 mm breites Band oder Klebeband für die Perücke
- ❖ Passendes Nähgarn für den Anzug, die Halskrause und die Perücke

Die Perücke

Coco wird ebenso hergestellt wie die anderen Teddys im Buch. Danach wird er mit Perücke und Anzug bekleidet.

1. Legen Sie die Teppichwolle in Strängen von jeweils 20 cm zusammen. Am leichtesten lässt sie sich schneiden, wenn Sie die Wolle um ein Stück Karton von 10 cm Breite wickeln (Bild 1). Man kann sie auch in der richtigen Länge fassen und immer wieder hin- und zurückfalten. Die Enden werden später beim Aufsetzen der Perücke auf die richtige Länge geschnitten.

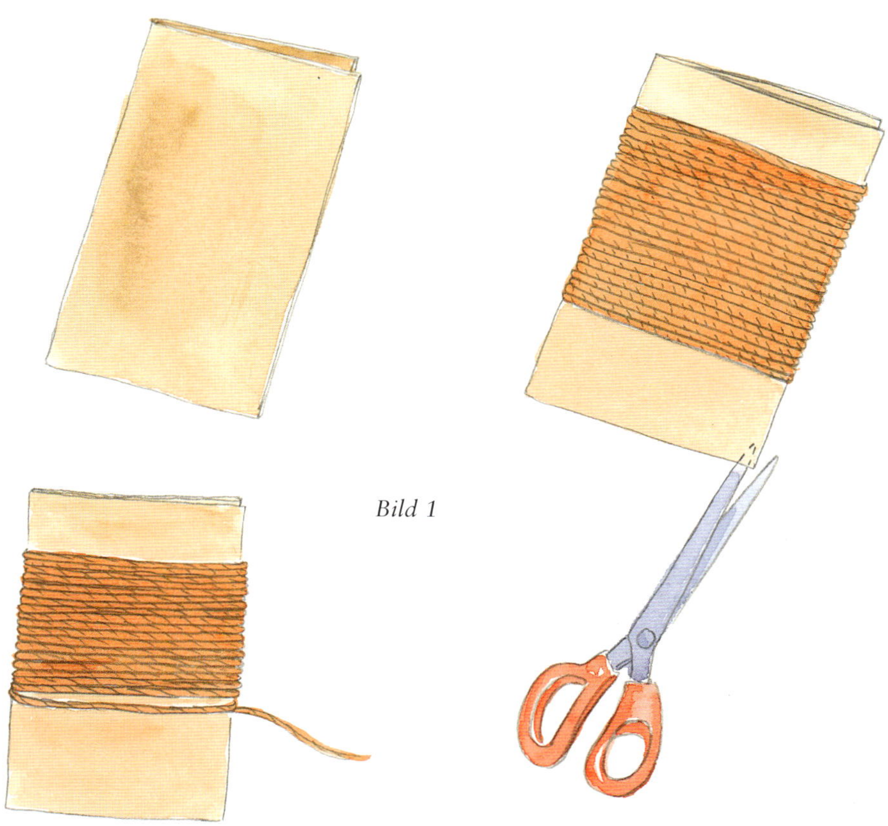

Bild 1

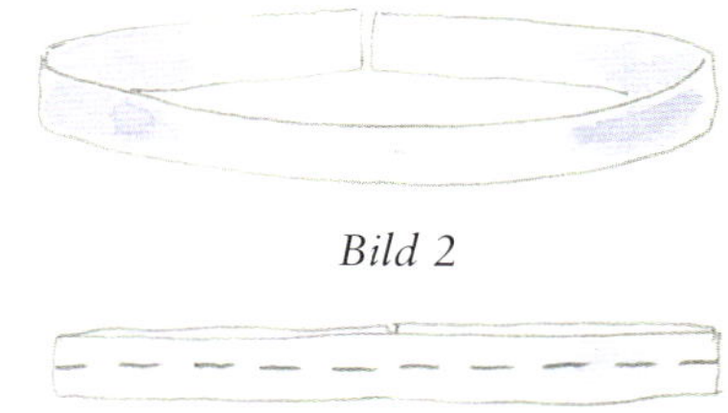

Bild 2

2. Schneiden Sie Band oder Klebeband von 10 cm Länge ab. Halbieren Sie längs, sodass sich die offenen Enden in der Mitte treffen, auf halber Höhe des nunmehr 5 cm langen Bands. Nähen Sie es fest (Bild 2).

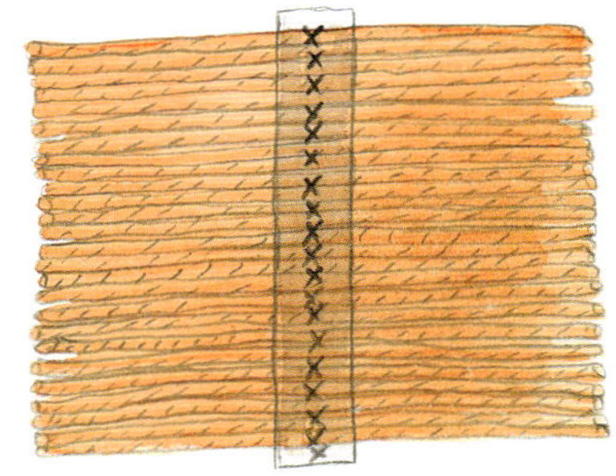

Bild 3

Bild 4

3. Legen Sie das zusammengelegte Garn im rechten Winkel auf das 5 cm lange Band. Bündeln Sie das Garn und nähen es am Band mit kurzem Maschinenstich fest. Dies hält das Garn sicher am Band fest und lässt das Haar in verschiedene Richtungen fallen (Bild 3).

4. Befestigen Sie die Perücke auf dem Kopf des Teddys, indem Sie mit kleinen Stichen über den Mittelscheitel nähen (Bild 4).

5. Schneiden Sie die Perücke auf die gewünschte Länge, machen Sie nach Wunsch einen Pony und achten Sie darauf, kein Mohair abzuschneiden.

DAS CLOWN-KOSTÜM

1. Verbinden Sie die Ärmel von Y nach Z und versäubern sie bei Bedarf. Legen Sie den unteren Rand zweimal eng um.

2. Nähen Sie die Ärmel auf beiden Seiten von X über Y nach Z an. Lassen Sie eine Nahtzugabe von 6 mm übrig. Bügeln Sie die Nähte auf.

3. Nähen Sie Vorder- und Rückenteile zusammen, indem Sie zwei Hälften rechts auf rechts legen und mit einer Nahtzugabe von 6 mm von C nach D nähen. Bügeln Sie die Nähte auf.

Oben: *Cocos Anzug mit der kunstvollen Halskrause ist überraschend einfach zu nähen.*

4. Legen Sie alle Vorder- und Rückteile rechts auf rechts und verbinden Sie die Beinnähte von einem Fußende zum anderen (E über D nach E). Versäubern Sie bei Bedarf die Nähte.

5. Legen Sie den unteren Rand der Hosenbeine zweimal eng um. Versäubern Sie den Halsausschnitt des Anzugs mit kleinem Zickzackstich oder einfach umgelegtem Saum.

6. Nähen Sie mit passendem, reißfesten Garn eine Kräuselnaht ungefähr 2,5 cm oberhalb der Bein- und Ärmelenden. Diese wird nach dem Anziehen des Teddys angekräuselt. Das Gleiche wird am Halsausschnitt in einem Abstand von ca. 6 mm wiederholt.

7. Ziehen Sie dem Teddy den Anzug an und kräuseln Sie das Halsende vorsichtig an. Vernähen Sie den Faden und schneiden ihn ab.

8. Machen Sie das Gleiche an den Fuß- und Handgelenken des Teddys, wobei die Kräuselungen schön gleichmäßig sein sollten.

9. Nun nähen Sie die Halskrause. Entfernen Sie zunächst von der Innenseite des breiten Bandes den Draht. Nähen Sie die dünnen Bänder am äußeren Rand auf. Verbinden Sie die Enden des Bandes zu einem kreisförmigen Band und nähen es sauber zusammen.

10. Ziehen Sie an dem drahtlosen Rand einen festen Faden durch, um die Halskrause zu machen. Diese wird dem Teddy über den Kopf gezogen, angerüscht und befestigt. Schneiden Sie den überflüssigen Faden ab. Drapieren Sie die Rüschen der Halskrause so, dass sie gleichmäßig um den Hals liegen.

11. Zum Schluss befestigen Sie einige Pompoms an der Vorderseite des Anzugs und auf den Füßen.

TEIL V

KOSTÜMIERTE TEDDYS

Kostümierte Teddys haben entweder verschiedenfarbiges oder dekoriertes Fell oder tragen richtige Kleidung. Die folgenden sechs Teddybären sind schöne Beispiele für alle drei Typen. In diesem Kapitel lernen Sie auch, wie Sie Teddys aus Plüschresten herstellen können, für die Sie sonst keine Verwendung mehr hätten.

Anhand der Schnittmuster und Anleitungen auf den folgenden Seiten können Sie Ihre eigenen Entwürfe mit frei wählbaren Farben herstellen. Sie müssen sich nicht an die dargestellten Designs halten. Möglicherweise haben Sie viele verschiedene Mohairreste, aus denen Sie ein einmaliges Kunstwerk fabrizieren können. Allerdings sollten sich die Plüscharten, abgesehen von der Farbe, nicht allzu stark unterscheiden. Um einen von diesen Teddys herzustellen, brauchen Sie ein wenig Kreativität, da es nicht einfach nur um das Ausschneiden und Nähen verschiedener Stoffstücke geht.

Die Variationen sind ebenso vielfältig wie die Farben und Plüscharten. Sie können zweifarbige Teddys nähen oder jedes Körperteil andersfarbig wählen, um einen richtigen Harlekineffekt zu erzielen. Jedoch sollten Sie versuchen, die Körperhälften etwas aufeinander abzustimmen, sodass der Teddy ein erkennbares Design aufweist. Seine Arme und Beine sollten zueinander passen. Wenn die eine Seite flauschig, die andere aber aus Sparse Mohair ist, wird dies weniger schön aussehen. Man könnte zum Beispiel den Kopf und die Pfoten aus flauschigem, den Körper aber aus Sparse Mohair nähen. Jedoch müssen die Stoffe genauso gründlich ausgewählt werden wie die Farben.

Man kann den Plüsch auch einfärben, besonders wenn ein Stoff in einer bestimmten Farbe nicht erhältlich ist. Mohair und alle anderen natürlichen Materialien können in wasserlöslichen Farben gefärbt oder im Airbrushverfahren und mit dem Pinsel gestaltet werden.

Haushaltsfärbemittel sind untereinander problemlos mischbar, und es können interessante neue Farben erzeugt werden. Scheuen Sie sich nicht vor Experimenten. Ein Teelöffel Rosa, gemischt mit Dunkelblau kann z. B. eine

***Oben:** Steiff „Zirkuspuppen"-Teddys von 1987.*

violettblaue Schattierung ergeben, die auf keine andere Weise zu erreichen ist. Wenn Sie die Farben nicht gründlich im Wasser auflösen und den Stoff **trocken** färben, entstehen völlig neue Effekte. Dies braucht jedoch ein wenig Übung! Ebenso können Sie Batik- und Airbrushmethoden oder Bindetechniken anwenden.

Lässt man den Stoff für kurze Zeit in brauner Farbe (höchstens 30 Sekunden) liegen, sieht er gewollt antik aus. Derselbe Effekt kann durch Tee und Kaffee erzielt werden, jedoch ist die Färbung weniger haltbar und bleicht in der Sonne aus.

Färben mit heißem Wasser ist generell die beste Möglichkeit. Professionelle Färbemittel sind viel stärker und teurer. Kaltwasser-Farben sind für die meisten Stoffe weniger geeignet, da die Farbe so viel schwächer wirkt. Pastellfarben eignen sich allerdings bei Kaschmirstoffen. Die Samtstoffe für Miniteddys auf Kaschmirbasis nehmen die weicheren, helleren Farben an, da der Stoff meist aus Naturfasern besteht. Auch Seidenfarben eignen sich für manche Stoffe.

Schwierigkeiten treten manchmal bei weißem Samt auf. Farbiger Samt dagegen zeigt meist bessere Ergebnisse: Auf rosafarbener Basis entsteht oft eine tiefe Farbe bei blauer, goldgelber oder brauner Tönung. Neue Farben testet man am besten mit Schnittresten, bevor man größere Stücke eintaucht. Nicht alle Stoffe nehmen Farbe an, daher muss man experimentieren.

Auch durch Bleichen kann man interessante Färbungen erzielen, jedoch sollte man vorsichtig sein, da der Stoff unter starken Bleichmitteln leidet. Einmal wollte ich einen Stoff bleichen, der sich jedoch nicht aufhellen ließ. Ich gab nicht auf, was nach einiger Zeit dazu führte, dass ich ein Stück Fell erhielt, das so alt und verbraucht aussah, dass daraus eine Kollektion alter Teddys in limitierter Auflage entstand. Allerdings musste das Fell neu eingefärbt werden, weil durch das Bleichen ein ziemlich scheußlicher hellgelber Farbton entstanden war, der nur auf das Haushaltsbleichmittel zurückzuführen war.

Natürliche Färbemittel wie Walnuss- oder Zwiebelschalen sind weniger empfehlenswert, da sie schnell verblassen und nicht sehr lange halten. Sie möchten sicher keinen Teddy machen, der nach und nach die Farbe verliert. Wenn ein Teddy auf dem Regal sitzen soll, muss die Farbe besonders haltbar sein. Stoffe färben macht Spaß, besonders, wenn dabei außergewöhnliche Farben herauskommen.

Beim Nähen von Miniteddys ist es manchmal ratsam, den Stoff vor Gebrauch zu waschen, um ihn weicher zu machen und besser mit ihm arbeiten zu können. Dadurch verlieren manche Stoffsorten auch ihren unangenehmen Glanz. Weichspüler, ins letzte Spülwasser gegeben, ist ein weiterer Tipp. Man kann neuen Stoff auch einfach mit der nächsten Wäsche in die Maschine füllen. Das klingt vielleicht seltsam, aber normalerweise wird das Untergewebe dadurch schön weich. Polstersamt ist recht hart und verliert die Farbe nicht, sollte aber als Kunstfaser entsprechend behandelt werden.

Unten: *„Wizard" von Brenda Dewey, 1993.*

DIE AIRBRUSHTECHNIK

Eine sehr innovative Methode für kreatives Teddydesign ist die Airbrushtechnik. Sie ist eigentlich ganz einfach, braucht aber etwas Zeit zum Üben. Sie ist auch relativ teuer, macht jedoch bei genügend Erfahrung viel Spaß. Es lohnt sich daher, sich von einem Fachmann anleiten zu lassen. Das Aussuchen der richtigen Materialien und Werkzeuge ist genauso wichtig wie das Wissen über die verschiedenen Wirkungen der Farben auf den Stoffen.

Für die Airbrushtechnik benötigt man ein Treibmittel. Dies kann ein Gas oder komprimierte Luft sein. Für den Anfang ist eine Gasflasche angemessen. Wenn Sie öfter damit arbeiten wollen, ist ein Lutfkompressor kostengünstiger. Es ist ratsam, mit Maske und an einem abgeschlossenen Ort zu arbeiten, an dem sich kein Plüsch oder halbfertige Teddys in Reichweite befinden. andernfalls werden Sie plötzlich eine Menge schmutziger und fleckiger Teddys vorfinden. Ein großer, mit Folie ausgelegter Pappkarton ist ideal, oder bauen Sie sich eine große Kiste aus Sperrholz. Die Kiste muss groß genug sein, um darin bequem arbeiten zu können. Aber vor allem brauchen Sie eine gut sitzende Staubmaske, die jedoch alleine nicht ausreicht.

Manche Farben sind giftig, können Reizungen verursachen und mit verschiedenen Stoffen unterschiedlich reagieren. Sie müssen selbst herausfinden, was Ihre Zwecke am besten erfüllt. Experimentieren Sie und machen Sie sich Notizen. Das Wichtigste dabei ist jedoch die Qualität der Farben. Verwenden Sie nur die beste Qualität, professionelle, geprüfte und getestete Farben, möglichst von Herstellern von Stoff- und Seidenmalfarben.

Beginnen Sie mit einfachen Schattierungen – in den Ohren, um die Schnauze, am Brustkorb usw., bis Sie sich sicher genug für schwierigere Designs fühlen. Sind sie einmal geübt im Umgang mit Airbrushtechniken, gibt es für Sie keine Grenzen mehr.

Auch Teddygesichter können bemalt werden. Mit lang haltenden Künstlerfarben aus Acryl kann man gute Ergebnisse erzielen. Ein großer brauner oder dunkelgrauer Teddy sieht mit weißem „Backenbart" toll aus. Man sollte es aber mit diesen Techniken nicht übertreiben, sonst wird der Teddy am Ende eher hässlich.

PANDA

Entwurf von Joan Reeder

Der Panda wird genau wie alle anderen Teddys hergestellt, obwohl es einige kleine Unterschiede gibt. Man kann größere oder kleinere Augenflecken auswählen oder nur zwei Streifen für den Körper nehmen, und das Aussehen des Pandas ändert sich völlig. Probieren Sie es aus!

SIE BRAUCHEN

- ❖ Ein schwarzes und ein weißes Stück Mohairplüsch, beide etwa 71 x 38 cm groß
- ❖ Passendes Baumwollgarn
- ❖ Reißfester Zwirn für die Saumabschlüsse
- ❖ Zwei Augen von 12 mm
- ❖ Drei 55-mm-Gelenke für Kopf und Beine
- ❖ Zwei 45-mm-Gelenke für die Arme
- ❖ Ungefähr 4,5 m schwarzes Baumwollperlgarn für die Nase
- ❖ Füllung und Granulat

1. Nähen Sie den Kopf und stopfen ihn fest aus. Die Augenflecken werden auf beiden Seiten mit Stecknadeln befestigt (Bild 1). Rasieren Sie darunter sorgfältig den Flor ab, aber achten Sie darauf, nicht zu große Flecken zu schneiden, besonders weil sie sich beim Festnähen verschieben können. Stecken Sie die Flecken, nachdem Sie das Fell geschnitten haben, wieder an die richtige Stelle.

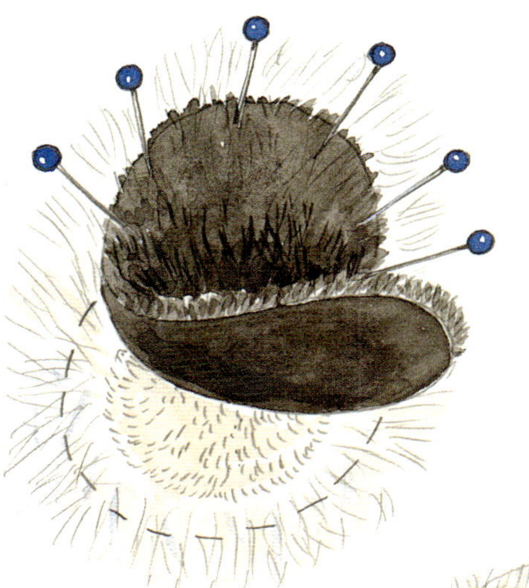

Bild 1

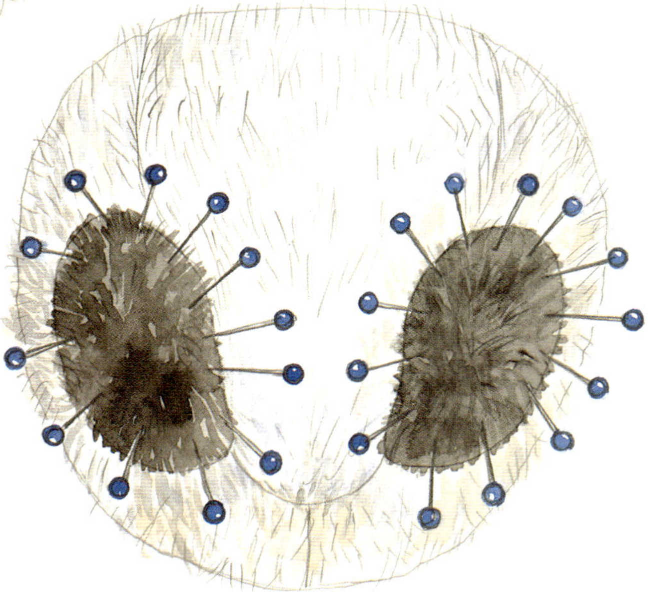

2. Nähen Sie die Flecken mit zweifachem schwarzem Nähgarn und **kleinen** Matratzenstichen fest. Ziehen Sie dabei den Faden fest an, sodass man ihn nicht mehr sehen kann und die Kanten verschwinden (Bild 2).

Bild 2

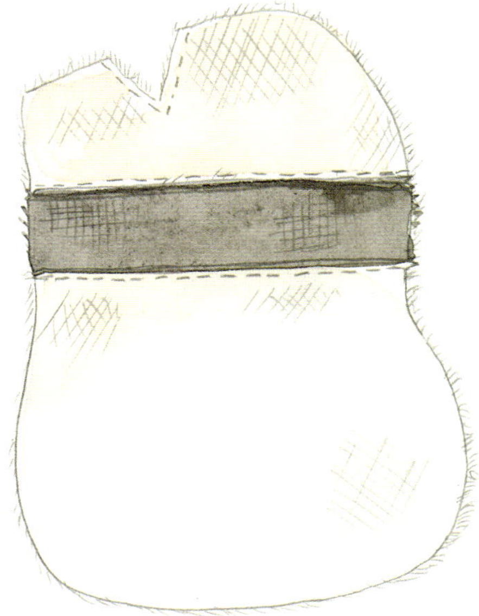

Bild 3

3. Nähen Sie die drei Teile des Körpers zusammen. Oben weiß, dann ein schwarzer Streifen und dann der größere weiße Teil (Bild 3). Nähen Sie beide Körperhälften zusammen und lassen Sie dabei eine Öffnung von etwa 10–13 cm zum Stopfen. Nähen Sie mit Heftstichen und reißfestem doppelten Faden um den Halsrand, wie im Schnittmuster gekennzeichnet. Wenn Sie mit den Streifen experimentieren, denken Sie daran, 6 mm für die Nahtzugabe zu allen Teilen zu addieren, bzw. 6 mm von allen Teilen abzuziehen, die Sie anfügen. Wenn sich der Arm beim Falten nicht flach hinlegen lässt, schneiden Sie einen kleinen Schlitz, wie hier rot markiert (Bild 4).

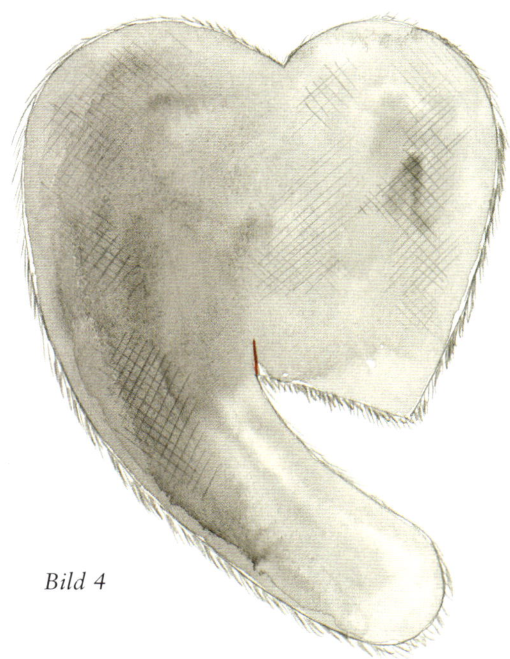

Bild 4

4. Nachdem der Kopf gestopft wurde und Schraube, Metall- und Hartfaserscheibe wie üblich in den Kopf eingesetzt wurden, wird der Hals rund um die Schraube angekraust und abgebunden. Schieben Sie die Schraube durch das Loch und stecken die Metall- und die Hartfaserscheibe auf. Schrauben Sie die Mutter auf und ziehen Sie sie fest, indem Sie mit der Zange das Gewinde der Schraube zwischen Mutter und Metallscheibe fixieren. Schrauben sie nun die Mutter so weit es geht nach unten und klemmen wieder die Zange um das Gewinde unterhalb der Mutter. Ziehen Sie es nun mit einem Schraubenzieher so lange an, bis das Gelenk fest sitzt und sich der Kopf gut drehen lässt.

Unten: *Experimentieren Sie ruhig mit der Größe der Augenflecken.*

Schrauben/Mutter-Gelenke

Bei Schrauben/Muttern-Gelenken ist es einfacher, zuerst die Pfoten auszustopfen, bevor die Gelenke eingesetzt werden. Es ist nicht ganz leicht, diese Bereiche auszustopfen, besonders wenn Körper und Gliedmaßen im Weg sind.

1. Setzen Sie eine Metallscheibe auf die Schraube und schieben Sie diese durch die Hartfaserscheibe, die raue Seite zu Ihnen. Wenn die glatte Seite am Stoff liegt, ist das Gelenk leichtgängiger. Dies ist genau umgekehrt wie beim Splintgelenk, wo die raue Seite am Stoff liegt und so dem Gelenk mehr Reibung gibt.

2. Setzen Sie das Gelenk in das Glied ein und drücken Sie dann die Schraube durch die Gelenkanordnung. Wenn die Schraube besonders dick ist, ist es vielleicht einfacher, etwas Fransenspray aufzusprühen und, wenn es getrocknet ist, ein kleines, kreuzförmiges Loch für die Schraube zu schneiden.

3. Drücken Sie die Schraube durch das entsprechende Loch im Körper, legen Sie eine zweite Hartfaserscheibe (wieder die glatte Seite am Stoff), dann eine zweite Metallscheibe und schließlich die Mutter darauf.

4. Halten Sie mit einem Schraubenschlüssel die Mutter und drehen Sie die Schraube im Gelenk fest, bis das Gelenk beweglich ist. Falls sich das Mohair bei Drehungen des Gelenks flach anlegt, sollte das Gelenk nicht zu sehr gelockert werden.

5. Wiederholen Sie dies bei allen Gelenken.

PAGENBÄR

Entwurf von Vanessa Littleboy

*Dieser Teddy wird aus 29 verschiedenen Stoffteilen genäht.
Er ist stilvoll kostümiert und sehr charmant.*

SIE BRAUCHEN

- ❖ 23 cm Mohairplüsch für Kopf, Ohren und Pfoten
- ❖ 23 cm Mohairplüsch für Oberkörper und Arme (Jacke)
- ❖ 23 cm Mohairplüsch für Unterkörper Hut und Beine (Hose)
- ❖ Ein Stück schwarzen Mohairplüsch, 13 x 25 cm für die Füße oder nach eigener Wahl
- ❖ 20 cm^2 Alkantara für die Pfoten
- ❖ Drei 45-mm-Gelenke für Kopf und Beine
- ❖ Zwei 40-mm-Gelenke für die Arme
- ❖ Polyfill
- ❖ Granulat (optional)
- ❖ Augen von beliebiger Größe
- ❖ Verzierungen: Goldknöpfe, Spitze etc.

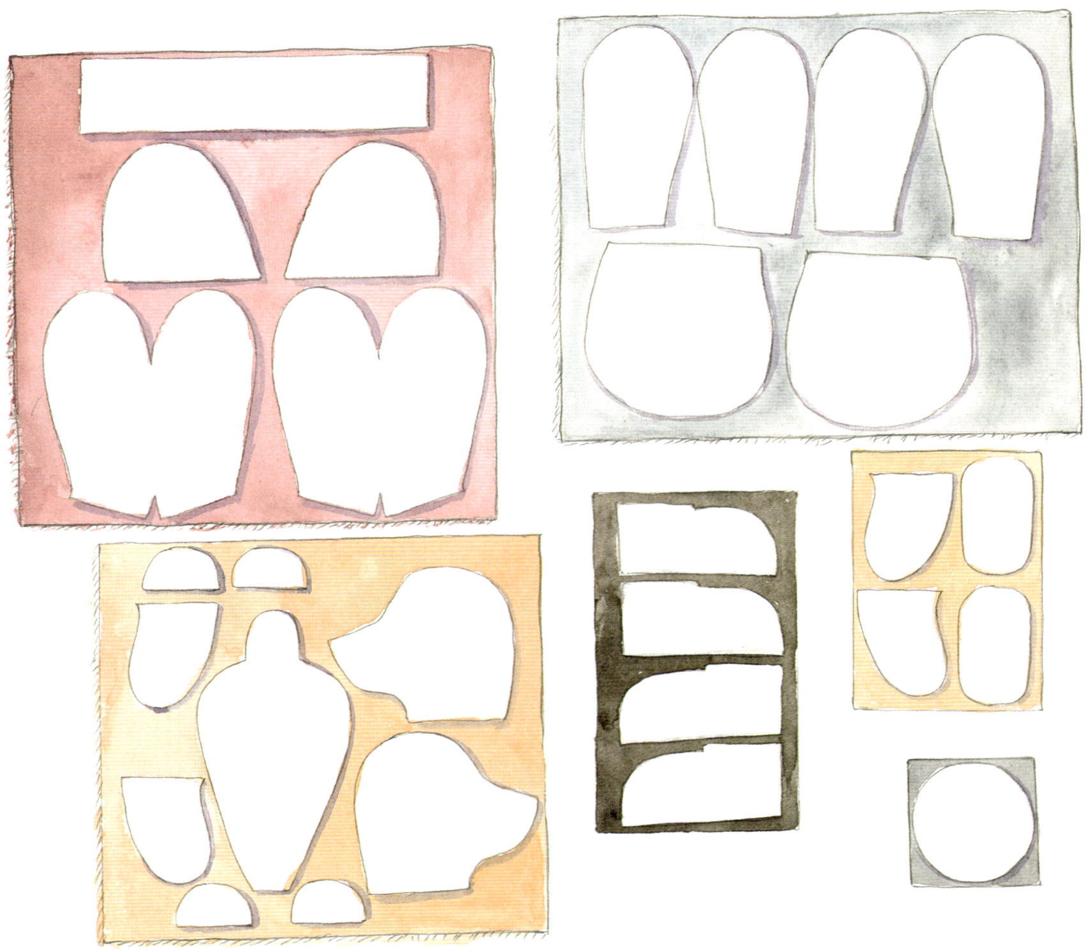

Bild 1

Versuchen Sie, alle Stoffe für diesen Teddy in ähnlichem Stil und gleicher Florlänge zu finden. Nur das Fell für Kopf und Pfoten kann auch anders aussehen. Bild 1 zeigt einen Vorschlag für die Schnittauflage.

1. Stellen Sie den Kopf wie für die vorigen Teddys fertig, komplett mit Gelenk, Augen, Ohren und Nase. Dann kann Ihnen der Bär schon beim Kleidernähen zusehen!

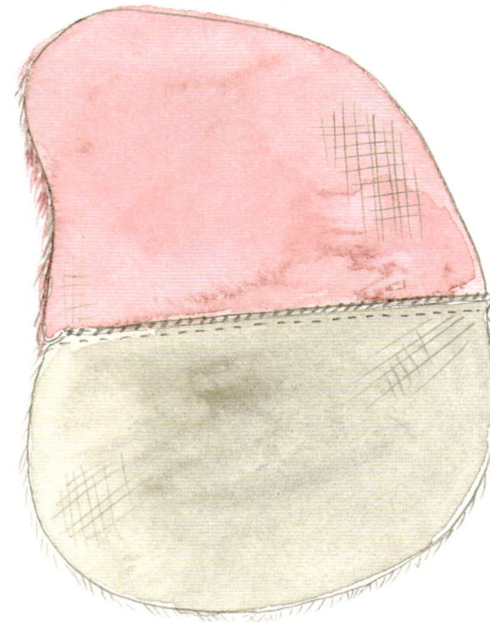

Bild 2

2. Legen Sie die Teile des Körpers rechts auf rechts aufeinander und verbinden Sie sie von X nach Y, dann die Körperseiten von A nach B, wobei die Nähte bei X und Y zusammenlaufen (Bild 2).

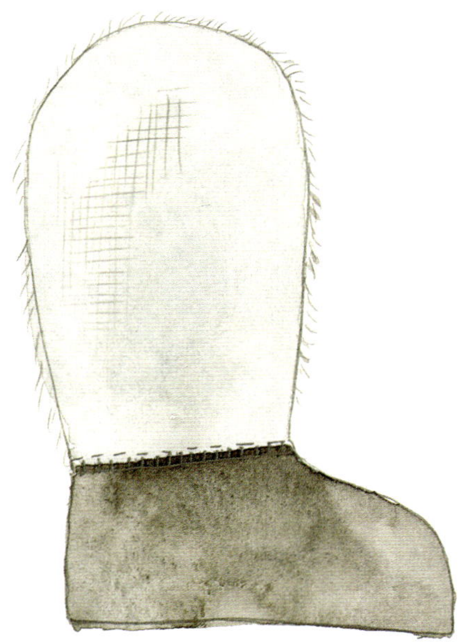

Bild 3

3. Legen Sie die Schuhe an die Beinstücke. Nähen Sie sie von C nach D (Bild 3). Legen Sie die Beinhälften rechts aufeinander und nähen Sie von E nach T und von S nach F. Lassen Sie eine Öffnung wie im Muster oder wählen Sie die Schlitzmethode. Setzen Sie die Schuhsohlen ein, wobei S an T stößt.

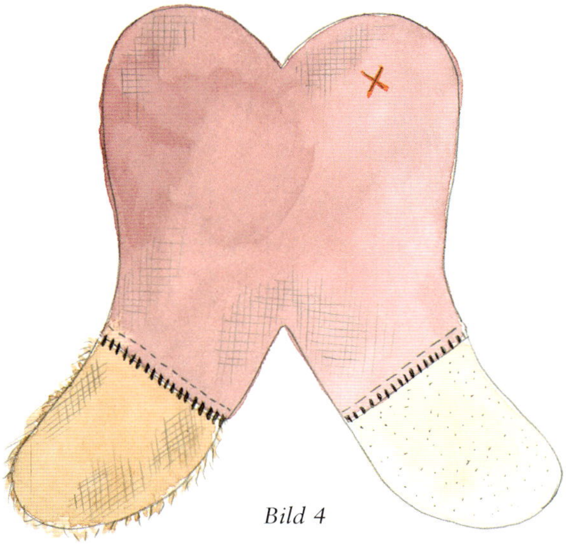

Bild 4

4. Die Fellpfoten werden an die äußeren Armteile und die Alkantarateile an die inneren Armteile von G nach H angenäht (Bild 4). Falten Sie die Arme rechts auf rechts und nähen Sie von I nach J (bei der Schlitzmethode rundherum).

5. Füllen Sie alle Gliedmaßen mit einer Mischung aus Polyfill und Granulat. Die Pfoten müssen erst gut mit Polyfill gestopft sein, bevor Granulat eingefüllt wird. Die oberste Schicht unter dem Gelenk muss Polyfill sein. Schließen Sie alle Nähte oder Schlitze mit Matratzenstichen und einem doppelten Faden extrastarken Garns.

6. Falten Sie das Hutband auf rechts zusammen und nähen Sie es von O nach R zu (Bild 5). Nähen Sie den Hutboden gleichmäßig ein (Bild 6). Schlagen Sie 6 mm am unteren Rand des Hutes um (Bild 7). Stopfen Sie den Hut mit Füllung (Bild 8) und nähen Sie ihn mit Matratzenstichen am Kopf an.

7. Schmücken Sie das Kostüm mit ausgewählten Accessoires.

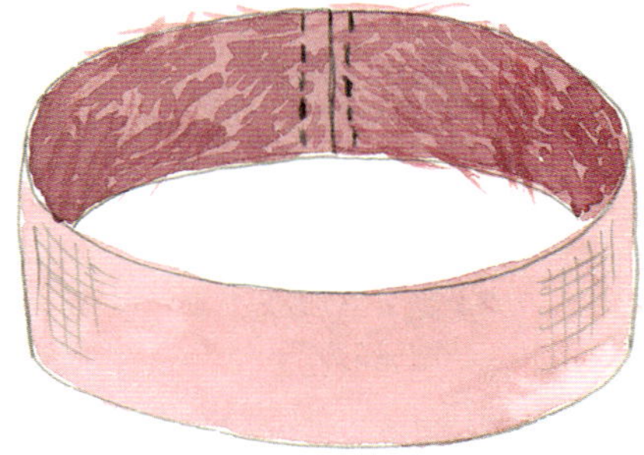

Bild 5

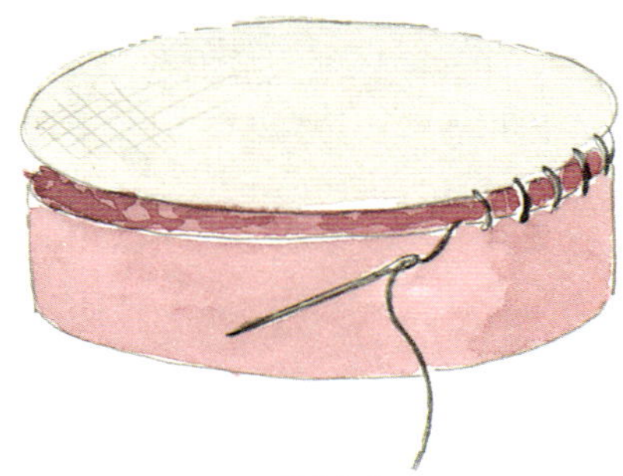

Bild 6

Bild 7

Bild 8

Oben: *Der Pagenbär mit kostümiertem Fell, schickem Hut und vielen Verzierungen.*

NARR

Als kleinster der „fellgekleideten" Teddys trägt der Narr einen Dreispitz-Hut mit Glöckchen, einen Rüschenkragen und einen mehrfarbigen Anzug. Dieser kleine bunte Narr verbreitet heitere Stimmung.

SIE BRAUCHEN

- ❖ Drei 30-cm-Quadrate Mohairplüsch, eines davon in Fellfarbe und zwei weitere in anderen Farben. Wählen Sie dasselbe Mohair für den Körper, das Kopffell kann jedoch leicht abweichend aussehen. Alternativ kann 23 cm fellfarbener Mohairplüsch gekauft und selbst gefärbt werden.
- ❖ Vier 24-mm-Gelenke für die Glieder
- ❖ Ein 36-mm-Gelenk für den Kopf
- ❖ Zwei Augen von 6–8 mm
- ❖ 15 cm² Alkantara für die Pfoten, passend zur Fellfarbe oder zu einer der anderen Farben.
- ❖ Granulat (optional)
- ❖ Polyfill
- ❖ Einige Glöckchen, farbige Perlen oder Spitze zum Verzieren (optional)

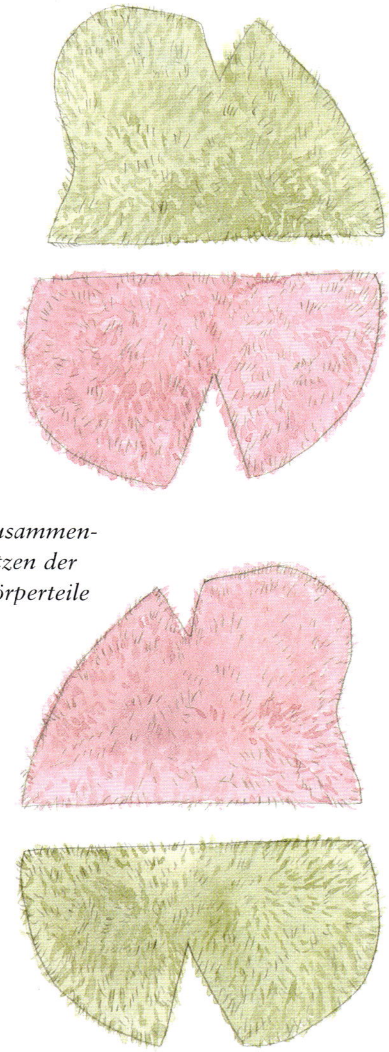

Zusammensetzen der Körperteile

Bild 1

Dies ist der kleinste unserer „fellgekleideten“ Teddys.

1. Beginnen Sie wie üblich mit dem Kopf, den Sie wie für die vorigen Teddys komplett mit Gelenk, Augen, Ohren und Nase fertig stellen. Der Körper wird in zwei Teilen genäht, jedes wiederum in zwei Hälften geteilt (Bild 1). Nähen Sie die vier Teile des Körpers zusammen. Die Beine können, je nach Ihrem gewählten Schema, in einem oder zwei Teilen gemacht werden. Nähen Sie Arme und Beine, setzen Sie die Gelenke ein (Bild 2) und verbinden Sie sie wie gewohnt mit dem Körper.

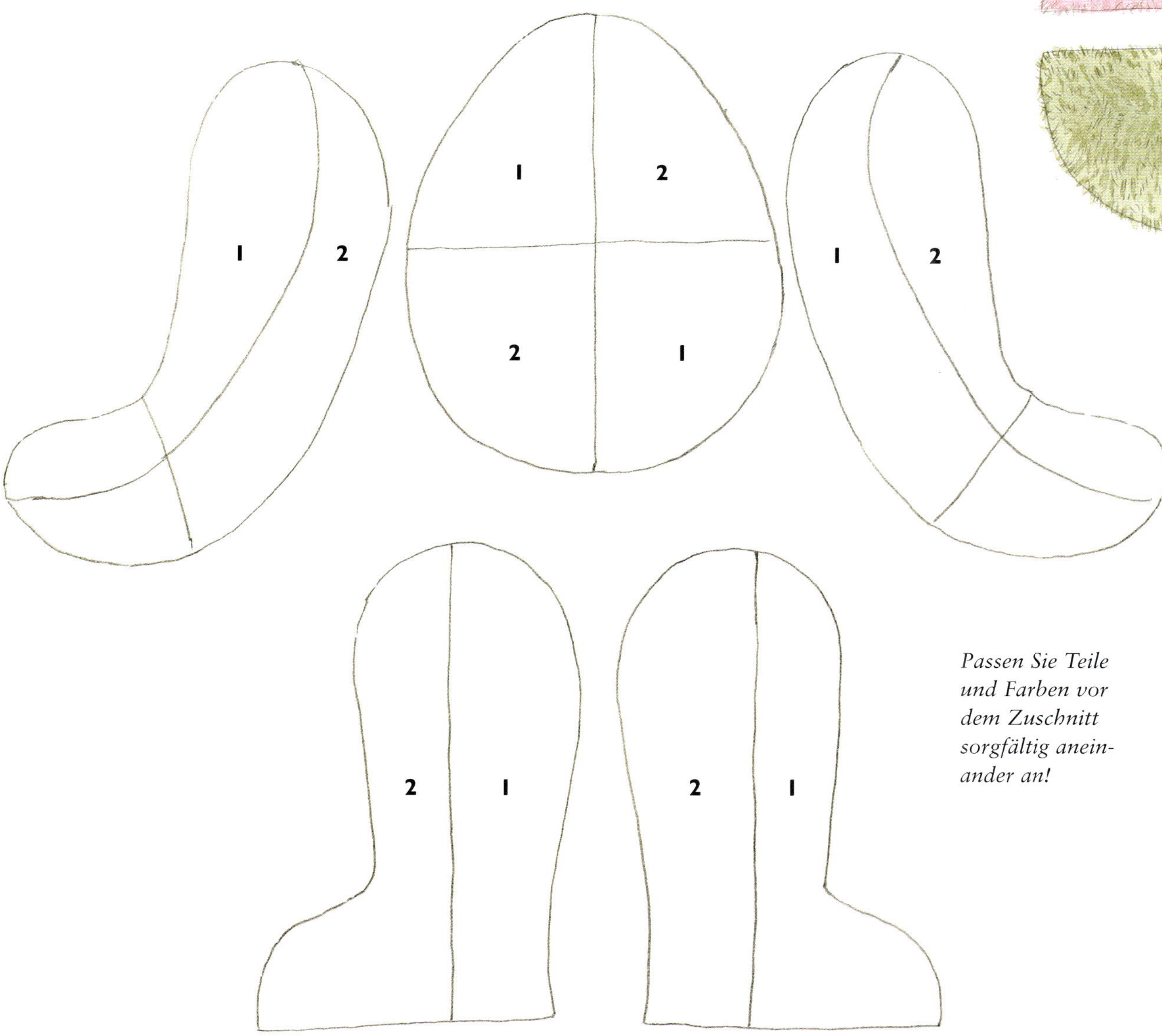

Passen Sie Teile und Farben vor dem Zuschnitt sorgfältig aneinander an!

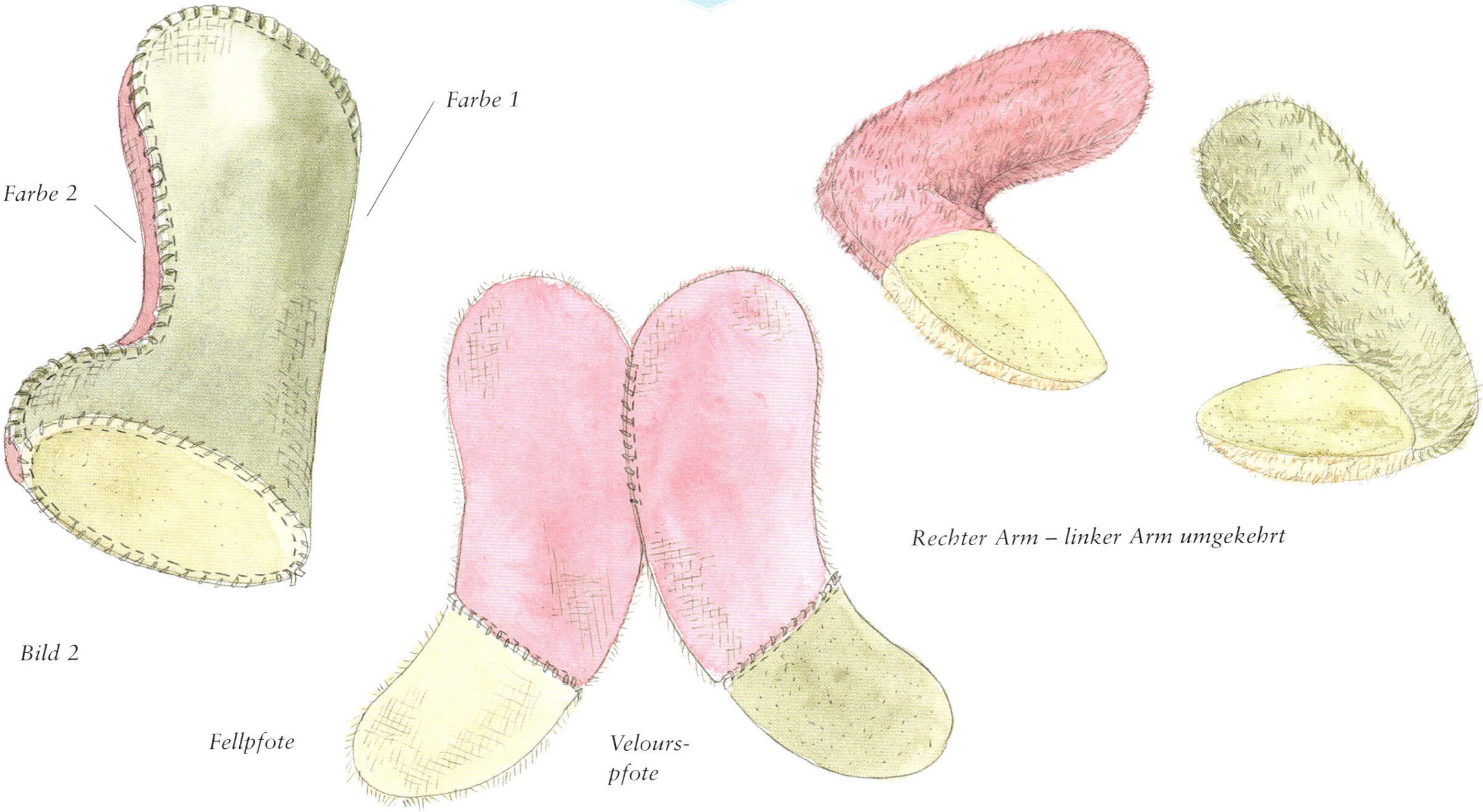

Bild 2

Oben: *Nähen Sie den Körper sorgfältig, damit der Narr einen schönen Bauch erhält.*

2. Stopfen Sie den Teddy und schließen Sie mit einer sauberen Matratzennaht den Rücken.

3. Machen Sie den Hut, indem sie jeweils die Paare zusammennähen. Dann werden die drei Hörner gewendet und mit etwas Polyfill nicht zu hart ausgestopft (Bild 3). Nähen Sie den Hut zum Dreispitz zusammen und verbinden ihn durch Matratzenstiche mit dem Kopf. Schmücken Sie ihn mit Perlen oder Glöckchen. Sie können die Manschetten noch mit Spitzen verzieren und einen Rüschenkragen nähen.

Bild 3

LUISE

Luise ist eine elegante Dame, die gerne schöne Kleider trägt. Ihr Federhut sieht kompliziert aus, ist aber aus einem Puppenstrohhut sehr einfach herzustellen. Ihr Kleid kann aufwändig bestickt oder einfach als schmuckloses, elegantes Kleid belassen werden.

SIE BRAUCHEN

- ❖ 46 cm Mohairplüsch in der Farbe Ihrer Wahl
- ❖ Zwei Glasaugen von 14 mm
- ❖ Ein 65-mm-Kopfgelenk oder ein Dreh- und Neigungsmechanismus
- ❖ Vier 55-mm-Gelenke für die Glieder
- ❖ 900 g Füllmaterial (Luise braucht kein Granulat)
- ❖ Ein Stück Stoff für das Kleid, ungefähr 30 x 30 cm, möglichst weich fallend, um die Figur zu betonen.
- ❖ Kleines Stück Band für die Träger
- ❖ Ein 20 cm großer Puppenstrohhut
- ❖ Federn, einfarbig oder bunt

1. Luise wird genauso wie die vorigen Teddys hergestellt, nur dass ihre Arme gebogen geschnitten sind. Es ist wichtig, dass man sie richtig herum befestigt, sonst sieht ihre Körperhaltung sehr merkwürdig aus.

Achten Sie auf die gebogenen Handgelenke, sodass Luises Hände nach hinten zeigen.

DAS KLEID

Luises Kleid ist ein einfaches Stück Stoff. Es wird auf die Hälfte gefaltet, die kurzen Seiten rechts auf rechts (Bild 1). Das ist die Seitennaht, die von Hand oder mit der Maschine geschlossen werden kann. Dieser Schlauch wird oben und unten sorgfältig gesäumt (Bild 2). Dann zieht man dem Teddy das Kleid an. Aus dünnem Band können Träger befestigt werden, die am Kleid angenäht werden, nachdem Sie es ihm wieder ausgezogen haben. Das Kleid kann noch mit hübschen Borten oder Perlen verziert werden, die ungleichmäßig aufgestickt werden.

Oben: *Luises Kleid sollte aus geschmeidigem und eng anliegendem Stoff sein.*

Bild 1

Bild 2

Herstellen des Hutes

Der Hut wird aus einem Puppenstrohhut von 20 cm Durchmesser gemacht. Ordnen Sie die Federn so an, dass die größeren, geraden um die Krempe liegen (Bild 1) und die kürzeren, gebogenen oben auf dem Hut (Bild 2). Kleben Sie die Federn mit Kunststoffkleber fest (s. Schnittmuster).

Bild 2

Bild 1

Lageweises Kleben der Federn auf den Hut

HERR MEIER

Entwurf von Sue Quinn

Herr Meier ist mit seiner eleganten Kleidung ein besonderer Teddy. Er trägt ein weißes Hemd, eine Weste und eine Fliege. Seine Ohren werden vor der Montage in den Kopf eingenäht.

SIE BRAUCHEN

- ❖ 46 cm Mohairplüsch
- ❖ 23 cm kleingemusterten Tweed oder einfarbigen Stoff
- ❖ 23 x 23 cm Alkantara für die Pfoten
- ❖ Drei 55-mm-Gelenke für Kopf und Beine
- ❖ Zwei 50-mm-Gelenke für die Arme
- ❖ Augen, Größe nach Wahl
- ❖ 23 cm feines Leinen für das Hemd
- ❖ Fliege, gekauft oder selbstgemacht (s. Teil VIII)
- ❖ Polyfill und Granulat

Oben: *Die Ohren werden vor der Montage in den Kopf eingenäht.*

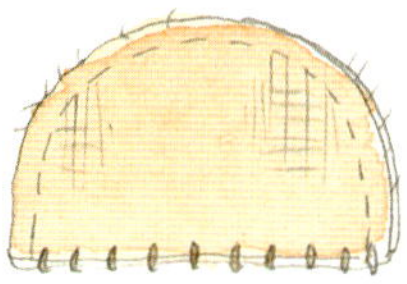

Bild 1

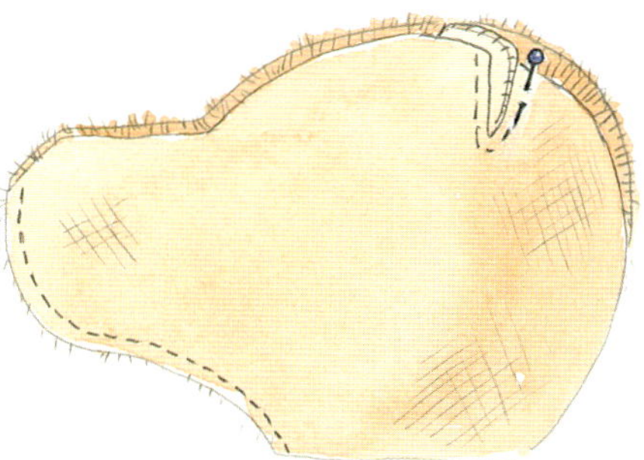

Bild 2

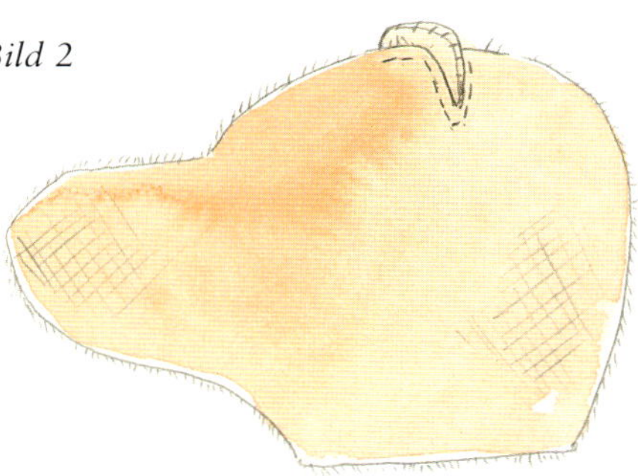

1. Versäubern Sie die unteren Ohrkanten vor dem Einsetzen in die Kopfseiten (Bild 1). Dann fügen Sie das Kopfmittelteil ein. Die Enden der Ohren müssen sehr fest eingenäht sein, damit sie beim Wenden des Kopfes nicht sichtbar werden (Bild 2). Prüfen Sie, ob Sie gut halten, indem Sie ein wenig an Ihnen zupfen.

Dann wird Herr Meier genau wie Sebastian zusammengesetzt (Seite 42). Die Gelenke werden mit der Schlitzmethode montiert.

Die Kleidung

1. Die Hosenteile werden rechts auf rechts übereinander gelegt und an der hinteren Naht verbunden (Bild 1). Legen Sie den Bund um ein Gummiband, das entsprechend Herrn Meiers Bauchumfang etwas kürzer sein sollte. Stecken Sie die Enden des Gummibands mit Stecknadeln fest und nähen Sie den Bund vorne auf der Hose fest (Bild 2). Heften Sie die vordere Hosennaht von unten bis oben, inklusive Bund, zusammen (Bild 3). Dann werden Beinnaht und vordere Hosennaht geschlossen (rechts auf rechts). Wenden Sie die Hose.

2. Schließen Sie die Schulternähte (rechts auf rechts) und setzen Sie die Ärmel ein. Verbinden Sie die Ärmel- und Seitennähte in einem Zug.

Falten Sie die Frontleiste nach hinten um und nähen Sie sie mit Saumstichen fest. Nähen Sie vier Druckknöpfe an. Wenn Sie möchten, können Sie auch richtige Knopflöcher auf der rechten Seite der Frontleiste machen.

Schneiden Sie ein 5 cm breites Stück Stoff von der Länge der Halsöffnung plus ca. 13 mm Nahtzugabe an beiden Enden für den Kragen zu und falten es in der Mitte. Nähen Sie beide Seiten von Hand ein (Bild 4).

Bild 1

Bild 2

Bild 3

Bild 4

PÜNKTCHEN

Pünktchen ist ein extravaganter Teddy mit bunten Punkten, einer mehrfarbigen Nase und türkisfarbenen Lederpfoten. Die Idee entstand durch das bunte Band, das die Kleine um den Hals trägt. Ihr Fell wird vor dem Zuschneiden mit Farbtupfern besprüht.

SIE BRAUCHEN

- Knapp 23 cm Mohairplüsch
- Nähgarn, passend zum Untergewebe
- Reißfestes Garn für die Saumabschlüsse
- Ein 35-mm-Gelenk für den Kopf
- Zwei 25-mm-Gelenke für die Arme
- Zwei 30-mm-Gelenke für die Beine
- Zwei Glasaugen von 10 mm (schwarz)
- Ein Stück geflecktes Band nach Wahl
- Ungefähr 4,5 m Perlgarn in verschiedenen Farben
- Spritzpistole und Airbrushfarben nach Ihrer Wahl
- Ca. 500 g Polyfill

1. Pünktchen wird wie Sebastian hergestellt (s. Seite 42).

2. Das Fell wird vor dem Zuschnitt mit der Spritzpistole gefärbt. Die Acrylfarben sollten so gut wie möglich zum Halsband passen.

Hängen Sie den Plüsch auf eine Wäscheleine und sprühen Sie verschieden große Punkte über den ganzen Stoff verteilt auf (Bild 1). Einen ähnlichen Effekt können Sie auch mit einem Pinsel erreichen, jedoch sollten Sie vorher auf Stofffetzen üben, da das Malen runder Punkte nicht ganz einfach ist.

Beachten Sie die weiter vorne beschriebenen Sicherheitsmaßnahmen bei Airbrusharbeiten und tragen Sie eine Maske. Acrylsubstanzen sollten nicht eingeatmet werden. Halten Sie halbfertige Teddys und Stoff beim Arbeiten mit Airbrushtechniken aus der Gefahrenzone fern.

Bild 1

Oben: *Pünktchens Fell wird vor dem Zuschneiden gefärbt.*

Airbrush mit Vorsicht

Wenn Sie die Airbrush-Methode verwenden, müssen Sie spezielle Maßnahmen treffen. Wozu Geld für ein teures Gerät ausgeben, wenn die Farbe schließlich im Behälter vertrocknet? Immer, wenn Sie die Spritzpistole verwendet haben und auch in den Arbeitspausen muss sie gründlich gereinigt werden, damit sie nicht kaputtgeht, denn eine Reparatur ist teuer. Wenn Sie noch unsicher sind, ob Sie eine Spritzpistole brauchen, probieren Sie es mit Malerpinseln, Schwämmen etc.

Es gibt zwei kostengünstigere Airbrushtechniken: Bei der ersten wird die Farbe durch Filzstifte gedrückt, die in die Spritzpistole eingesetzt sind. Durch Pumpen von Hand wird Druckluft erzeugt, welche die Farbe durch die Filzspitze presst. Die Idee ist simpel, die Filzstiftfarbe sollte jedoch auch haltbar sein. Es gibt dafür verschiedenes Zubehör, z. B. nachfüllbare Stifte mit Lebensmittelfarben, die sich auch durch Acryl- oder Dispersionsfarben ersetzen lassen. Mit dieser Methode kann gut herumexperimentiert werden, um einige verschiedenartige Teddys herzustellen.

Die zweite Airbrushtechnik, die billiger als konventionelles Airbrushing ist, besteht aus einer Treibgasflasche und einem Aufsatz, der auf eine Farbdose oder Dose mit Airbrushtinte aufgesetzt wird. Dies ist etwas teurer als die Filzstift-Variante, aber sie ist wirksamer und besser kontrollierbar.

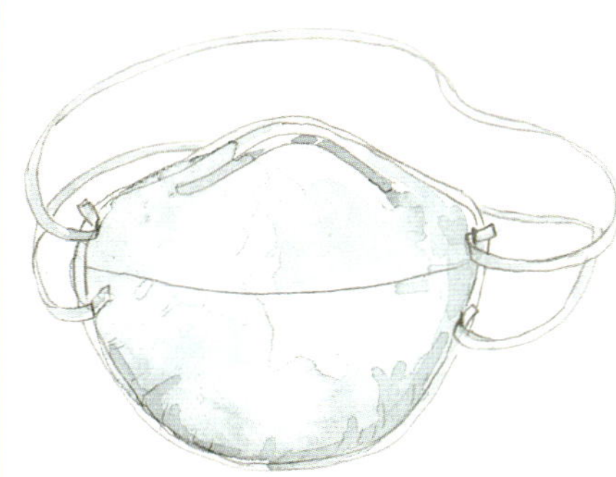

Airbrusharbeiten sollten immer mit Maske ausgeführt werden.

TEIL VI

MINIATUR-TEDDYS

Miniteddys können ohne weiteres Ihr Leben in Beschlag nehmen. Seien Sie vorsichtig! Die kleinen Kerle sehen Sie mit diesem ganz bestimmten Teddy-Blick an, und schon ist es um Sie geschehen. Dieses Hobby kann zur Sucht werden, dann werden Sie Ihr Nähzeug auch noch mit in den Urlaub nehmen.

In diesem Kapitel wird gezeigt, wie man aus einfachem Stoff kleine pelzige Freunde macht. Setzen Sie sich ruhig hin und lesen Sie erst das ganze Kapitel durch, bevor Sie mit dem ersten Teddy beginnen. Es gibt viele Ähnlichkeiten mit den großen Teddys, aber auch einige wichtige Unterschiede beim Nähen von Miniteddys. Fast alle werden von Hand genäht, da das Nähen mit der Maschine zu ungenau ist und nur Stoff verschwendet.

Legen Sie den Stoff flach aus und streichen Sie mit der Hand über die Oberfläche, um die Florrichtung festzustellen, wie Sie es auch für die großen Teddys getan haben. Kennzeichnen Sie die Florrichtung mit gezeichneten Pfeilen, um die Schnittteile korrekt auflegen zu können.

Vielleicht möchten Sie den Plüsch waschen und mit Weichspüler behandeln, bevor Sie mit dem Nähen beginnen, damit er noch flauschiger wird. Lassen Sie ihn vor dem Zuschneiden aber erst gut trocknen. Legen Sie die Schnittteile dicht aneinander und vermeiden Sie große Lücken, um Stoff zu sparen.

Einen Kugelschreiber sollte man nicht zum Zeichnen auf Plüsch verwenden, da die säurehaltige Farbe dem Stoff schaden könnte. Verwenden Sie lieber einen feinen, wasserfesten Folienstift, bei dem die Farbe sofort trocknet und nicht durch den Stoff sickert.

Bei helleren Farben helfen unsichtbare Stifte (Chemiekreide), die von Schneidern und Webern benutzt werden. Schneiden Sie den Stoff jedoch sofort aus, bevor die Farbe wieder verschwindet.

Bei dunklem Stoff kann man weiße Kreidestifte verwenden. Die meisten Stoffe für Miniteddys haben jedoch weißes Untergewebe. Beim Zuschneiden sollten Sie die Markierungen wegschneiden, sonst könnte man sie beim fertigen Teddy sehen.

Schneiden Sie niemals doppelt aufeinander gelegten Plüsch aus. Das spart keine Zeit und funktioniert nicht bei so kleinen Teilen. Jedes Teil muss einzeln ausgeschnitten werden. Dehnen Sie den Stoff nicht, sonst kräuseln sich die Nähte und die Glieder des Teddys. Alle Nähte sollten aber glatt und sauber aussehen.

Vergewissern Sie sich vor dem Ausschneiden, dass die Strichrichtung der Körperteile stimmt. Prüfen Sie sorgfältig, ob alle Teile beisammen sind und ob sie mit der richtigen Seite nach oben bereit liegen. Es müssen zwei Körperhälften, zwei Beine, zwei Arme zwei Ohrteile, zwei verschiedene Kopfseiten und ein Kopfmittelteil da sein – genau wie für große Teddys.

Verwenden Sie eine sehr scharfe und spitze Schere zum Zuschneiden und schneiden Sie nicht aus Versehen die Fellhaare mit ab.

Nähen Sie in sehr kleinen Stichen und sehr sorgfältig, mit mindestens 15–20 Stichen auf zwei Zentimeter. Je enger die Stiche sind, desto sauberer sieht die Naht aus, und der Teddy wirkt professioneller.

Sie können sehr enge Diagonalheftstiche oder Rückstiche verwenden oder Sie nähen die Naht mit einfachen Heftstichen doppelt in beiden Richtungen. Die Stiche sollten vom Saum ungefähr 1 bis 1,5 mm Abstand haben. Sie müssen so fest wie möglich sein und die Spannung halten, besonders bei den Heftstichen.

Oben: *Alle Teddys von Kathryn Riley.*

Die zufriedenstellendsten Ergebnisse erhalten Sie normalerweise mit dem Rückstich, aber stechen Sie erst in der einen Richtung durch, dann in der anderen und lassen Sie die Nadel nicht von einem zum nächsten Stich laufen. Nichts sieht an den Pfoten von Miniteddys schlimmer aus als die **riesigen** Stiche, die auf diese Art entstehen.

Nach dem Zusammennähen sollte man sich vergewissern, dass überall die ganze Nahtzugabe zu sehen ist. Beim Stopfen wird man sonst schnell bemerken, dass die Füllung herausquillt, wenn die Naht nicht richtig schließt.

Mit dem Stopfstäbchen muss man bei Miniteddys vorsichtig umgehen. Wenn man zu grob ist, stößt man leicht durch den Stoff durch. Benutzen Sie das Stäbchen nur, um die Füllung sanft in die Ausbuchtungen zu schieben. Eventuell ist es anfangs einfacher, die Pfoten mit einer Pinzette zu stopfen. Eine gebogene Pinzette ist möglicherweise besser geeignet, um in die hintersten Winkel winziger Pfoten zu gelangen. Stoßen Sie jedoch nicht die Spitzen der Pinzette durch das Fell hindurch.

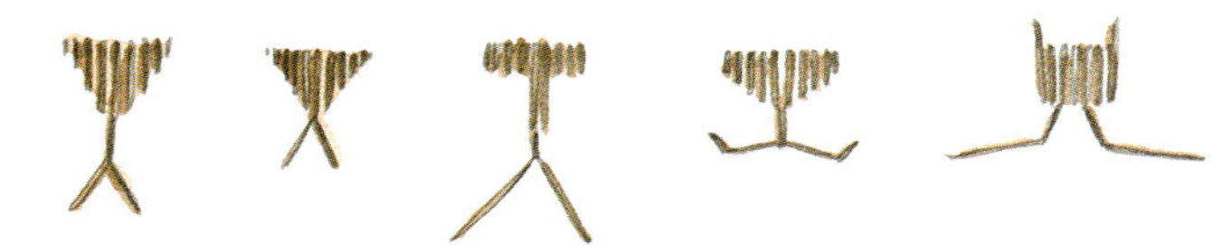
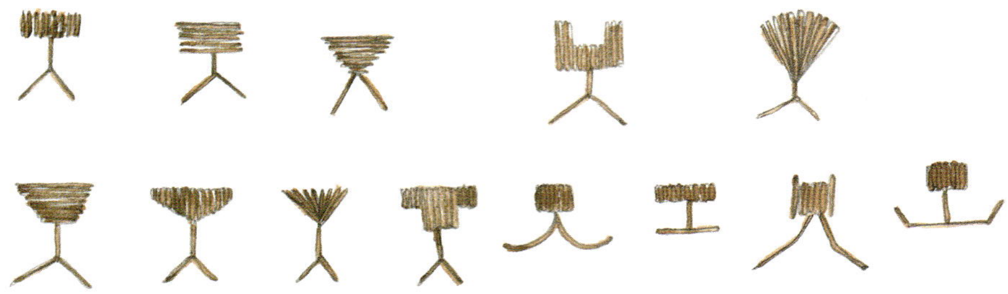

Verschiedene Stickstile für Nasen und Pfoten von Miniteddys.

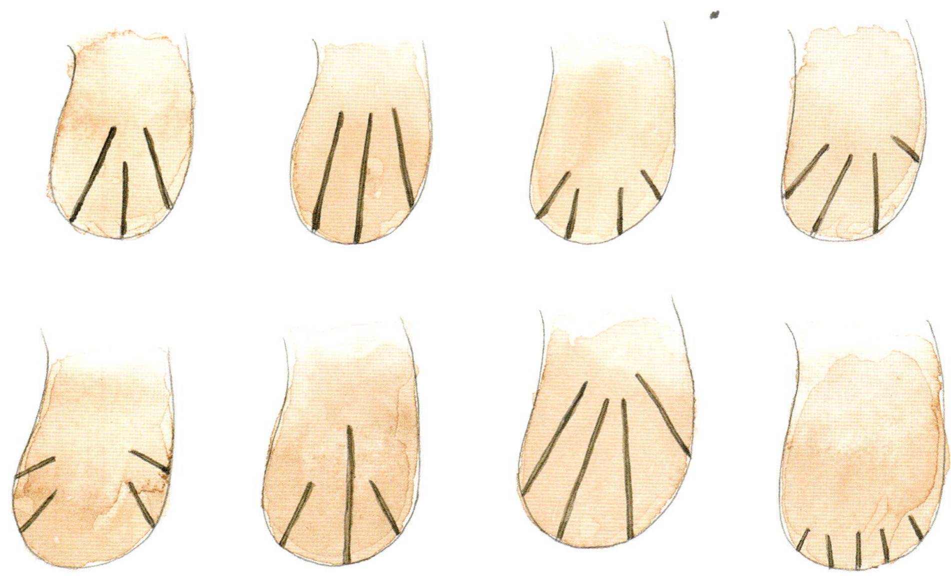

FÜR DIE ARBEIT MIT MINITEDDYS BRAUCHEN SIE

- ❖ Eine **Klarsichttüte** zur Aufbewahrung der Einzelteile
- ❖ Es ist vorteilhaft, auf einem **Tablett** zu arbeiten, dessen Boden mit Granulat bedeckt ist und die Kleinteile in einem Extraschälchen zu sammeln.
- ❖ **Stoffstücke** für Körper und/oder Kleidung
- ❖ **Alkantara** oder **Velours** für die Pfoten, wo dies im Schnittmuster angegeben ist
- ❖ Einfach genommenen **Baumwollfaden**, passend zu den Farben des Stoffs
- ❖ **Nähzwirn** für die Saumabschlüsse und zum Verbinden von Teilen
- ❖ **Stopfstäbchen** (Maniküresstab oder Bambusspieß – nicht das spitze Ende verwenden!) und **Füllmaterial**
- ❖ **Strang-Stickgarn** für Nase und Krallen
- ❖ **Onyx** oder Qualitäts**glasperlen** für die Augen
- ❖ **Band**, Verzierungen und/oder Spitze und andere Accessoires
- ❖ Eine **dünne Nadel** (möglichst Größe 12, spitz)
- ❖ Eine dünne **Stopfnadel**
- ❖ Eine **kleine Stickschere**, schmal und sehr scharf
- ❖ Eine **starke Pinzette oder Arterienklemme** (möglichst verschließbar), so klein wie möglich

Nähen Sie die Augen an und sticken Sie die Nase vor der Montage des Kopfes am Körper. So können die Fadenenden leichter verborgen werden. Wenn Sie das Gesicht ausgestalten wollen, machen Sie dies besser vor dem Annähen der Augen, um deren Lage nicht zu verschieben. Manches können Sie auch noch beim Annähen der Augen ausformen. Nehmen Sie immer extrastarkes Garn zum Befestigen der Augen und zum Formen des Gesichts.

Achten Sie beim Verbinden der Füße und Beine besonders darauf, dass die Fußspitze mit der vorderen Beinnaht übereinstimmt.

Das Stopfen sollte man nie übereilen. Fühlen Sie während des Stopfens in jedem Körperteil nach, ob noch Hohlräume existieren. Kleine Hohlräume können, nachdem sich die Füllung gesetzt hat, große Höhlen bilden. Es wäre doch zu ärgerlich, nach dem Stopfen

Oben: *Blümchen (links) und Eisprinzessin (rechts), von Louise Peers.*

und Zusammensetzen Ihres Teddys festzustellen, dass er im Arm oder im Bein ein Loch hat.

In diesem Kapitel müssen Sie mit sehr kleinen Details arbeiten. Die Stiche müssen so klein sein, dass sie fast unsichtbar sind. Jeder Stich sollte so fest wie möglich sein, ohne den Stoff zusammenzuziehen, sonst wird man die Stiche von außen sehen, wenn Sie den Teddy wenden.

Ein winziger sauberer Matratzenstich ist für unsichtbare Nähte sehr nützlich, ebenso für die Ohren und eventuelle Reparaturen. Manche Teddykünstler arbeiten auch mit Matratzenstichen von außen, aber für Anfänger ist dies nicht zu empfehlen.

Die Kanten der Ohren müssen vor dem Annähen an den Kopf versäubert werden, da sie sonst krumm und abstehend aussehen. Auch sollten die Ecken immer fest unter der Naht fixiert sein und nicht herausgucken.

Bei der Auswahl der Stoffe für die Kleider der Miniteddys sollte ebenfalls die Winzigkeit der Teddys im Auge behalten werden. Selbst Stoffe wie Leinen oder Baumwolle für Handtücher sind zu dick und sehen nicht gut aus. Wählen Sie nur solche Stoffe, die weich fallen und sich leicht falten lassen, denn alles andere wirkt dick, schwer und unschön. Feine Seide ist ideal, besonders Seidenband, das zum Sticken in allen Breiten erhältlich ist, sowie feine Habutaiseide, die auch für Seidenmalerei verwendet wird. Diese Seide lässt sich sehr gut färben und kann mit Seidenfarbe wirkungsvoll bemalt werden. Wenn Sie Seide verwenden wollen, fragen Sie doch einmal bei einem Seidenmaler an, ob er Ihnen winzige Stoffreste überlässt, für die er keine Verwendung mehr hat.

Falls Sie Ihrem neuen kleinen Freund einen Pullover stricken wollen, sollten Sie 1-fädiges Garn und Nadelgröße 1 oder 2 verwenden. Diese Utensilien können Sie, wie auch Strickmuster für Miniteddys, in Spezialgeschäften beziehen, die auch in Fachzeitschriften annoncieren.

Tipps für die Arbeit mit Miniteddys

Übertragen Sie die Muster auf Karteikarten. Es ist dann einfacher, sie auf den Stoff zu übertragen als bei dünnen Papiermustern. Schneiden Sie sie akkurat mit einer schmalen Papierschere aus, nicht mit Ihrer kostbaren Zuschneideschere, und legen Sie sie in einen Klarsichtbeutel.

Die Teile gehen sehr leicht verloren, und bleiben an Kleidern hängen. Genaues Arbeiten ist beim Zuschnitt besonders wichtig. Da die Teile so winzig sind, kann die kleinste Abweichung bewirken, dass die Teile nicht mehr zusammenpassen.

Arme und Beine können bei größeren Teddys teilweise mit Granulat gefüllt werden. Dadurch wird der Teddy schwerer und schlaffer. Es ist nicht ratsam, Plastikgranulat in kleine Teddys unter 20 cm Größe zu füllen, weil es sich an einem Arm- oder Beinende sammeln kann und das Glied dann wie gebrochen aussehen könnte. Stahlschrot eignet sich hier besser. Bei der Verwendung von Granulat können Sie das ganze Glied damit füllen, so lange das Gelenk gut in Polyfill eingebettet ist, damit die Gelenke bei Bewegungen nicht knirschen. Die Pfoten sollten wie gewöhnlich fest und gründlich gestopft werden, dann folgt das Granulat und schließlich Polyfill rund um das Gelenk. So sehen die Pfoten schön weich und rund und die Schultern und Oberschenkel fest gestopft aus.

Ein Wort zu den Scheren: Sie benötigen die schärfsten, schmalsten Scheren, die sie bekommen können. Ich habe herausgefunden, dass die Scheren, die für Découpage verkauft werden, sehr nützlich sind. Kleine, spitze und scharfe Stickscheren sind ebenfalls geeignet. Polstersamt ist zwar fest, aber scharfe Gegenstände wie Nadeln oder Scheren durchdringen ihn leicht, sodass immer Vorsicht geboten ist.

Wenn Sie sich mit den winzigen Nadeln nicht stechen wollen, benutzen Sie einen Fingerhut.

Entzückende Zirkusteddys (6 cm Größe) von Deborah Canham, 1993.

WUSCHEL

20 cm großer Teddy mit Fadengelenken

Dieser schlanke Teddy, der mit seinen 20 cm etwas größer ist als ein gewöhnlicher Miniteddy, kommt aus Kalifornien. Er wurde von Earlene Vaughn komplett mit Fadengelenken entworfen.

SIE BRAUCHEN

- ❖ 30 cm² Viskose oder kurzer Mohairplüsch
- ❖ 10 cm² Alkantara
- ❖ Zwei Augen von 4 oder 5 mm
- ❖ Ein 12-mm-Splintgelenk für den Kopf Hier kann auch ein Fadengelenk gefertigt werden.
- ❖ Füllmaterial
- ❖ Baumwollgarn, passend zum Plüsch (Mohair-Untergewebe)
- ❖ Reißfester Zwirn zum Verbinden
- ❖ Arterienklemme

1. Nähen Sie alle Teile genau wie für die großen Teddys fertig und wenden Sie die Teile. Dies geht bei winzigen Teddys einfacher mit der Arterienklemme.

Um diese korrekt zu gebrauchen, halten Sie die Klemme mit den Fingern fest. Führen Sie die Spitzen in die Stopföffnung ein. Fassen Sie vorsichtig den hintersten Stoffzipfel des Körperteils mit der Klemme und schließen Sie sie (Bild 1).

Bild 1

Vergewissern Sie sich, dass Sie genügend Stoff eingeklemmt haben, denn es kann passieren, dass man kleine Fellbüschel aus den Pfoten reißt, sodass kahle Stellen entstehen. Nun ziehen Sie den Stoff durch das Loch hindurch (Bild 2). Mit dem Stopfstäbchen werden die Nähte dann weiter ausgeformt. Bürsten Sie die Haare sanft heraus, um loses Fell zu entfernen. Besser geht es, wenn Ihre Hände dabei nicht zu trocken sind.

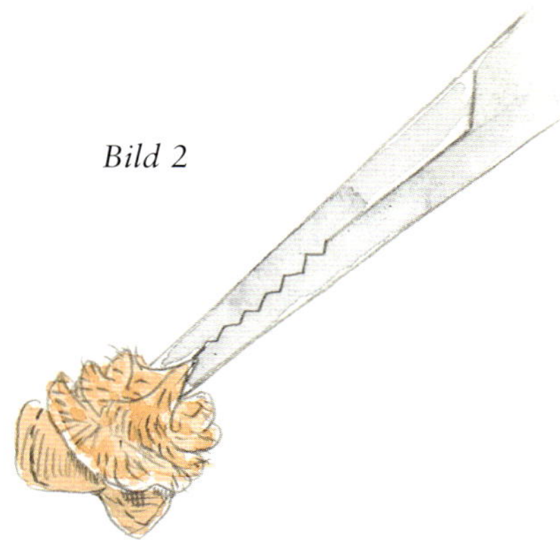

Bild 2

2. Stopfen Sie den Kopf mit **winzigen** Stücken Füllmaterial aus, beginnend an der Nase. Arbeiten Sie gründlich und gewissenhaft. Die Nase muss erst fest gestopft sein, bevor sie weitermachen. Es ist nicht einfach, die Hohlräume auszufüllen, wenn der Kopf schon beinahe voll ist. Dann muss die Füllung entfernt und von vorne angefangen werden.

Stopfen Sie den Kopf sorgfältig und formen Sie ihn währenddessen in Ihrer Hand (Bild 3). Wenn Sie zufrieden sind, führen Sie den Kopf des Splintgelenks in das Loch im Hals ein, ziehen den Plüsch mit doppeltem Faden rund um den Splint fest und sichern den Faden (Bild 4).

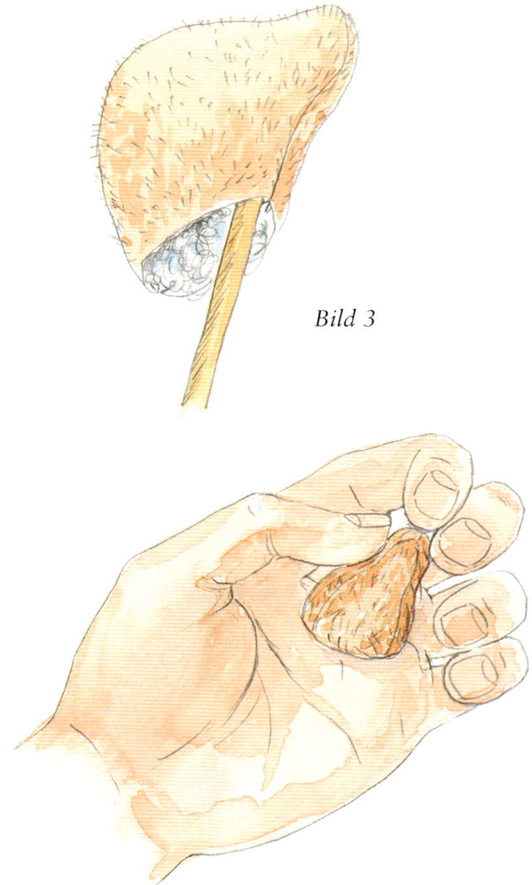

Bild 3

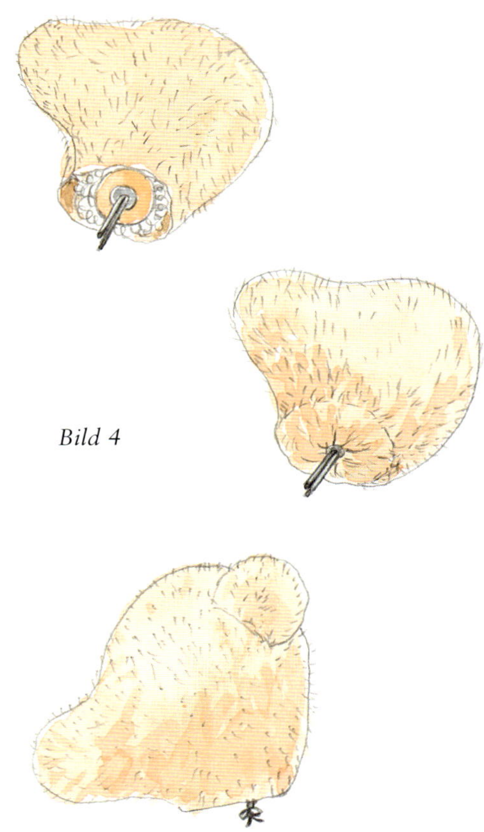

Bild 4

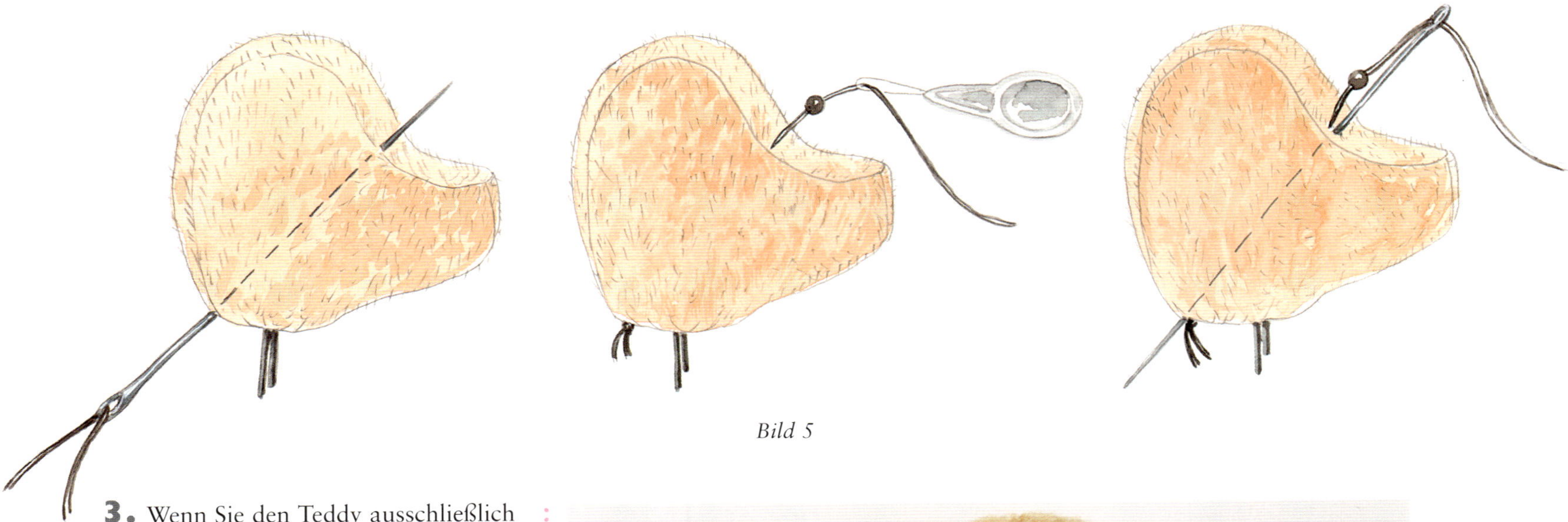

Bild 5

3. Wenn Sie den Teddy ausschließlich mit Fadengelenken herstellen wollen, ziehen Sie den Stoff zusammen und binden Sie den Faden sehr fest, wobei Sie die Enden hängen lassen. Nähen Sie die Ohren mit Matratzenstichen an. Beginnen Sie hinten und nähen die Vorderseite von hinten an, wobei Sie die Ecken fest nach innen einstecken.

4. Suchen Sie mit Hilfe von schwarzen Stecknadeln geeignete Stellen für die Augen aus. Nehmen Sie eine Stopfnadel mit starkem Garn und stechen Sie die Nadel durch den Kopf, vom Hals bis zu den Augen. Fädeln Sie eine Perle auf die Nadel und stechen Sie die Nadel zurück durch die Augenposition zum Nacken (Bild 5). Ziehen Sie das Auge fest nach innen, sodass es sich in die Augenhöhle einpasst. Formen Sie den Kopf durch stärkeres oder weniger starkes Ziehen der Augen ins Fell hinein.

Arbeiten Sie abwechselnd an beiden Augen. Falls die Nadel nicht durch das Perlenöhr passt, ziehen Sie den Faden heraus und fädeln ihn ohne die Nadel durch die Perle. Dann fädeln Sie die Nadel wieder auf. Der Faden kann auch mit einem Einfädler in das Perlenöhr eingeführt werden.

5. Nase und Krallen werden mit einfachem Stickbaumwollgarn gestickt, bevor der Teddy zusammengefügt wird. Auf diese Weise können Knoten besser verborgen werden.

Für eine größere, hervortretende Nase nehmen Sie zwei oder drei Garnstränge, arbeiten Sie bei dickerem Garn besonders sorgfältig.

Oben: *Klein aber fein – ein perfekter Miniteddy mit Fadengelenken.*

6. Füllen Sie dann Beine und Arme, beginnend mit den Pfoten, und achten Sie wie immer darauf, dass keine Hohlräume, Knoten und Klumpen bleiben. Nehmen Sie sich dafür Zeit, aber stopfen Sie ihn auch nicht zu fest aus, sonst reißt er womöglich, wenn Sie die letzte Naht schließen. Alle Teile sollten schön prall und wohlgeformt sein.

7. Sie haben nun den Kopf und vier Gliedmaßen fertig sowie einen leeren Körper. Stopfen Sie den Körper Ihres Teddys fest ohne Hohlräume und Klumpen aus und formen Sie ihn während-

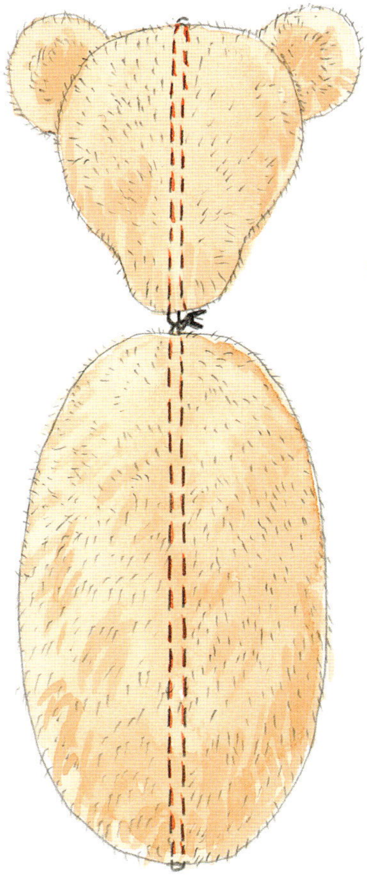

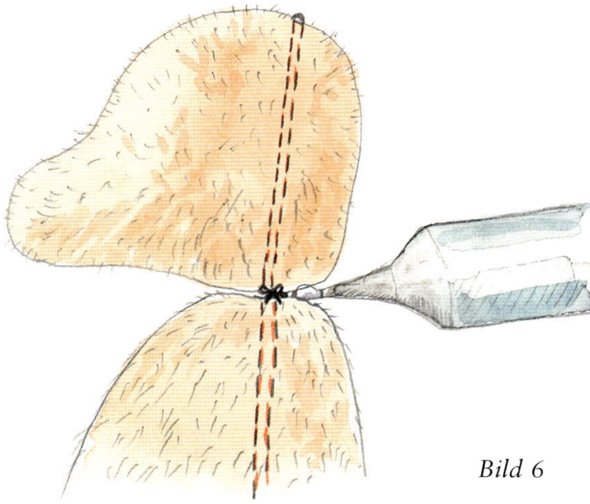

Bild 6

dessen mit den Händen, bis Sie mit seinem Aussehen zufrieden sind. Schließen Sie die letzte Naht mit Matratzenstichen.

8. Der Kopf wird befestigt, indem der aus dem Körper hängende Faden nach unten zum Schritt und wieder hoch zum Kopf geführt wird. Dann werden die Fäden fest verknotet, sodass der Kopf nicht abgehen kann. Mit einem kleinen Tropfen Klebstoff sichern Sie den Knoten. Passen Sie auf, dass Sie nicht zu viel nehmen, sonst wird der Kopf unbeweglich (Bild 6).

9. Stecken Sie die Beine am Körper so fest, dass der Teddy aufrecht sitzen kann und die Beine symmetrisch sind. Wenn Sie mit seiner Haltung zufrieden sind, nehmen Sie eine lange Nadel mit **doppeltem Faden.**

Lassen Sie etwa 10 cm Faden aus dem Teddy hängen. Stechen Sie die Nadel von der Innenseite eines Beins nach außen. Etwa 3 mm über der Austrittsstelle stechen Sie die Nadel wieder ein und führen den Faden zurück durch das Bein und durch den Körper, bis Sie wieder an der Stelle angekommen sind, wo der erste Faden hängt.

Die Fäden müssen gerade verlaufen, damit das Gelenk richtig funktioniert.

Ziehen Sie die Fäden anschließend fest, wobei Sie die Beine in die richtige Stellung zum Körper bringen und vernähen Sie die Fäden so, dass der Knoten zwischen Bein und Körper verborgen ist. Auch dieser Knoten kann mit Klebstoff, den Sie mit einem Cocktailspieß vorsichtig auftragen, gesichert werden.

10. Verbinden Sie die Arme auf die gleiche Weise wie die Beine mit dem Körper. Die Länge und die Position aller Gliedmaßen kann so leicht überprüft werden. Bei Bedarf kann man Fehler schnell und einfach korrigieren (Bild 7).

Wenn die Arme und Beine eher zum Rücken hin angebracht sind, stehen sie beim fertigen Teddy beträchtlich mehr vom Körper ab, als wenn man sie mehr zur Körpervorderseite befestigt.

11. Binden Sie dem Teddy eine schöne große Schleife um den Hals, und fertig ist Ihr erster Miniteddy!

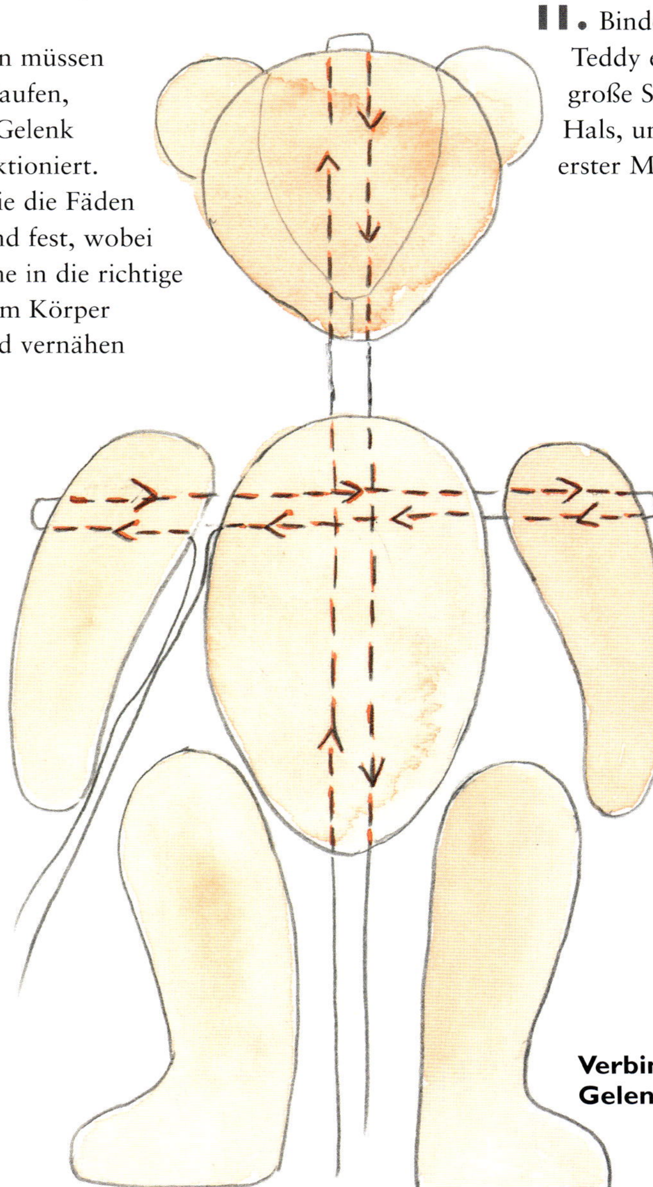

Verbindung der Gelenke

Bild 7

JOHANN SCHMIDT-GRÜNWALD

ein 6,5 cm großer Teddy mit Fadengelenken

Johann Schmidt-Grünwald ist ein entzückender, pummeliger Miniaturteddy, der jede Sammlung bereichert. Im Schnittmuster ist auch die Anleitung für gebogene Beine enthalten.

Trotz seiner Winzigkeit (und seines langen Namens) wird unser 6,5 cm großer Teddy genau wie Wuschel hergestellt. Folgen Sie der Anleitung für Wuschel, machen Sie jedoch alle Gelenkverbindungen mit Fäden.

Für diesen Teddy wird ein krummbeiniges Schnittmodell verwendet. Nähen Sie rund um das Bein (Bild 1) und fügen Sie das Pfotenteil an (Bild 2). Das Bein sollte jetzt flach liegen (Bild 3). Beim Wenden müssen die Schenkel der Pinzette den äußersten Punkt der Fußspitze fassen (Bild 4). Schieben Sie den Stoff in die Pinzette (Bild 5) und ziehen Sie sanft den Stoff durch die Öffnung (Bild 6).

SIE BRAUCHEN

- ❖ Ein 23 x 10 cm großes Stück Polstersamt
- ❖ Baumwollgarn, passend zum Plüsch
- ❖ 10 cm^2 Alkantara für die Pfoten
- ❖ Zwei Onyx-Augen von 3 mm
- ❖ Reißfesten Zwirn, möglichst baumwollverstärkt
- ❖ Füllmaterial
- ❖ Spitze Nadel, Größe 12
- ❖ Ein Stück 4 mm breites Seidenband

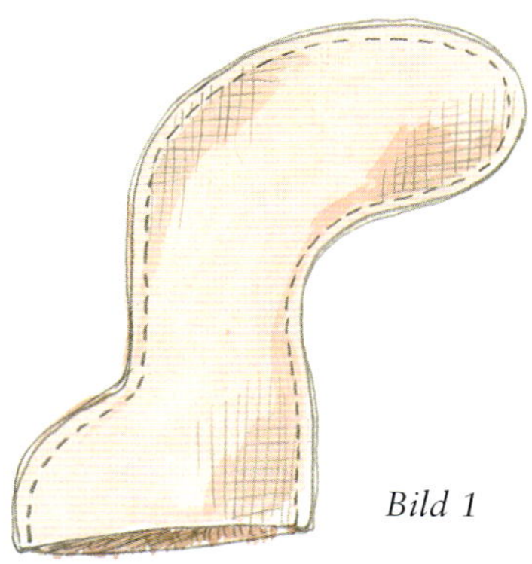

Bild 1

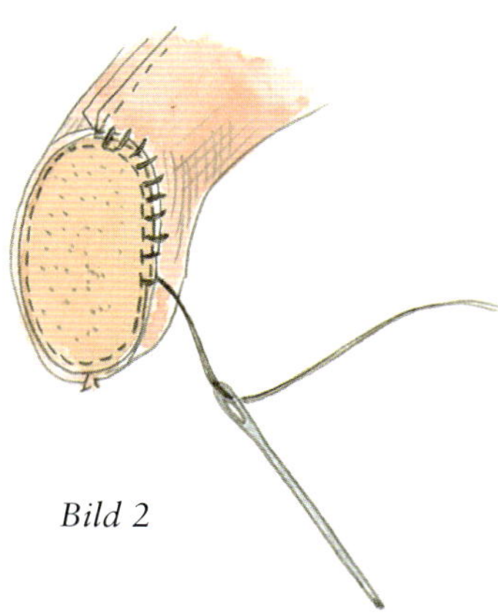

Bild 2

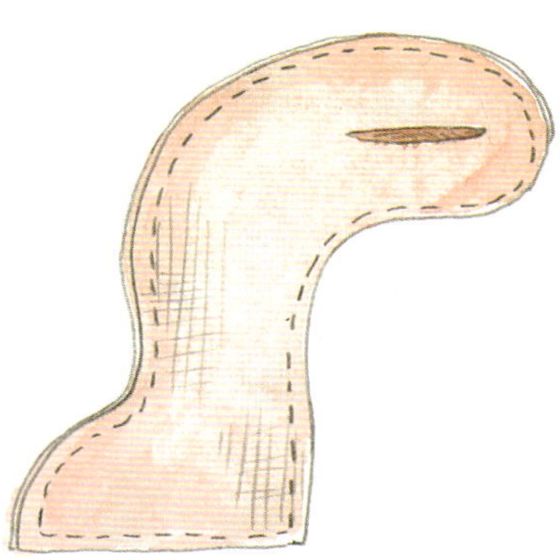

Bild 3

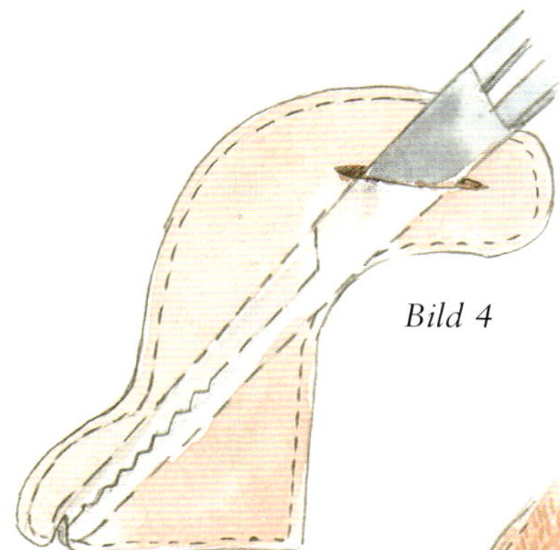

Bild 4

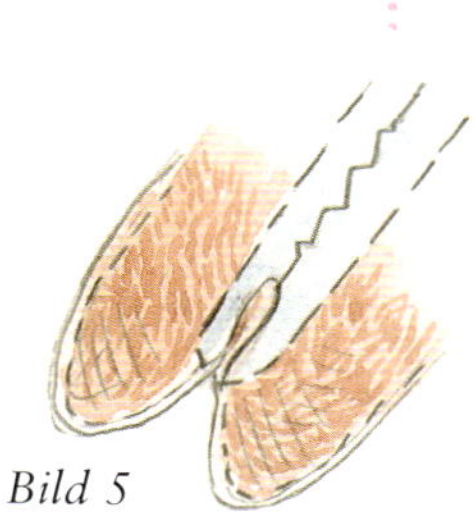

Bild 5

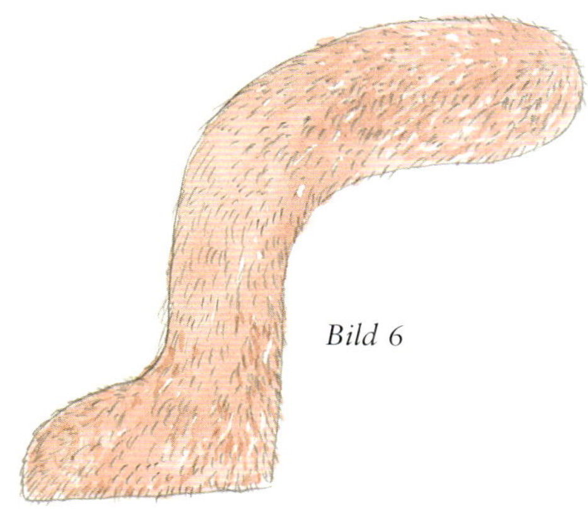

Bild 6

Links: *Johann Schmidt-Grünwald – sein Name ist eigentlich viel zu lang für so einen kleinen Teddy.*

GÜNTER UND RUDI

Hier erfahren Sie, wie man zwei liebenswerte, 10 cm große, komplett bewegliche Miniteddys herstellt. Günter und Rudi sind die besten Freunde und werden mit demselben Schnittmuster gefertigt. Der eine hat weiße Ohren und Pfoten und ein weißes Gesicht, der andere ist in Rosa gehalten.

SIE BRAUCHEN

- ❖ Ein 23 x 10 cm großes Stück Polstersamt für Rudi
- ❖ Ein 23 x 10 cm großes Stück Polstersamt für Günter und ein 10 x 10 cm großes Stück Stoff für sein Gesicht, Ohren und Pfoten
- ❖ Baumwollgarn, passend zum Plüsch
- ❖ Reißfester Zwirn für die Saumabschlüsse
- ❖ 10 cm^2 Alkantara für Rudis Pfoten
- ❖ Zwei Onyx-Augen von 3 mm für jeden Bären
- ❖ Fünf mittelgroße Miniteddy-Gelenke für jeden
- ❖ Füllmaterial
- ❖ Spitze Nadel, Größe 12
- ❖ Verzierungen

1. Achten Sie auf die genaue Schnittzeichnung. Schneiden Sie die Teile so sorgfältig wie Plüsch aus, indem Sie nur den Unterstoff, nicht den Flor, mit kurzen Schnitten zertrennen. Legen Sie die Teile in eine Plastiktüte.

2. Nähen Sie die Teile mit einfachem Faden rechts auf rechts gelegt zusammen und folgen Sie der Anleitung für die Herstellung von Wuschel.

Links und Oben: *Günter und Rudi werden mit den gleichen Gelenken verbunden wie die großen Teddys.*

Miniteddy-Gelenke

Gelenke für Miniteddys werden aus Hartplastikmaterial hergestellt, im Gegensatz zu den Hartfaserscheiben (oder Pappscheiben) der Gelenke für große Teddys. Das Einsetzen ist der gleiche Vorgang, nur benötigen die Plastikgelenke keine zusätzliche Metallscheibe gegen Abnutzung.

3. Nachdem Sie ihn fertig genäht haben, wenden Sie den Teddy und stopfen den Kopf, setzen die Augen ein und nähen die Ohren wie zuvor an. Stopfen Sie die Gliedmaßen, nicht aber den Körper.

4. Setzen Sie die Gelenke ein und schließen Sie die Glieder mit Matratzenstichen. Verbinden Sie die Gelenke in der gleichen Weise wie bei größeren Teddys.

5. Zum Schluss binden Sie den Teddys Seidenbänder um.

Mini

Mini ist der kleinste Teddy dieses Buchs. Sie ist nur 2,5 cm groß, aber genauso niedlich wie die anderen Teddys. Sie würde beispielweise gut zur Einrichtung eines Puppenhauses passen. Mini kann in verschiedenen Farben passend zum Puppenhaus genäht werden.

SIE BRAUCHEN

- ❖ 10 cm² Samt für Miniteddys
- ❖ Zwei Onyx-Augen von 2 mm
- ❖ Baumwollgarn, passend zum Stoff
- ❖ Reißfesten Baumwollzwirn für die Gelenkverbindungen
- ❖ Etwas Füllmaterial
- ❖ Pinzette/Arterienklemme
- ❖ Klarsichttüte (verschließbar)
- ❖ Spitze Nadel, Größe 12 (eine feine Nadel ist sehr wichtig)

Bild 1

Halten Sie eine Klarsichttüte bereit, in der Sie alle ausgeschnittenen Teile des Schnittmusters, Stoffteile und bereits genähten Teile des Teddys aufbewahren können (Bild 1). Da die Teile so winzig sind, können sie leicht verlorengehen. Legen Sie die Teile deshalb immer wieder in die Tüte zurück.

1. Kopieren Sie die Schnittteile akkurat auf dünnen Karton, z. B. Karteikarten. Übertragen Sie alle Markierungen auf den Karton. Die Teile für Mini sind extrem klein, daher könnte eine Schnittschablone hilfreich sein.

Ebenso wie Sie das Schnittmuster für Benjamin im ersten Entwurf auf Seite 31 gemacht haben, zeichnen Sie alle Teile dicht nebeneinander auf die Karteikarte (Bild 2). Dann schneiden Sie die Teile mit einer scharfen Klinge sehr vorsichtig aus. Bleiben Sie dabei innerhalb der gezeichneten Linie. Bei Benutzung einer Schablone schneiden Sie innerhalb der Öffnungen, statt außen um die Formen herum. Dies ist erheblich leichter, zumal die Stücke zum Teil kleiner als ihre Fingerspitzen sind!

Jedes Teil hat eine kleine Nahtzugabe von etwa 1 mm. Denken Sie daran, denn weil die Teile so klein sind, wirkt sich sogar die Breite eines Bleistiftstrichs auf die Größe des Teddys aus. Zum Beispiel können sich Ihre Teile nach dem Zeichnen, dem Ausschneiden, der Übertragung auf den Stoff und dem neuerlichen Ausschneiden um 1 mm rundherum vergrößert haben, sodass Ihr Teddy viel größer wird als vorgesehen (Bild 3). Vergleichen Sie daher Ihr Karton-Schnittmuster genau mit dem Schnittmuster hier im Buch, bevor Sie fortfahren.

2. Falten Sie die Ohren, nähen Sie sie und schneiden die Bruchlinie zu einem weichen Bogen. Wenden Sie die Ohren und legen Sie die Teile in die Tüte.

3. Vor dem Nähen der Teile markieren Sie die Stellen der Gelenke leicht **außen** auf dem Stoff. Nähen Sie rundherum, wobei Sie ca. 13 mm zum Wenden offen lassen. Wenden Sie den Körper und legen auch ihn in die Tüte.

Bild 3

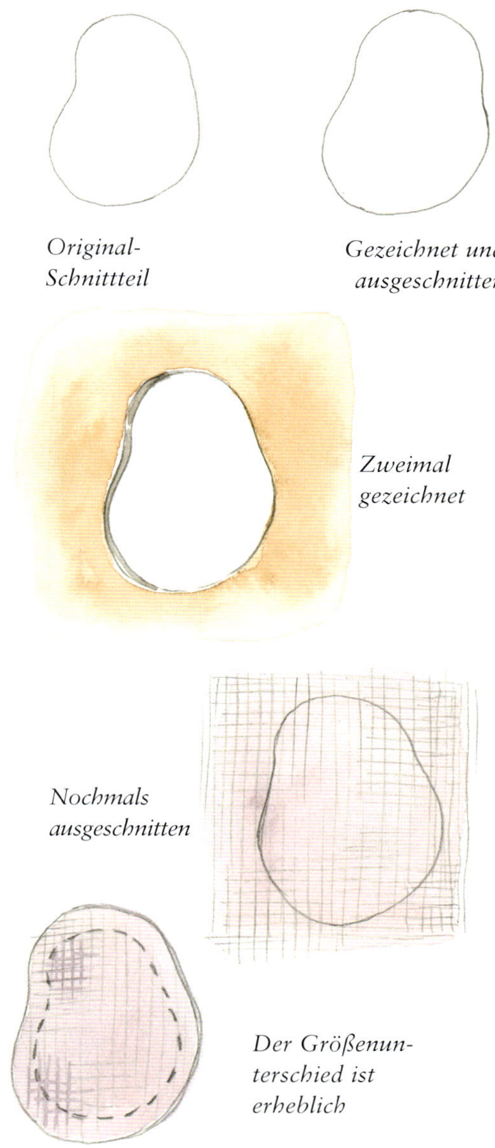

SCHNITTSCHABLONE

Bild 2

4. Dieser Teddy ist zu klein, um separate Pfoten für ihn zu nähen. Nähen Sie deshalb nur um die Beine und Arme herum, wobei Sie eine Öffnung zum Wenden lassen. Wenden Sie die Teile und legen Sie sie in die Tüte.

5. Nachdem Sie Kopf, Ohren, Körper und Gliedmaßen genäht haben, beginnen Sie mit dem Stopfen. Dies muss sehr vorsichtig und mit winzigen Mengen an Füllmaterial geschehen. Nehmen Sie dafür lange Strähnen statt kleiner Kugeln. Mit der langen, gebogenen Spitze einer Arterienklemme kommen Sie am besten in die winzigen Ecken. Auch ein Bambusstäbchen oder ein Cocktailspieß kann nützlich sein.

6. Nachdem der Kopf zufriedenstellend gestopft ist – zwar fest, nicht aber zu hart – fädeln Sie Baumwollzwirn auf eine Nadel und nähen mit Heftstichen um den Hals herum. Ziehen Sie den Faden fest, damit die Füllung im Kopf bleibt. Sichern Sie das Ganze gut mit einem Matratzenknoten und lassen Sie das lange Ende frei hängen. Später wird hiermit das Kopfgelenk wie für Wuschel befestigt.

7. Nähen Sie die Ohren an beliebigen Stellen an und setzen Sie die Augen ein. Die Nase sollte mit einsträngigem Baumwollgarn gestickt werden. Eine einfache Nase und ein winziger Mund reichen aus.

8. Stopfen Sie Arme, Körper und Beine und schließen Sie die Öffnungen mit winzigen Matratzenstichen, wobei farblich passende Baumwolle verwendet wird. Nun können die Gelenke genäht werden. Benutzen Sie das Diagramm und die Anleitung für Wuschel auf Seite 103.

9. Binden Sie der kleinen Bärin eine kleine Schleife aus Seidenband um, und fertig ist der entzückende Teddy für Ihr Puppenhaus.

Oben: *Mini ist der perfekte Teddy für ein Puppenhaus.*

Reparaturen

Gehen Sie vorsichtig mit dem winzigen Teddy um, denn er ist sehr empfindlich. Wenn Sie zu grob sind, können Sie zum Beispiel beim Wenden leicht Fell mitherausziehen. Sollte dies passieren, ist noch nicht alles verloren, falls Sie noch etwas passenden Stoff übrig haben. Tragen Sie mit einem Cocktailspieß etwas Klebstoff auf die kahle Stelle auf. Aber Vorsicht, nehmen Sie nicht zu viel! Fügen Sie vorsichtig ein paar Büschel von den Stoffresten an. Die Fasern sollten dabei in der Florrichtung des Plezes liegen.

Bärenfell-Bettvorleger

Ein nettes Accessoire für alle großen und kleinen Teddys. Das Schnittmuster gibt es in zwei Größen und sowohl mit Bären- als auch mit Katzenohren.

1. Schneiden Sie die Körperform in rotem Filz, ca. 6 mm größer als das eigentliche Fell, mit einer Zackenschere aus. Dies ist die Unterseite des Bären-Bettvorlegers. Echte Tiger- oder Bären-Bettvorleger sind immer mit einem filzartigen Stoff unterlegt, was wie ein Fransenrand aussieht.

2. Machen Sie den Bärenkopf wie vorher, befestigen Sie die Ohren, sticken Sie die Nase und nähen Sie die Augen an. Verbinden Sie den Kopf durch Matratzenstiche mit dem Bettvorleger an der im Schnittmuster markierten Stelle. Bestreichen Sie die ganze Unterseite mit Kunststoffkleber. Arbeiten Sie nicht zu schnell, da der Kleber sonst durch den Stoff dringt und das Gewebe beschädigt. Drücken Sie den roten Filz an und achten Sie dabei auf die richtige Position, sodass er überall unter dem Teppich hervorguckt. Drücken Sie den Bettvorleger dann schön flach und lassen Sie ihn auf einer Zeitung gründlich trocknen.

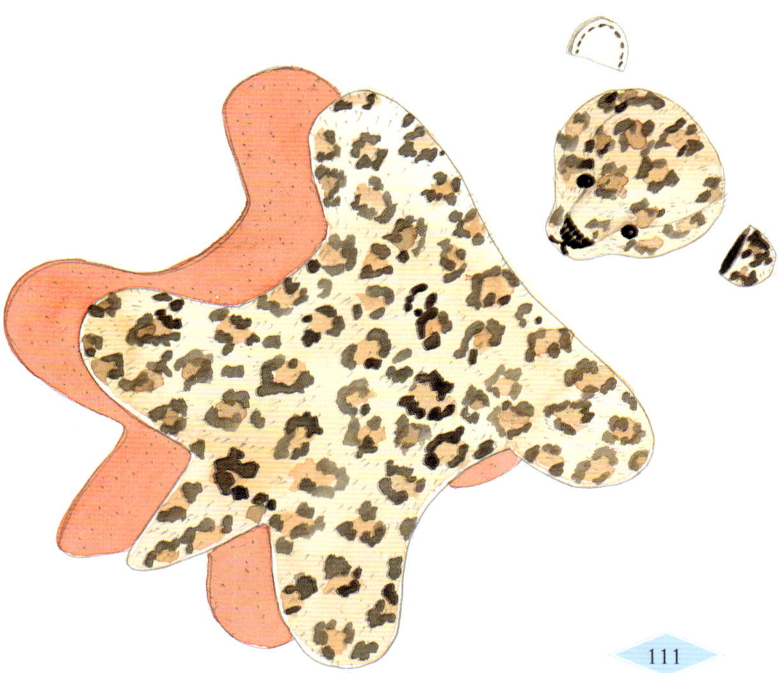

Sie brauchen

- 23 cm² Polstersamt mit Bärenfell- oder Tierfellmuster nach Wahl
- 23 cm² roten Filz
- Zwei Augen von 4 oder 5 mm
- Nähgarn, passend zum Stoff
- Reißfesten Zwirn zum Annähen des Kopfes
- Kunststoffkleber
- Zackenschere o. Ä.

TEIL VII

MODERNE TEDDYS

In diesem Kapitel können Sie mit verschiedenen Arten von Fell, Füllmaterial, Gelenken, biegsamen Gliedmaßen und anderen Techniken experimentieren. Jetzt sollte der Teddy-Nähschüler mit diesen Techniken so weit vertraut sein, dass er die Schnittmuster selbstständig abwandeln kann, um verschiedene moderne und neue Teddys zu nähen.

HEINZ, DER LÄSSIGE BÄR

Heinz ist ein fröhlicher, kleiner Teddy, der mit Granulat gefüllt ist. Er behält nahezu jede Position, genau wie Jonathan. Er ist klein und lässt sich gut auf Reisen mitnehmen, da er in jede Tasche passt. Er kann in jeder Farbe genäht werden, wobei er in diesem Fall ein dunkelbraunes Mohairfell hat und wie ein Braunbär wirkt.

SIE BRAUCHEN

- ❖ Knapp 23 cm glatten, 6 mm langen Mohairplüsch
- ❖ Ein kleines Stück Alkantara für die Fußsohlen. Die Pfoten sind rasiert.
- ❖ Zwei Augen von 8 mm
- ❖ Ein 24-mm-Gelenk für den Kopf
- ❖ Vier 15-mm-Gelenke für die Glieder
- ❖ Ca. 120 g Granulat und Polyfill

1. Bevor Heinz zusammengesetzt wird, rasieren Sie seine Pfotenteile, wie im Schnittmuster markiert (Bild 1). Montieren Sie ihn auf die gleiche Weise wie Paulchen, Körper und Arme in zwei Teilen. Seine Beine sind vierteilig und haben außerdem Fußsohlen.

2. Stopfen Sie anschließend seinen Kopf wie gewöhnlich mit Polyfill und seinen Körper sowie die Gliedmaßen mit Granulat aus. Sie können Arme und Beine vollständig mit Granulat ausfüllen, aber das Gelenk muss gut mit Polyfill ausgepolstert sein, sonst knirschen die Gelenke bei Bewegungen.

Es ist wie immer ratsam, die Pfoten fest auszustopfen, dann das Granulat einzufüllen und schließlich um das Gelenk Polyfill zu legen. So werden die Pfoten weich gerundet, und Schultern sowie Hüften können fest gestopft werden. Pressen Sie genug Polyfill in seinen Nacken, damit er nicht den Kopf hängen lässt. Bild 2 zeigt einen Vorschlag zur Verteilung des Polyfills.

Der Rest des Körpers kann bis zur Rückennaht mit Granulat gefüllt werden. Legen Sie unter die Naht jedoch eine dünne Schicht Polyfill, um besser nähen zu können.

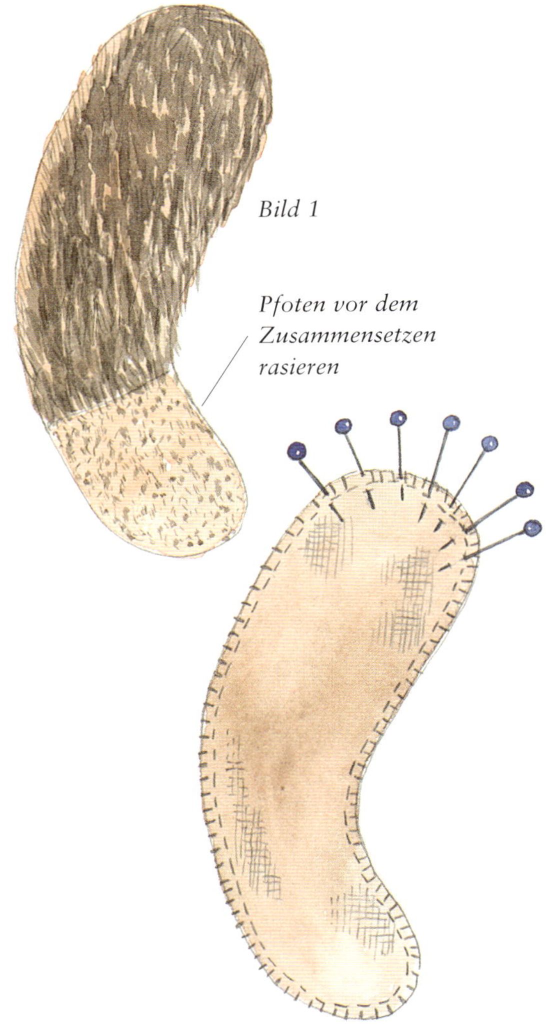

Bild 1

Pfoten vor dem Zusammensetzen rasieren

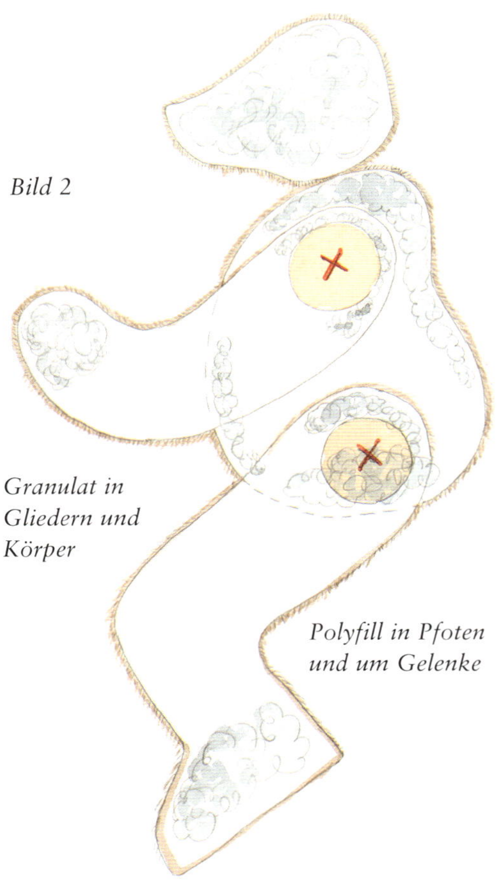

Bild 2

Granulat in Gliedern und Körper

Polyfill in Pfoten und um Gelenke

Oben: *Heinz ist mit Granulat gefüllt und sehr biegsam.*

MISTY, DER HASE

Misty wird genauso wie ein Miniteddy hergestellt, hat jedoch lange Ohren und einen kleinen Schwanz.

1. Montieren Sie alle Körperteile wie bei Günter und Rudi. Bei den Ohren ist etwas mehr Näharbeit erforderlich. Vergessen Sie den Schwanz nicht. Wenn Sie an der Stelle der Ohren angelangt sind, nähen Sie erst die Rückseite des Ohrs an, setzen ein V-förmiges Stück Draht ein und nähen dann die Vorderseite. Das V sollte nicht zu spitz sein, sondern der Kontur des Ohrs folgen. Am besten biegt man den Draht rund um ein Essstäbchen.

SIE BRAUCHEN

- 23 x 23 cm großes Stück Polstersamt mit möglichst langem Flor
- Kleines Stück weißen Samt für die Pfoten, das Innenohr und den Schwanz
- Misty hat Fadengelenke, aber Sie können auch fünf kleine Miniteddygelenke verwenden
- Dicken Metalldraht
- Zwei Augen von 2 mm
- Weiße Borsten, ca. 2,5 cm lang
- Schleifenband zur Verzierung

2. Nähen Sie die gebogene Schwanznaht genau wie ein Teddyohr. Wenden Sie den Schwanz und stopfen Sie ihn sanft ein wenig aus. Fügen Sie ihn ein und nähen Sie den Körper zusammen.

3. Mistys Schnurrhaare bestehen aus den Borsten einer Bürste, Sie können Schnurrhaare aus Plastik aber auch kaufen. Stechen Sie mit einer Nadel durch die Nase und schieben Sie die Schnurrhaare einzeln hindurch. Mit einem winzigen Tropfen Klebstoff, den Sie mit einem Cocktailspieß auftragen, verhindern Sie das Ausfallen der Schnurrhaare.

4. Zum Schluss binden Sie Misty die Schleife um.

FRED, DER KNÖPFTEDDY

Fred ist ein einfacher kleiner Teddy, der aus 19 Teilen besteht. Er kann einfach auseinandergeknöpft werden. In der Nachkriegszeit wurden Teddys oftmals auf diese Art hergestellt, weil keine Gelenke zur Verfügung standen; man musste also entweder auf Gelenke verzichten, auf Fadengelenke zurückgreifen oder Druckknöpfe einsetzen. Der Kopf des Teddys lässt sich leicht drehen.

SIE BRAUCHEN

- ❖ 23 cm² Sparse Mohairplüsch
- ❖ 10 cm² Alkantara
- ❖ Ein Stück Baumwollstranggarn zum Sticken für die Nase
- ❖ Baumwollgarn, passend zum Untergewebe des Mohairplüschs
- ❖ Reißfester Zwirn für die Saumabschlüsse
- ❖ Fünf starke Druckknöpfe (**keine** Kleider- oder Plastikdruckknöpfe)
- ❖ Füllmaterial (kein Metallschrot oder Granulat, da die Arme und Beine sich sonst lösen können. Fred muss sehr leicht sein.)

1. Fred wird genau wie die vorherigen Teddys hergestellt. Seine Arme und Beine sind jeweils in einem Stück geschnitten, jedes Glied mit einer Pfote. Sein Körper ist zweiteilig, und der Kopf besteht wie üblich aus fünf Teilen. Er kann von Hand oder mit der Nähmaschine gefertigt werden. Die Nahtzugaben sind jedoch sehr klein, und beim Maschinennähen muss darauf geachtet werden, keine Löcher zu verursachen. Überprüfen Sie alle Nähte daraufhin.

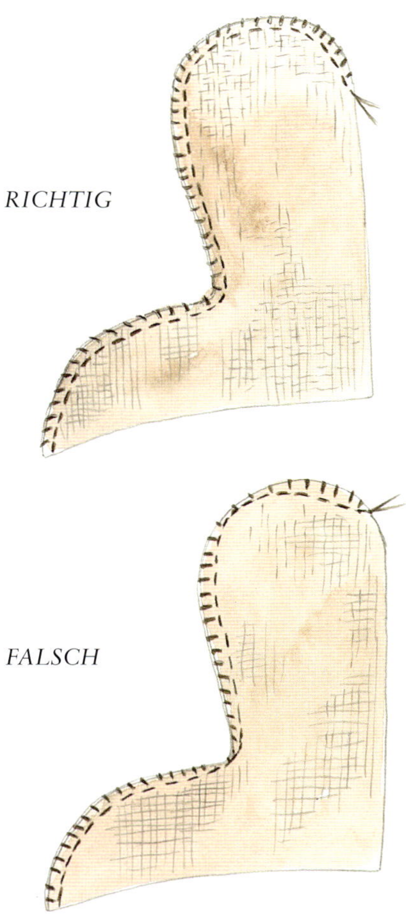

Freds Nahtzugaben sind sehr klein, daher muss man beim Maschinennähen auf die korrekte Breite achten.

2. Fertigen Sie alle Teile, indem Sie den ganzen Teddy nähen, stopfen und mit Matratzenstichen die Öffnungen schließen, den Kopf eingeschlossen. Dann befestigen Sie die Druckknöpfe. Lassen Sie die Halsregion flach und nähen Sie den Druckknopf auf die flache Fläche.

3. Der Körper und die Glieder dürfen nicht zu fest gestopft sein, damit die Glieder nach dem Anknöpfen fest am Körper liegen. Wenn er zu prall gestopft ist, sehen seine Arme und Beine aus, als ragten sie wie Aststängel aus dem Körper.

Bild 1

4. Nähen Sie die Schaftseite der Druckknöpfe an der entsprechenden Stelle an den Körper und die Gegenseite an den Gliedmaßen und am Kopf an (Bild 1). Dann knöpfen Sie sie zu und binden ein Band oder einen gestrickten Schal um seinen Hals.

Oben: *Fred präsentiert stolz seine Druckknöpfe.*

GEORG

Georg ist ein ziemlich großer Teddy des alten Typs mit einer recht langen Schnauze. An Georg können Sie einige in diesem Buch bereits behandelte Vorgehensweisen noch einmal wiederholen. Darüber hinaus hält er einige neue Techniken bereit. Seine Gelenke sind durchweg abgepolstert, sodass sie völlig verborgen sind.

SIE BRAUCHEN

- ❖ 46 x 13 cm geknautschten Mohairplüsch
- ❖ Pfotenstoff
- ❖ Zwei Augen von 10 mm (relativ klein für einen so großen Teddy)
- ❖ Ein 55- oder 60-mm-Gelenk für den Kopf
- ❖ Vier 50-mm-Gelenke für die Glieder
- ❖ Schrauben und Muttern oder Splinte

1. Überprüfen Sie zuerst, ob Ihre Gelenke die richtige Größe für den Teddy haben. Falls sie zu groß sind, wird man sie durch den Pelz hindurch fühlen. Sind sie zu klein, werden Kopf oder Glieder wackeln und sehr locker sitzen. Sie sollten immer mit Füllung umhüllt sein. Weiter unten wird noch eine andere Möglichkeit gezeigt, um Gelenke zu polstern.

2. Wie man eine Brummstimme oder Spieluhr mit Nylon schützt, wird im Entwurf von Benjamin erklärt. Wenn Sie den Teddy mit Granulat füllen, muss die Brummstimme unbedingt in einer Schutzhülle stecken. Die Stimme kann auch in den Kopf eingesetzt werden, dann ist das Stopfen schwieriger.

3. Dieser große Teddy muss in den Schultern und im Nackenbereich gut gestopft werden, nachdem die Gelenke in den Körper eingesetzt wurden. Das Kopfgelenk sollte gut unterstützt sein, da es sonst den Kopf nicht halten kann. Die Armgelenke können das Stopfen behindern, was dazu führt, dass der Kopf wackelt. Auch die Armgelenke benötigen viel Halt.

Umhüllen der Scheiben für gepolsterte Gelenke

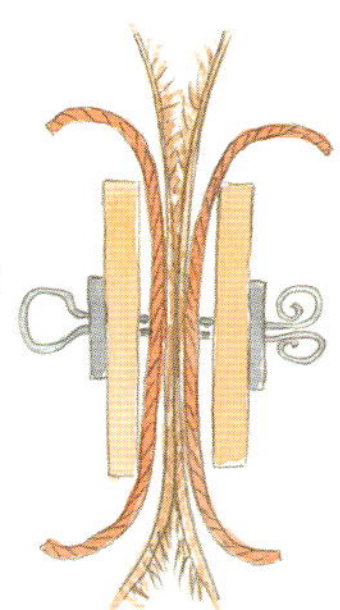

Eine gute Methode besteht darin, die Scheiben mit Stoff zu umhüllen (Filz oder schweres Kattun), bevor der Teddy gestopft wird. So sind die harten Ecken und Kanten nicht durch den Plüsch zu fühlen. Stoffkreise werden um die Gelenke gelegt, deren Rand mit Heftstichen gesäumt wurde. Um das Gelenk herum wird gestopft, und der Kreis wird zusammengezogen, indem man den Heftfaden herauszieht und verknotet. Die Scheibe wird dadurch vollkommen verhüllt und gepolstert. Zusätzlich kann man mit einem feinen Stoff noch das ganze Gelenk auf die gleiche Art einhüllen. Am besten lässt man die gestopften Teile nach dem Stopfen ein paar Tage liegen, damit sich die Füllung setzt. Danach lässt sich meist noch mehr Füllmaterial zufügen.

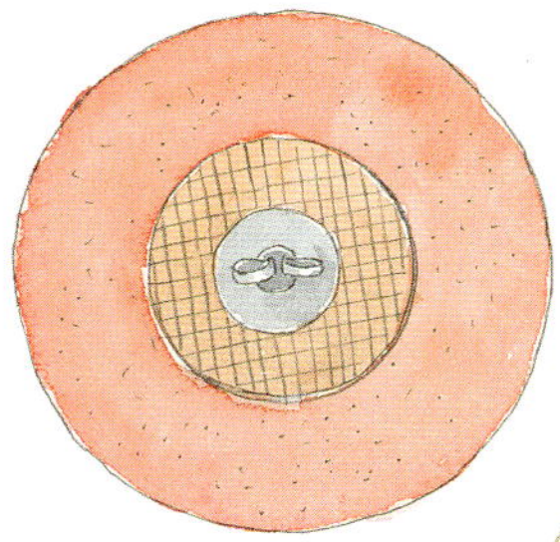

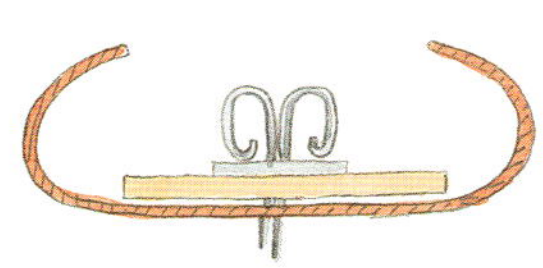

Umhüllen einer Scheibe

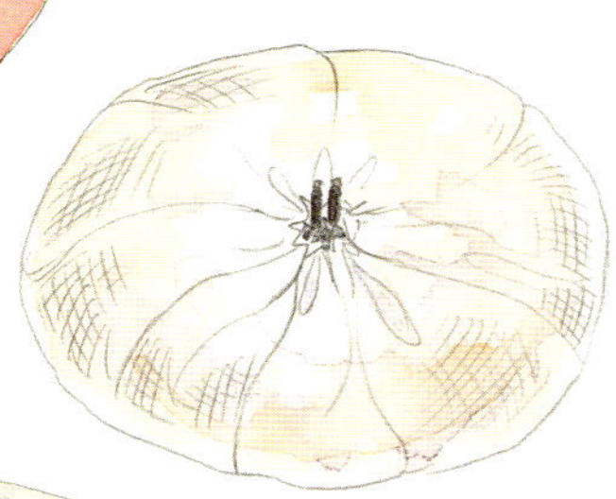

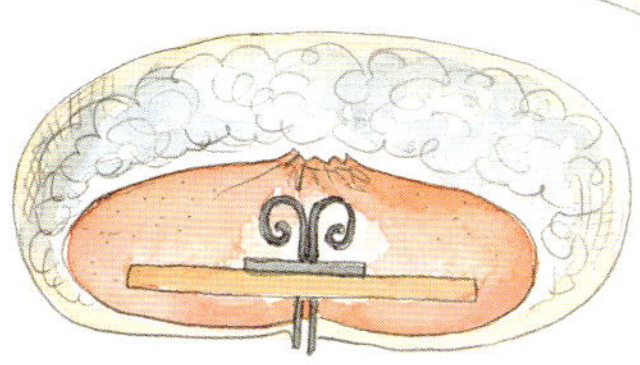

Umhüllen des ganzen Gelenks

Oben: *Stopfen Sie Georgs Schultern gut aus.*

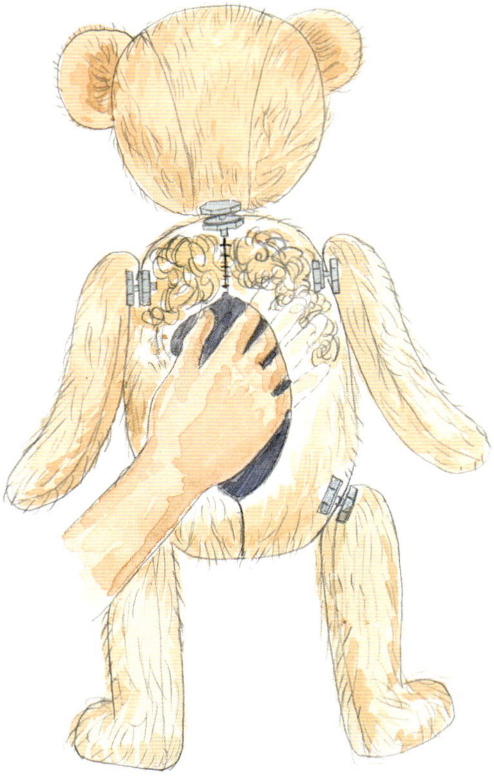

Bild 1

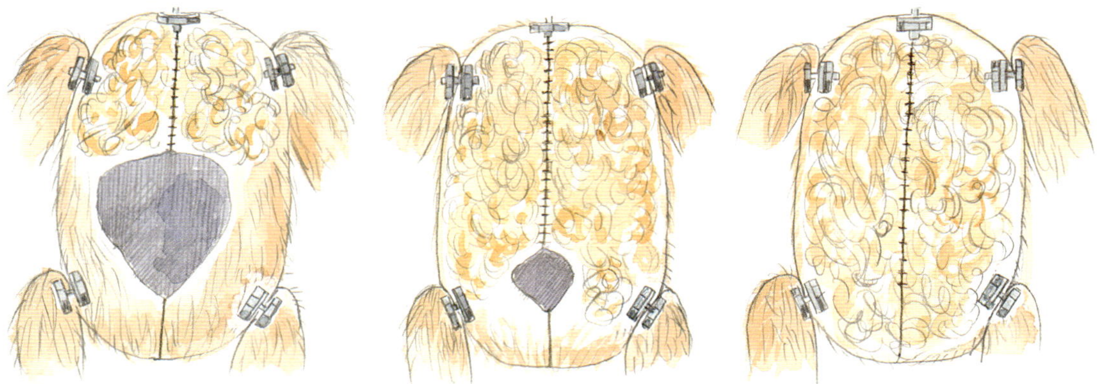

Wenn Sie Schrauben/Muttern-Gelenke verwenden und die Gliedmaßen und den Körper mit Matratzenstichen schließen, ist es schwierig, den Bereich hinter der Naht richtig fest auszustopfen. Hier entstehen deshalb oftmals Hohlräume. Um dies zu vermeiden, kann man halb über die Öffnung nähen, dann etwas Material einfüllen, ein Stück weiternähen, mehr nachfüllen usw., bis die Naht geschlossen ist. Auf diese Art werden Sie Körper und Gliedmaßen richtig fest stopfen können (Bild 1).

Abgenutztes Aussehen des Teddys

Wenn Sie alte Teddys machen, möchten Sie ihm sicher auch ein Aussehen geben, das dazu passt. Er soll so wirken, als hätte er einige Jahre auf dem Buckel und wäre viel geknuddelt worden. Flickstellen ergänzen die Wirkung noch. Dieses Aussehen lässt sich auf vielerlei Arten hervorbringen – zum Teil gegen alle Regeln, die Sie bis jetzt über die richtige Herstellung von Teddys in diesem Buch gelernt haben.

Nehmen Sie kleinere Gelenke als eigentlich notwendig: Sie können sogar erwägen, Pappscheiben zu verwenden, die absichtlich nicht richtig halten. Befestigen Sie Arme und Beine etwas tiefer und nicht ganz fest, sodass sie ausgeleiert aussehen. Flicken Sie das Fell oben an Armen und Beinen, auch wenn es nicht nötig ist. Man kann die Pfoten aus alten Materialien herstellen, die Sie vielleicht in Omas Schublade finden, wie aus altem, abgenutztem Samt. Mit kaltem Tee lässt sich auch neuer Stoff so behandeln, dass er alt aussieht. Nähen Sie die Fußsohlen ungleichmäßig an oder mit Garn, das nicht zum Fell passt. Machen Sie Löcher in den Pfotenstoff, damit die Füllung herausquillt, und bearbeiten Sie die Kanten mit Sandpapier, bis sie abgewetzt aussehen. Stellen Sie aus Holzwolle und Klebstoff einen kleinen, flachen Einsatz her, den Sie in das Loch stecken können, sodass man nur die Oberfläche sieht. Verwenden Sie für alle „Flickarbeiten" Wolle oder dicken Zwirn in abweichender Farbe vom Fell und den restlichen Nähten.

Ohren können innen aus unterschiedlichem Stoff bestehen, als ob der Teddy ein Ohr verloren hätte, und das neue Ohr halb aus dem alten Stoff, und halb aus anderem, neuen Stoff angenäht worden wäre. Ein Ohr könnte an einer etwas versetzten Stelle angenäht werden. Ein Ohr kann mit groben alten Stichen genäht sein.

Augen können unterschiedlich sein, oder eines fehlt gänzlich. Neue Glasaugen kann man mit Schleifpapier anrauen, bis sie matt und alt aussehen. Alte Schuhknöpfe sehen bei Teddys gut aus. Sie finden Sie manchmal in Antikläden und in einigen Fachgeschäften. Die Augen können auch mit Emaillefarbe bestrichen werden, um braune oder graue Augen zu erzielen.

Nasen und Münder von sehr alten Teddys werden manchmal mit der Zeit schief. Legen Sie das Garn zum Bleichen in die Sonne. Nachdem Sie eine schöne Nase gestickt haben, rasieren Sie sie mit einer scharfen Rasierklinge. Dasselbe kann man mit Krallen machen, die sich bei alten Teddys manchmal teilweise gelöst haben.

Oft haben alte Teddys kahle Stellen völlig ohne Flor. Dies sollte man nicht übertreiben, aber wenn Sie sich Fotos von alten Teddys ansehen, können Sie erkennen, welche Körperteile am kahlsten sind, z. B. Schnauze, Ohren, Bauch, Pfoten und Hinterkopf. Kürzen Sie das Fell grob mit der Schere und rasieren Sie den Rest. Kaffeesatz und Teeblätter können zum Färben einzelner Stellen benutzt werden.

Geben Sie Ihrem Teddy keine brandneue Schleife, sondern benutzen Sie alte Stoffe für die Kleidung, sowie einzelne, nicht zueinander passende Knöpfe. Ziehen Sie ihm Socken an (vorzugsweise aus alten, abgetragenen Socken hergestellt) sowie Pullover, die Sie aus Ihren eigenen, abgetragenen Pullovern zusammensetzen.

RIESENGRIZZLY

Der Riesengrizzly ist der größte Teddy in diesem Buch. Er ist von den Füßen bis zu den Ohrenspitzen ca. 60 cm hoch, sehr beweglich und hat biegsame Gliedmaßen. Er wird genau wie Paulchen montiert. Sein Freund, der aus demselben Schnittmuster hergestellt wird, hat mit einer Schablone aufgesprühte Pfotenballen.

1. Vor der Verwendung müssen die Flexilimbs vorbereitet werden, da sie zu lang für Riesengrizzlys Arme und Beine sind. Kürzen Sie die Stücke für die Arme mit einem Drahtschneider auf 19 cm Länge vom Loch bis zum unteren Ende. Schieben Sie das Gummi so weit wie möglich den Draht hoch und schneiden Sie es ab.

Beim Stopfen des Gliedes wird das Gummi verrutschen, deshalb wird das Ende mit Polyfill umhüllt, das mit einem festgenähten Stück Kattun gehalten wird (Bild 1). Schneiden Sie das überflüssige Kattun ab, um es zu glätten. Wenn Sie diese Vorbereitungen nicht durchführen, könnte die Bewegung der Arme und Beine dazu führen, dass der Draht die Pfoten durchbohrt. Schneiden Sie die Teile der Beine auf die gleiche Weise auf 23 cm Länge und gehen Sie vor wie bei den Armen. Legen Sie die Teile zur Seite, bis Sie sie benötigen.

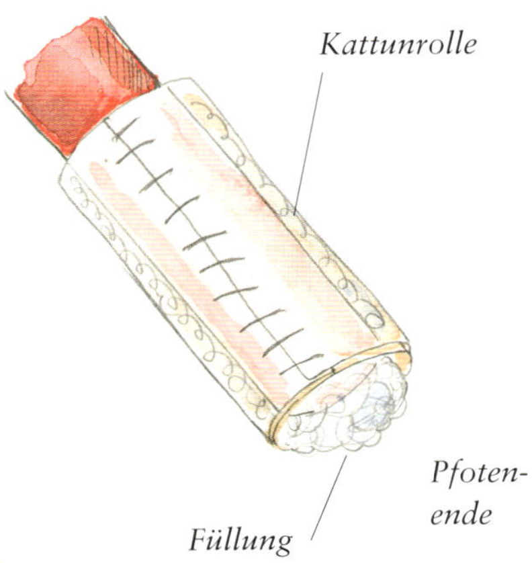

Bild 1

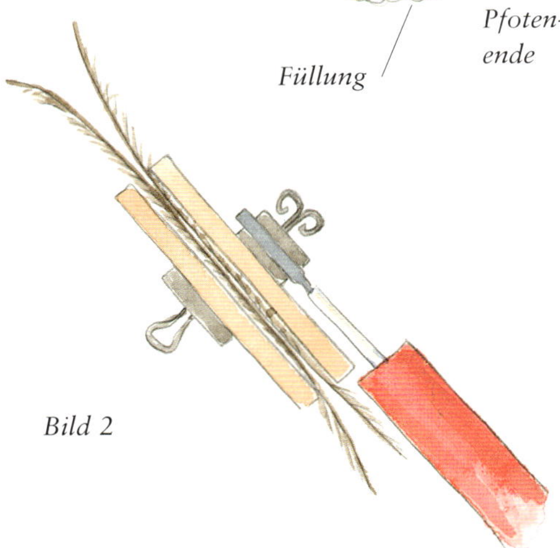

Bild 2

2. Riesengrizzlys Pfoten können Sie auf mehrere Arten fertig stellen. Einfache Pfoten können Sie aus Velours nähen – wie bei dem cremefarbenen Teddy – oder Sie verzieren die Pfoten mit Ballenabdrücken, die mit Airbrushtechnik aufgesprüht werden – wie beim braunen Teddy. Alternativ können die Pfoten mit italienischer Quilt-Technik (Trapunto) hergestellt werden. Sowohl beim Airbrush als auch beim Trapunto werden Schablonen verwendet. Für den Teddy mit Trapunto-Pfoten schneiden Sie die Pfoten zu wie hier gezeigt.

3. Der Riesengrizzly wird wie Paulchen hergestellt, nur dass man die Gliedmaßen in zwei Teilen näht, um ihm mehr Form zu geben. Lassen Sie Öffnungen zum Wenden und Stopfen statt der Schlitz-Methode. Da er recht schwer ist, nimmt man besser Schrauben und Muttern für die Gelenke.

4. Stopfen Sie den Kopf und markieren Sie Augen und Ohren. Sichern Sie das Schraubenende mit der Mutter gegen die Hartfaserscheibe, die in den Kopf eingesetzt wird, mit starkem Kleber. Lassen Sie ihn vor der Montage des Gelenks trocknen.

Die Mutter kann ohne Schraubenzieher im Körper festgezogen werden. Nach dem Einsetzen des Gelenks schließen sie die Unterseite mit Matratzenstichen. Nähen Sie Augen und Ohren an.

5. Setzen Sie vor dem Stopfen die Flexilimbs in Arme und Beine ein. Stopfen Sie rundherum sorgfältig mit Polyfill und Granulat aus. Nehmen Sie sich dafür Zeit, da es nicht einfach ist, die Arme und Beine mit den Flexilimbs ohne Hohlräume und Knoten zu füllen.

Wenn die Gliedmaßen zufriedenstellend gestopft sind, sich aber auch noch biegen lassen, setzen Sie das Loch des Flexilimbs zwischen Splintscheibe und Hartfaserscheibe ein (Bild 2). Wenn der Splint festgezogen wird, ist das Glied sicher befestigt und sollte sich gut biegen lassen. Lässt es sich nicht biegen, ist das Bein oder der Arm möglicherweise zu fest gestopft. In diesem Fall entnehmen Sie etwas Füllung.

Trapunto-Pfoten

Hierbei werden die Pfoten vor dem Anfügen an den Teddy gemacht. Schneiden Sie die Teile zusammen mit dem Kattunfutter zu (Bild 1). Nähen Sie rund um die Ballenabdrücke wie gezeigt (Bild 2). Drehen Sie die Pfote um und schneiden Sie vorsichtig einen kleinen Schlitz in die Kattun-Rückseite. Stopfen Sie die Pfote mit einem Stopfstäbchen (Manikürestab o. Ä.) ziemlich fest aus. Sie muss so fest gestopft werden, dass man eine Erhöhung auf der Samtseite der Pfote sieht (Bild 3). Vernähen Sie die Öffnungen mit Matratzenstichen. Dies ist etwas schwierig, da sich das Kattun dehnt. Wenn Sie wollen, können Sie das Futter mit einer zweiten Lage Kattun, fixiert durch etwas Klebstoff, verstärken. Nehmen

SIE BRAUCHEN

- 46 x mindestens 2,5 cm Langhaarmohair. Es kann auch Faden-Mohair sowie ein- oder zweifarbig sein
- 23 cm großes Stück Alkantara für die Pfoten. Falls Sie italienisches Quilten (Trapunto) anwenden, kann es auch Baumwollsamt sein. Außerdem brauchen Sie etwas Kattun zum Unterlegen der Pfoten.
- 1–2 kg Füllmaterial und etwas Granulat zum Beschweren
- Ein 65-mm-Gelenk für den Kopf
- Zwei 60-mm-Gelenke für die Beine
- Zwei 50-mm-Gelenke für die Arme (am besten nehmen Sie Schrauben und Muttern wegen der Größe des Teddys)
- Kleine Tube starker Klebstoff
- Eine Spritzpistole mit geeigneter Airbrushfarbe zum Färben der Pfoten
- Karton und Schneidklinge für die Schablone
- Zwei 20 cm lange Flexilimbs
- Zwei 25 cm lange Flexilimbs
- Zwei Glasaugen von 16 mm (schwarz oder farbig)

Bild 1

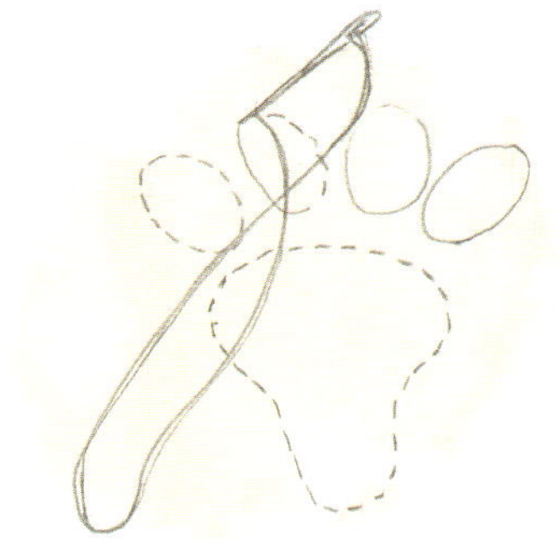

Bild 2

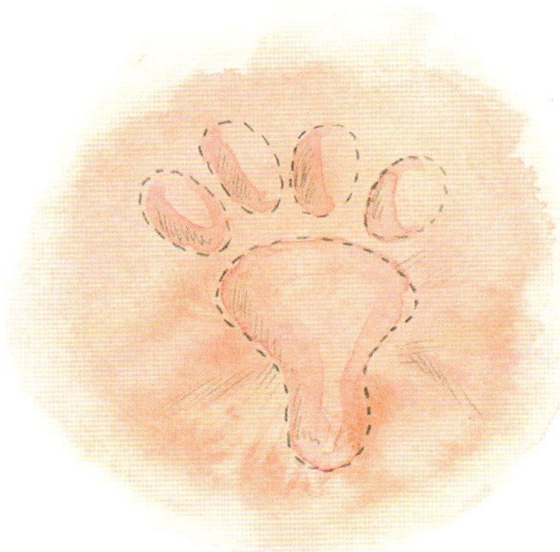

Bild 3

Sie aber nicht zu viel Klebstoff, sonst wird die Pfote zu steif. Sobald die Pfote getrocknet ist, kann sie an das Bein angesetzt und der Teddy wie üblich fertiggestellt werden .

Airbrushtechnik

Um die Pfoten mit der Airbrushtechnik zu gestalten, stellen Sie Schablonen anhand der Formen im Schnittmuster her. Die Schablonen können aus Karton oder Papier bestehen. Legen Sie die Pfotenteile auf eine abgedeckte Oberfläche, z. B. auf mehrere Lagen Zeitungspapier.

Füllen Sie den Airbrushbehälter mit etwas brauner Farbe oder wählen Sie nach Wunsch einen anderen Ton. Die Farbe muss auf die geeignete Konsistenz zum Sprühen verdünnt sein. Fixieren Sie die Schablone mit Klebeband und sprühen Sie die Farbe nacheinander auf alle Pfoten. Halten Sie die Spritzpistole dabei nicht zu dicht über den Stoff, sonst wird die Farbe unter die Schablone gedrückt und verdirbt die Arbeit. Am besten sprüht man zwei oder drei dünne Schichten statt einer einzigen dicken auf (Bild 4).

Bild 4

Oben: *Der Riesengrizzly hat biegsame Gliedmaßen.*

TEIL VIII

TEDDY-KLEIDUNG

Hier finden Sie Muster und Anleitungen für verschiedene Kleidungsstücke und Accessoires, von denen Sie einige bereits von den vorangegangenen Seiten kennen.

Es gibt normalerweise drei Gründe, einen Teddy anzukleiden. Der erste ist, sein Aussehen zu verbessern, der zweite, ihm mehr Individualität zu verleihen, und der dritte und vielleicht wichtigste Grund ist, das Fell eines alten, wertvollen Teddys durch die Kleidung zu schützen. Oft sieht ein Teddy ohne Kleidung am besten aus. Die meisten Teddyliebhaber mögen es jedoch, ihn mit ein paar Accessoires persönlicher zu gestalten, wenn auch nur mit einer einfachen Schleife, einer Krawatte, einem Schal oder einem Mützchen. Es lohnt sich, sich über die Stoffe für die Kleidung Ihres Teddys ein paar Gedanken zu machen (s. Seiten 12 ff. und 24).

Latzhosen, Jacken, Hemden, T-Shirts und Hosen

Herrn Meiers Hosenschnittmuster kann leicht für alle anderen Teddys abgeändert werden, genau wie sein Hemd und seine Jacke.

Es gibt auch ein einfaches Schnittmuster für Latzhosen, die gut zum T-Shirt passen.

Latzhosen nähen

Latzhosen sehen bei jedem Teddy gut aus. Nähen Sie die Vorderseite rechts auf rechts zusammen, dann drehen Sie sie um und bügeln sie. Schließen Sie die Rückennaht C–D ebenfalls rechts auf rechts sowie die Naht zwischen den Beinen E–E. Wenden und bügeln Sie die Latzhose. Nähen Sie die Träger und befestigen Sie sie hinten an der Latzhose. Vorne wird Sie mit Druck- oder normalen Knöpfen geschlossen. Bevor Sie sie dem Teddy anziehen, können Sie noch ein Motiv aufsticken oder einen Aufnäher befestigen.

Links: *Lady Margaret, hergestellt von Marcia Sibol.*

Ein T-Shirt nähen

Das T-Shirt wird aus Baumwolljersey oder anderem dehnbaren Strickstoff genäht. Dieses Schnittmuster ist allerdings nur für Strick gedacht. Schneiden Sie den Stoff zu und machen Sie einen Schlitz als Halsausschnitt A–B. Schneiden Sie ein kleines Stück Stoff für das Bündchen zu, nähen Sie es von links an, schlagen es nach innen und nähen es fest. Nähen Sie dann die Seitennähte rechts auf rechts in einer Naht C–D auf beiden Seiten zusammen. Wenden und bügeln Sie es. Steppen Sie die Säume ab oder säumen Sie sie mit der Maschine durch eine dekorative Zickzacknaht.

Anleitungen für Hemd und Hose stehen bei Herrn Meier (Kapitel vier).

Röcke und Kleider

Das vorliegende Schnittmuster gilt für ein Kleid, das allen Teddys angepasst werden kann. Sie können es mit einem Kragen oder mit Spitze verzieren.

Ein Rock mit Taillenbund wird aus einem Stück Stoff hergestellt. Durch Verlängerung des Schnittteils kann daraus ein Faltenrock oder ein gekräuselter Dirndlrock entstehen.

Einen Rock nähen

Bären tragen keine figurbetonten Kleider, daher kann ein Rock einfach aus einem Streifen Stoff mit einem Taillenbund gemacht werden. Der Stoff kann nach der Anleitung des Schnittmusters plissiert oder mit einem Faden gekräuselt werden. Hierfür nähen Sie den Faden mit Heftstichen durch den Bund, kräuseln ihn an und nähen alles fest. Dieser Rock kann mit T-Shirts oder Strickpullovern kombiniert werden.

Ein Kleid nähen

Auch das Kleid ist einfach zu nähen. Zuerst werden die Schulternähte geschlossen und dann von links gebügelt. Setzen Sie die Ärmel ein und nähen Sie sie fest. Legen Sie das Kleid rechts auf rechts. Stecken und heften Sie die Seitennähte sowie die Ärmelnähte zusammen. Nähen Sie beide Seiten über die gesamte Länge zusammen und

bügeln Sie sie von rechts. Legen Sie die Rückleiste nach dem Versäubern am Stoffbruch B–B um, nähen Sie sie fest und bügeln Sie sie. Wenn Sie einen Kragen anfügen wollen, nähen Sie um die äußeren Kanten des Kragens, wenden und bügeln Sie ihn. Nähen Sie die Unterseite des Kragens von links in den Halsausschnitt ein. Schlagen Sie ihn um und nähen Sie die Oberseite in die Innenseite des Halsausschnitts ein. Versäubern Sie den Kleidersaum und nähen Sie auf der Rückseite Druckknöpfe an. Man kann auch Spitze um den Halsauschnitt und die Ärmel nähen.

Kurzärmeliger Pullover

Pullover stricken

Die Größe dieses Pullovers sollte dem Teddy angepasst werden, d.h. Sie sollten vor Beginn Ihren Teddy messen. Wenn er einen langen Oberkörper hat, stricken Sie ein paar Reihen mehr. Ist er eher gedrungen, lassen Sie einige der Reihen bei ** weg. Er kann genau nach Muster gestrickt werden. Sie können ihn im Rippen- oder Perlmuster oder nach Belieben auf andere Art stricken.

Sie benötigen ca. 60 g 4-fädiges Strickgarn, Stricknadeln Größe 3, zwei kleine Knöpfe und 3 Druckknöpfe.

Vorderseite

Nehmen Sie 63 Maschen auf. Stricken Sie 8 Reihen 1 rechts, 1 links, dann 6 weitere Reihen glatt rechts. Kennzeichnen Sie Anfang und Ende der nächsten Reihe. Stricken Sie ca. 18 ** weitere Reihen, die letzte auf links. Stricken Sie 25 Maschen auf eine Hilfsnadel. Stricken Sie dann 13 Maschen und heben sie auf eine Sicherheitsnadel. Stricken Sie bis zum Ende der Reihe und arbeiten Sie nur noch mit den verbleibenden 25 Maschen. Nehmen Sie in den nächsten 7 Reihen jeweils eine Masche am Halsausschnitt ab. Stricken Sie noch 10 Reihen gerade und ketteln Sie locker ab. Stricken Sie die restlichen 25 Maschen auf die gleiche Weise.

Rückenteil

Nehmen Sie 63 Maschen auf. Stricken Sie 8 Reihen 1 rechts, 1 links, dann 6 weitere Reihen glatt rechts. Stricken Sie ca. 16 ** weitere Reihen (2 Reihen weniger als auf der Vorderseite). Stricken Sie 30 Maschen auf eine Hilfsnadel. Nehmen Sie 3 Maschen ab. Arbeiten Sie mit den letzten 30 Maschen und nehmen Sie für die Rückenleiste weitere 4 Maschen auf. Stricken Sie 4 Maschen an jede Reihe und 21 Reihen mit 33 Maschen. Ketteln Sie locker ab. Die übrigen 30 Maschen werden genauso gestrickt. Nehmen Sie wieder 4 weitere Maschen auf. Stricken Sie zwei gleichgroße Knopflöcher in die Leiste, indem Sie den Faden um die Stricknadel wickeln und in der ersten Reihe zwei Maschen zusammenstricken. Auf dem Rückweg nehmen Sie an dieser Stelle wieder eine Masche auf. Stricken Sie das Rückenteil fertig und ketteln Sie locker ab.

Ärmel

Nehmen Sie 45 Maschen auf. Stricken Sie 4 Reihen 1 rechts, 1 links. Stricken Sie auf rechts weiter und nehmen Sie am Ende jeder Reihe 1 Masche auf, bis auf 53 Maschen. Stricken Sie noch 6 Reihen und ketteln Sie locker ab.

Zusammenfügen

Verbinden Sie die Schulternähte. Nehmen Sie 80 Maschen rund um den Halsausschnitt auf und stricken Sie 4 Reihen 1 links, 1 rechts. Ketteln Sie lose ab und vernähen Sie die Enden. Nähen Sie die Ärmel ein und befestigen Sie auf der Rückenleiste die Knöpfe.

Westen

Westen sind vielleicht die einfachsten Kleidungsstücke für Teddys. Sie bestehen aus nur drei Teilen, einem Futter und ein paar Nähten. Sie benötigen keine Knöpfe, obwohl man natürlich welche anfügen kann. Die Taschen sind ebenfalls optional. Noch eine Fliege dazu, und Ihr Teddy ist angezogen.

Eine Weste nähen

Die Weste (die Lenny im Kapitel zwei trägt) wird zusammen mit dem Futter zugeschnitten. Nähen Sie die Schulternaht und die Seitennähte der Weste und des Futters. Bügeln Sie die Nähte auf. Legen Sie das Futter und die Weste rechts auf rechts übereinander und verbinden Sie die Außenkanten von A nach B. Wiederholen Sie dies auf der anderen Seite, wobei Sie hinten eine Öffnung zum Wenden lassen. Wenden Sie die Weste, falten Sie die Nahtzugabe nach innen auf das Futter und säumen Sie die Ärmelauschnitte und die verbliebene Öffnung. Bügeln Sie die Weste gründlich.

Wollen Sie Taschen ansetzen, dann schneiden Sie die Teile gemäß dem Schnittmuster zu. Schlagen Sie überall 6 mm Nahtzugabe um und bügeln Sie sie glatt. Nähen Sie sie auf der Vorderseite der Weste an.

Accessoires: Krawatten, Fliegen, Schals und Rüschen

Die einfachste Art der Verzierung ist ein **Band**, das Sie als Schleife um seinen Hals binden. Für einen weiblichen Teddy kann das Band um die Ohren gebunden werden, oder man näht eine kleine Schleife oder Stoffrose in ein Ohr. Schleifen können aus vielen Stoffen bestehen, aber am schönsten ist reine Seide. Aus alten Seidenkrawatten, die man auf Flohmärkten findet, lassen sich Schleifen preiswert herstellen.

Schals kann man entweder stricken oder aus kleinen Stücken Strickstoff nähen. Im Entwurf 1 finden Sie die Anleitung für einen einfachen Schal, dessen Größe nach Bedarf angepasst werden kann.

Eine schön gebundene **Seidenkrawatte** ist für einen männlichen Teddy angemessen. Damit er ordentlicher aussieht, kann man einen Kragen anbringen, den man von einem Hemd abschneidet oder auch neu kauft.

Einen **Rüschenkragen** können Sie aus drahtverstärktem Band nach der Anleitung für den Clown in Entwurf 11 herstellen oder ziehen Sie einfach einen Faden durch den Rand eines Bandes oder einer Spitzenborte.

Die Schnittmuster können mit einem Kopiergerät vergrößert oder verkleinert werden, um die richtige Größe für den Teddy zu erhalten. Hier wird eine Größe von ca. 30–35 cm zugrunde gelegt.

Teddykleidung zu entwerfen, ist nicht ganz einfach, da die Teddys durchweg Problemfiguren haben, möglicherweise vom vielen Honigschlecken! Die Lösung besteht in einem Stück Haushaltspapier oder einem Papiertaschentuch. Schneiden Sie Ihr Schnittteil in Haushaltspapier aus und legen Sie es um den Körper, bzw. die Arme oder Beine des Teddys. Es ist flexibel genug, um sich ein wenig zu dehnen und kann, bei Bedarf auch gefaltet und durchstochen werden. Dann passt man es der gewünschten Größe an, indem man Teile abschneidet oder mit Klebeband anfügt.

Denken Sie daran, dass das Schnittteil flach sein muss, wenn Sie Stücke in Kurven ankleben, und berücksichtigen Sie die Abnäher.

Schneiden Sie Ihre neuen Schnittteile aus Vlieseline aus. Sie kann leicht auf den Stoff gesteckt werden und hält viel länger als ein Papierschnittteil. Wenn Sie sich trauen, können Sie Vlieseline auch statt des Haushaltspapiers zur Größenanpassung verwenden.

In diesem Buch wird eine kleine Auswahl an gut geeigneten Schnittmustern für Teddys in einfachen Formen angeboten.

Eine Fliege herstellen

Fliegen werden aus rechteckigen Stücken gefertigt, die auf beliebige Größe geschnitten werden. Falten Sie das längere Stück in der Mitte, wie im Schnittmuster dargestellt, und nähen Sie die Hälften zusammen. Lassen Sie eine kleine Öffnung. Wenden Sie die Fliege, glätten Sie die Ecken und nähen Sie die Öffnung zu. Falten Sie das kürzere Stück in der Mitte, nähen und wenden Sie es. Schieben Sie das kleinere über das größere Stück und nähen Sie es fest, sodass es eine Fliege formt. Befestigen Sie ein Stück Gummiband von der Länge des Halsumfangs daran und legen Sie sie dem Teddy an.

Hüte und Kappen

Links: *Ein alter Lakeland-Teddy.*

Messen Sie zuerst für alle Hüte den Kopf des Teddys aus und machen Sie sich eine Schablone, mit der sie immer wieder nachmessen können.

Ein weicher Samthut sollte besser aus Kleidersamt als aus Vorhangsamt genäht werden, da dieser zu dick ist. Das Schnittmuster kann nach Bedarf verkleinert oder vergrößert werden. Nähen Sie die zwei Teile der Krempe rechts auf rechts zusammen, wenden Sie sie, heften Sie die Kante und dämpfen Sie die Krempe über Wasserdampf. Nähen Sie mit grobem Heftstich rund um das runde Hutoberteil und kräuseln Sie es bis auf die Größe der Krempe an. Fügen Sie die Teile auf links zusammen. Wenden Sie den Hut und dämpfen Sie ihn nochmals. Entfernen Sie den Heftfaden und setzen Sie dem Teddy den Hut auf den Kopf.

Die Herstellung des Basthuts ist etwas komplizierter. Flechten Sie zuerst den Bastzopf, aus dem der Hut besteht. Wählen Sie passende Bastteile aus und knoten Sie sie paarweise an einem Ende zusammen. Nehmen Sie fünf solcher Paare und flechten sie zu einem langen Zopf, indem Sie immer neue Bastfäden einflechten, wenn ein Faden ausläuft. Wenn die Länge des Zopfes ca. 1,8 m beträgt, hören Sie auf. Kürzen Sie das Ende gleichmäßig und nähen es mit einem Stück Bast fest, um einen buschigen Schwanz zu erhalten. Legen Sie den Zopf zu einem Kreis und nähen Sie ihn fest. Formen Sie daraus einen Hut. Das geht einfacher, wenn Sie einen Blumentopf verwenden, um den Sie den Zopf herumlegen. Wenn Sie die benötigte Tiefe erreicht haben – normalerweise ca. 5–8 cm – formen Sie die Krempe. Diese können Sie so breit gestalten, wie Sie möchten. Nähen Sie das Zopfende schließlich gut fest. Binden Sie ein Band um den Hut und setzen ihn dem Teddy auf den Kopf.

Die Kappe wird aus allen Segmenten wie eine Orange zusammengefügt. Verstärken Sie die Krempe mit Vlieseline. Legen Sie die Teile rechts auf rechts aufeinander und nähen Sie sie zusammen. Wenden und bügeln Sie sie. Verbinden Sie sie anschließend mit dem Rest der Kappe. Der Rand kann zusätzlich noch mit einem Zierband versehen werden.

Eine Pudelmütze stricken

Für Mützchen und Schal zusammen brauchen Sie ca. 60 g doppelfädiges Strickgarn und Stricknadeln Größe 3.

Nehmen Sie 40 Maschen auf (vielleicht brauchen sie mehr oder weniger) und stricken Sie 20 Reihen 2 rechts, 2 links. Stricken Sie noch 10 Reihen glatt rechts und beginnen Sie dann abzunehmen (1 rechts, 1 abheben und über die erste Masche ziehen) – in jeder zweiten Reihe gleichmäßig verteilt, bis 6–8 Maschen übrig sind. Ziehen Sie einen Faden durch die Maschen und vernähen Sie das Ende. Schließen Sie die Seitennaht, machen Sie einen Bommel und nähen ihn an. Auf Wunsch schlagen Sie den Rand um.

Andere Accessoires

Winzige Aktentaschen, Koffer (gedacht für Visitenkarten) und Musikinstrumente bekommt man in Musikgeschäften und Geschenkeläden. Darüber hinaus gibt es anderes Zubehör, z. B. Arztkoffer, auf Teddy-Messen.

Andere Dinge kann man herstellen, indem man einfach Schnittmuster für Kinderkleidung verkleinert. In Teil V finden Sie die Anleitung für einen Federhut.

Besondere Kostüme

Mit ein bisschen Fantasie kann das Schnittmuster für den Clown zu beliebigen anderen Kostümen abgewandelt werden. Zauberer haben große, spitze, mit Sternen besprenkelte Hüte, die aus Pappkegeln hergestellt werden können. Ein Gewand wird aus einem halbkreisförmigen Stück Stoff genäht, das am Hals versäubert wird.

Rechts: *Merlin, der Zauberer, von Kathryn Riley, 1993.*

Spezielle Kostüme

Die Anleitung für das Clown-Kostüm finden Sie bei Entwurf elf. Dieses Kostüm kann abgewandelt werden, indem man mit dunklem oder metalliefarbenem Stoff und entsprechendem Hut ein Zaubererkostüm mit oder ohne Halsrüsche herstellt.

Lange Umhänge stehen Teddys ausgesprochen gut. Dieser Zauberumhang besteht aus einem halbkreisförmigen Stück Stoff, das am Hals mit einigen Knöpfen zusammengehalten wird. Mit einer Schleife werden die Knöpfe miteinander verbunden.

Hinweise und Tipps für Teddymacher

1. Grenzen Sie Ihren Arbeitsbereich klar ab – Sie können nicht genau und akkurat arbeiten, wenn Sie dies in einem unordentlichen Umfeld tun, wo Sie keinen Platz zum Zuschneiden und zum Ausbreiten haben.

2. Scheren müssen immer scharf und die Klingen müssen gerade, glatt und ohne Kerben sein. Schneiden Sie gezeichnete Linien weg, besonders auf hellen Stoffen, damit nichts durch das Gewebe dringt. Drehen Sie den Stoff beim Schneiden zur Schere. Schneiden Sie nicht quer über das Fell, das schadet dem Flor.

3. Vergessen Sie auch beim sparsamen Umgang mit Stoff die Pfeile nicht!

4. Heben Sie alle Mohairschnittreste auf. Sie können nie wissen, ob irgendwann nicht ein Ohr abgeht oder Sie einen Fehler machen. Wenn die Reste zu klein zur Verarbeitung sind, schneiden Sie sie ganz klein und verwenden sie als Füllmaterial.

5. Bei einigen Entwürfen sind keine Füllmengen angegeben. Dies liegt daran, dass jeder Teddymacher unterschiedlich stopft. Der gleiche Teddy kann so zwischen 900 g und 450 g verbrauchen.

6. Falten Sie niemals den Stoff zum gleichzeitigen Zuschnitt von zwei Teilen. Wenn Sie die Stoffteile markieren wollen, verwenden Sie Stecknadeln, keine Stifte.

7. Die Wahl der Mohairart oder Stoffe sowie Unterschiede bei Näh- und Stopftechniken beeinflussen das Erscheinungsbild der Teddys. Besonders die Stellung der Glieder und der Augen ist von Bedeutung. Prüfen Sie daher alle Markierungen vor dem Anbringen der Glieder und vergewissern Sie sich, dass die Augen richtig stehen.

Oben: *Charlotte von Pam Howells, 1993.*

8. Schneiden Sie keine Löcher, bevor Sie nicht entschieden haben, wo ein Bein oder Arm angebracht werden soll. Diese Löcher können nicht geflickt werden. Wenn Sie die Löcher mit der Spitze hineinstechen, werden nur die Gewebefäden zur Seite gedrückt. Das Mohair zieht sich von selbst wieder zusammen, falls Sie die Augen doch noch versetzen wollen.

9. Kaufen Sie sich einen Kunststoff-Werkzeugkasten zur Aufbewahrung Ihrer Kleinteile. Angler- oder Künstlerkoffer sind auch geeignet, aber deutlich kostspieliger.

10. Kunststoffgranulat hat in einem leeren Eisbehälter Platz. So ist es immer griffbereit, ohne sich so schnell über den ganzen Fußboden zu verteilen. Füllen Sie das Granulat mit einem Röhrchen in den Teddy, das von Süßigkeiten oder Knöpfen stammt.

11. Die Einzelteile des Teddys können während der Arbeit ebenfalls gut in einem Eisbehälter aufbewahrt werden. Auch für Garnrollen ist dies ein passender Ort, damit die Fäden sich nicht überall verteilen und verknoten. Der Behälter verhindert auch, dass Sie sie versehentlich mit dem Staubsauger aufsaugen und sie in mühevoller Arbeit aus dem Gerät klauben müssen.

Sicherheit

Sicherheit hat oberste Priorität. Gefährden Sie niemals Ihre Finger mit Nadeln, Stecknadeln oder anderen scharfen Geräten, z. B. mit der Ahle. Benutzen Sie die Schere nur zum Zuschneiden oder (immer geschlossen) als Lochwerkzeug. Machen Sie Löcher nicht mit offenen Klingen. Behandeln Sie Zangen und andere Werkzeuge vorsichtig.

Tragen Sie beim Umgang mit Füllungen und Mohair eine Staubmaske. Egal wie vorsichtig Sie sind, es gelangen immer kleine Fasern in die Luft, die Sie einatmen. Tragen Sie beim Arbeiten mit der Spritzpistole ebenfalls eine Atemschutzmaske.

Beim Nähen von Zwirn ist es ratsam, einen Fingerschutz für Chemiebedarf zu tragen, damit das Garn nicht in Ihre Finger schneidet. Sie können sich auch selbst einen aus einem alten Garten- oder Lederhandschuh basteln. Er lässt sich natürlich auch aus einem Stück Leder in Ihrer Fingergröße nähen.

Die Sicherheit Ihrer Teddys

Teddys fallen in die Kategorie des Weichspielzeugs, das für Kinder unter drei Jahren geeignet sein soll. Falls Sie Ihre Teddys verkaufen, müssen Sie sie klar als Sammlerteddys für Erwachsene etikettieren, da Sie sonst gesetzlich für Verletzungen haften, die ein Kind durch Ihre Teddys erleiden könnte.

Wenn Sie Teddys für Kinder nähen, sollten Sie sich dieser Sicherheitsprobleme bewusst sein.

Bei neuem Spielzeug ist der erste Gesichtspunkt das Material, aus dem es hergestellt ist. Billige Stoffe aller Arten sollten vermieden werden, besonders das minderwertige Fell, das man manchmal im Fabrikverkauf erhält, denn es ist normalerweise entflammbar. Die Fasern können sich auflösen, wenn sie gekaut oder gelutscht werden. Fell kann ausgehen und eingeatmet oder geschluckt werden. Alle Stoffe, die für Weichspielzeug verwendet werden, sollten aus einer seriösen Quelle stammen und den amerikanischen, britischen bzw. europäischen Standards für Spielzeug entsprechen. Webpelz, der für die Herstellung von Kleidung gedacht ist, ist nicht immer für Spielzeug geeignet. Er ist für gewöhnlich leicht entflammbar und weniger robust gegen Abnutzung. Wenn Sie Spielzeugteddys herstellen, sollten Sie sicher sein, dass der Stoff gut geeignet und stark genug ist, um auch grobes Spiel auszuhalten. Das Sicherheitsetikett auf dem Stoffballen sollte Sie überzeugen, dass der Stoff die geeignete Qualität für Ihr

Oben: *Teddybären für Kinder müssen ein sicheres Spielzeug sein.*

Vorhaben hat. Im Zweifelsfall verwenden Sie ihn besser nicht.

Der Spielzeugmacher sollte daran denken, dass sein Werk bei einigen Spielen stark beansprucht wird. Ist ein Stoff teuer, ist die Sicherheit eines Kindes dies auch wert. Ein Spielzeug ist definiert als Produkt oder Material, das für das Spiel von Kindern unter 14 Jahren entworfen oder eindeutig dazu beabsichtigt ist.

Auf dem Markt sind diverse Füllmaterialien, die Probleme verursachen können. Kaufen Sie keine Materialien aus dem nächstbesten Laden. Sie sind selten von guter Qualität, wenn sie nicht auf der Packung ein Sicherheitszertifikat aufweisen. Verlassen Sie sich nicht auf die Aussagen von Händlern. Viele Füllmaterialien sind Abfallprodukte aus anderen Herstellungsverfahren und könnten verunreinigt sein, besonders wenn sie aus Lumpen oder Recyclingstoffen bestehen. Sie sollten gründlich untersucht werden, bevor man sie verwendet und keine unbekannten Bestandteile enthalten. Auch nicht akzeptabel für die Spielzeugherstellung sind Schaumstofffüllungen, Kapok, Holzwolle, alte Nylonstrümpfe oder Polyestergranulat, das als Spielzeugfüllung verkauft wird. Dieses Granulat (kleiner als 3 mm) muss zusätzlich in einer Granulattasche innerhalb des Spielzeugs eingeschlossen sein. Das einzig angemessene Füllmaterial für Spielzeug ist Polyfill, weiches Polyester. Das Spielzeug selbst muss dennoch sicher vernäht sein, da sogar weiches Polyfill in kleinen Flocken oder harten Klumpen geschluckt werden kann.

Wenn Sie Weichspielzeug herstellen, sollten immer Stecknadeln mit Glaskopf benutzt werden. Normale Stecknadeln können im Spielzeug verbleiben und haben in der Vergangenheit bereits Kinderaugen verletzt. Vor dem Nähen sollte man Stecknadeln mit möglichst großen Köpfen zum Markieren und Heften verwenden. Alle Nähte sollten sicherheitshalber doppelt genäht sein, denn egal wie gut das Spielzeug gemacht ist, es können kleine Löcher

entstehen, die von kleinen Fingern erweitert werden, um nachzuschauen, was drin ist. Die Füllung ist vielleicht nicht geeignet, und die Eltern sind – im Vertrauen auf die Sicherheit der Spielsachen – gerade nicht zugegen. Niemals sollten kleine Kinder riesige Weichspielzeuge zum Spielen haben, da diese Spielzeuge mit der Zeit immer weicher werden und damit eine Erstickungsgefahr einhergeht, insbesondere nachts im Kinderbett. Zusätzlich könnte sogar ein älteres Kind über diese Art von Spielzeug stolpern und hinfallen. Die Größe des Spielzeugs sollte in Relation zur Größe des Kindes stehen.

Wenn Sie ein Spielzeug mit Gelenken herstellen, nehmen Sie Kunststoffgelenke, keine Splinte und Metallscheiben. Glücklicherweise verkaufen die meisten Läden nur Sicherheitsgelenke, und andere Arten findet man nur in Fachgeschäften. Ist das Sicherheitsgelenk richtig eingesetzt, muss es in der Regel abgesägt werden, wenn man es entfernen will. Wenn ein Kopf, Arm oder Bein beim Spielen abgeht, reißt

Oben: *Altmodischer Polizist von Betsy Reum, 1993.*

Oben: *Familienausflug von Wendy-Boston-Teddys aus den 50er und 60er Jahren.*

meist der Stoff, und das Gelenk bleibt fest an seinem Platz und kann keine Verletzungen verursachen. Wenn dagegen Splinte verwendet werden, kann das Gelenk beim Spiel leicht kaputtgehen und scharfe Kanten erzeugen.

Augen sollten immer Sicherheitsaugen sein – Kunststoff mit Metall- oder Plastikscheibe als Halterung. Glasaugen mit Drähten sollten niemals für Spielzeug verwendet werden.

Bänder, die um den Hals eines Spielzeugteddys geschlungen sind, sollten für Babys und Kleinkinder besser entfernt werden, besonders solche mit Glöckchen o. Ä. Für Plastikherzen, Knöpfe usw. gilt das Gleiche. Auf lose Stoffstücke, Fell und Verzierungen, vor allem Münzen, Perlen und Knöpfe, die als Augen verwendet werden, sowie auf Nasen und Teile mit Drähten – auch wenn diese mit Stoff umhüllt sind – sollte für Kinder unter vierzehn Jahren ebenfalls verzichtet werden, besonders wenn sie auch noch jüngere Geschwister haben.

Textmarker werden manchmal zum Bemalen verwendet. Es ist nicht bewiesen, dass diese Farben vollkommen ungefährlich sind. Viele Pigmente sind extrem giftig, wenn sie gelutscht oder geschluckt werden. Filz ist nicht immer farbecht. Wenn er in den Magen gelangt, kann man selten wissen, welche Inhaltsstoffe tatsächlich in ihm enthalten sind, und wie sicher die Farbe ist, mit der er gefärbt wurde.

Als verantwortungsvolle Personen werden alle, die Weichspielzeug herstellen oder verschenken, die größtmögliche Sicherheit für Kinder garantieren wollen, besonders dann, wenn das Spielzeug auf Messen verkauft wird. Für professionelle Spielzeughersteller gibt es europäische Normen und Standards, mit denen die Inhaltsstoffe der Spielzeuge und die Beschriftung der Etiketten der Produkte vorgeschrieben werden. Weiter gehende Informationen hierüber erhalten Sie z. B. über die Handelskammern.

Kinderteddys dürfen Mohair, Wollfilz, Velours, Polyesterfüllung, Granulat in einer Innentasche, Kunststoffgelenke, Kunststoffsicherheitsaugen, Brummstimmen und Quietscher, die größer als 2,5 cm Durchmesser sind, enthalten. Sammlerteddys können mit Holzwolle, losem Granulat, Splint- und Schraubengelenken, Glasaugen und Spieluhren gemacht werden und dürfen Brillen tragen. Diese Teddys müssen als ungeeignet für Kinder unter 14 Jahren oder als Sammlerstück deklariert werden. Ihr Name und Ihre Adresse muss auf dem Stoffetikett angegeben werden und voller Name und Adresse zusätzlich auf einem Papieretikett. Ein Teddy sollte für Kinder jeden Alters sicher sein oder eben ein reiner Sammlerteddy sein. Es muss betont werden, dass auch eine genaue Etikettierung Sie nicht von der Verantwortung befreit, ein wirklich sicheres Produkt herzustellen.

SCHLUSS-WORT

Wir nähern uns dem Ende des Buches, und an dieser Stelle sei noch einmal betont, dass Sie anhand der Anleitungen im Buch handgemachte Teddys der bestmöglichen Qualität herstellen und keine simplen selbstgemachten Teddys. Das ist ein riesiger Unterschied. Jeder der Teddys ist auf seine Art ansprechend, doch es hängt von Ihrer Handarbeit und Ihren Fähigkeiten ab, wie gut der Teddy wird und dass – falls Sie ihn verkaufen – der Käufer des Teddys einen guten Gegenwert zum Kaufpreis erhält. Ein verantwortungsvoller Teddymacher sollte nicht nur einen äußerlich ansprechenden Teddy gestalten, sondern auch sicher stellen, dass er nach höchsten Standards gefertigt wurde. Wenn Käufer und Verkäufer dies nicht beachten, wird dieses Handwerk langsam, aber sicher zugrunde gehen. Es ist eine Schande, dass viele Leute glauben, nur weil sie einen Teddy gemacht haben, sei dieser sofort in Geld umzusetzen. Nichts liegt der Wahrheit in manchen Fällen ferner.

Nachdem der Teddy fertig gestellt ist, sehen Sie ihn sich kritisch an, machen Sie eine Qualitätskontrolle. Beide Augen, ob Glas- oder Sicherheitsaugen, sollten fest sitzen. Sie sollten weder lose hängen, noch sollten Drähte sichtbar sein, und es darf kein Fingernagel zwischen Auge und Kopf passen. Die Augen müssen symmetrisch sitzen und von oben und von vorne gesehen auf gleicher Höhe sein. Sie sollten auch fest in den Kopf gezogen sein, besonders bei Miniteddys, sodass der Eindruck richtiger Augenhöhlen entsteht. Gelegentlich haben Teddys ungleichmäßige Augen, was ihrer Wirkung **manchmal** zugute kommt, jedoch **nur**, wenn es beabsichtigt ist, und nicht, wenn es auf einem Fehler oder purer Nachlässigkeit beruht. Die Augen sollten auch in einer normalen Position sein, d. h. dort, wo sie auch bei echten Bären sitzen, und nicht etwa unter den Ohren oder auf der Nase. Sind die Augen in Einklang mit der Größe des Teddys, oder wirken sie zu groß oder zu klein?

Dasselbe gilt für die Ohren. Ob sie klein oder groß sind, oben am Kopf oder weiter unten sitzen, sie sollten ebenmäßig und symmetrisch an beiden Seiten des Kopfes befestigt sein. Fühlen Sie an der Verbindungsnaht der Ohren mit dem Kopf entlang. Hält die Naht das Ohr fest am Kopf, oder können Sie einen Zwischenraum zwischen Kopf und Ohr fühlen? Sind die Ohren lose oder knubbelig? Wenn mit sauberen Matratzenstichen gearbeitet wurde, dann sollten keine Ecken herausstehen. Die Ohren sollten nicht lose sein, aber dennoch sollten Sie den Teddy nicht am Ohr aufheben. Nasen und Münder sind problematische Stellen, denn man kann sie auf viele verschiedene Arten machen. Manche Nasen sind regelrechte Kunstwerke. Die Nase sollte in der Mitte des Kopfes sitzen, entlang der Mittelnaht der Schnauze. Sie sollte symmetrisch sein, und die obere Kante sollte eine gerade, saubere Linie bilden, auch wenn diese Linie manchmal leicht verdickt ist.

Manche Nasen bestehen aus mehreren Schichten, sodass sie etwas hervorstehen. Andere sind mit wenigen Stichen gestickt, um den Eindruck eines alten, viel geknuddelten Teddys zu erwecken (auch, wenn er neu ist). Betrachten Sie die Nase von allen Seiten und entscheiden Sie selbst. Aber fragen Sie sich immer – ist der Effekt beabsichtigt oder ist die Nase nur schlecht gestickt?

Es gibt eine große Anzahl an Materialien für Pfoten, von denen alle ihre Vorteile haben. Ihre Wahl beruht auf persönlichem Geschmack. Sehen Sie sich die Form der Pfoten an und vergleichen Sie Hände und Füße jeweils miteinander. Sind sie in Form und Größe gleich? Sind sie fest gepolstert oder wellig und klumpig? Ist an der Kante die Naht sichtbar oder ist sie gekräuselt? Manchmal sieht man bei genauer Betrachtung die Maschinenstiche. Falls das der Fall ist, stehen die Nähte unter hoher Spannung durch zu harte Füllung? Man sollte bei keiner Pfote ungleichmäßige, schiefe Stiche sehen können, besonders nicht bei Miniteddys, bei denen nirgendwo Stiche sichtbar sein sollten!

Welche Gelenke man bevorzugt, hängt vom Hersteller und vom Käufer ab. Sicherheitsgelenke sind niemals richtig fest. Splintgelenke können viel fester gezogen werden, aber die beste Wahl, gerade bei großen Teddys, sind Schraubengelenke. Wenn der Teddy ganz neu ist, können sich die Gelenke noch fest anfühlen, aber mit jeder Bewegung leiern sie ein wenig aus, wenn Fell zwischen ihnen eingeklemmt wird und der Körper schrumpft. Einige Teddymacher montieren die Gelenke absichtlich etwas lockerer, damit der Teddy weicher und älter wirkt. Das bleibt Ihnen überlassen, nur sollten die Gelenke nicht so lose sein, dass man zwischen Glieder und Körper fassen kann und der Teddy beim Sitzen nach vorne fällt.

Ist er gut gefüllt? Fühlen Sie ihn überall ab. Sind Arme und Beine gleichmäßig gestopft, oder fühlt man kleine Hohlräume und Kuhlen? Ist der Kopf fest gestopft? Es ist eine allgemeine Regel, dass der Kopf des Teddys sehr hart sein sollte. Natürlich sollte er nicht so hart sein, dass man keine Nadel mehr hineinstechen kann, um die Ohren anzunähen oder die Nase zu sticken, aber er sollte hart und vollkommen ebenmäßig sein. Die Kopfmittelnaht sollte tatsächlich in der Mitte des Kopfes sein und der Kopf sollte gleichmäßig gestopft sein. Sehen Sie sich den Kopf von allen Seiten und von oben an. Eine Schnauze, die ein wenig zur Seite zeigt, kann liebenswert aussehen, oder auch nicht.

Sind die Gelenke zu fühlen? Wenn man Bescheid weiß, kann man sie eigentlich immer fühlen, aber sie sollten beim sanften Streichen über die Glieder nicht unmittelbar deutlich hervortreten. Gibt es spitze Ecken an den Enden der Gliedmaßen? Diese entstehen durch ungleichmäßiges und unsauberes Nähen.

Als nächstes streichen Sie über den Rücken des Teddys. Ist die Naht schön glatt oder kann man Knubbel und Knoten fühlen? Üblicherweise ist dies die letzte schließende Naht des Teddys. Die Matratzenstiche sollten hier so gearbeitet sein, dass die Naht vollkommen flach und unsichtbar ist. Wenn Heftstiche zu sehen sind, ein Etikett dort eingenäht wurde oder eine harte Erhöhung zu fühlen ist, hat der Teddy womöglich andere ähnliche Nähte an Armen und Beinen. Untersuchen Sie die Rückennaht sorgfältig, ob ausgefranste Kanten zu sehen sind oder die Naht unter der Spannung der Füllung reißt. Falls der Teddy bekleidet ist, vergewissern Sie sich, dass sich darunter nicht eine schlampige Arbeit versteckt. Die Kleider sollten das Äußere des Teddys verschönern, aber nicht fehlendes handwerkliches Geschick verbergen.

Wenn seine Schnauze getrimmt wurde, sieht sie sauber und gepflegt aus oder zersaust und unordentlich?

Wenn ein Teddy fertig ist, sollten Sie alle Nähte genauestens untersuchen, ob irgendwo Fell eingenäht wurde. Falls ja, zupfen Sie dieses vorsichtig mit einer dicken Nadel heraus, um unordentlich aussehende Fellbüschel, die aus den Nähten ragen, zu entfernen. Das ist besonders am Kopf wichtig. Auf der Nase und unter dem Kinn sollten keine Fellbüschel sichtbar sein. Vor dem Anbringen der Augen sollte das Fell an diesen Stellen rasiert werden, damit die Augen flach in den Höhlen liegen und keine Fellbüschel darunter hervorlugen. Ein sorgfältiger Abschluss ist ein sehr wichtiger Teil der Teddyherstellung, wobei jedes Detail Beachtung verdient.

Wenn Sie unseren Anleitungen für einige oder alle Teddys dieses Buches gefolgt sind, dann haben Sie etwas erlernt, das Ihnen und Ihrer Familie viele Jahre lang Freude schenken wird. Mit größerer Erfahrung werden Sie sicherlich viele Teddys machen, auf die Sie stolz sein können. Ich danke Ihnen für Ihr Interesse an diesem Buch.

GLOSSAR

Arktophiler Jemand der Teddybären mag und normalerweise auch sammelt.

Ja/Nein-Teddy Ein Mechanismus, der in diesem Buch nicht behandelt wurde, da nur wenige der Teddys Schwänze haben. Es ist eine Vorrichtung, mit der man den Kopf des Teddys bewegen kann, indem man am Schwanz wackelt. Man erhält sie manchmal im Fachhandel, aber die meisten Künstler machen sie selbst.

Kettfaden Längs verlaufende Fäden eines Gewebes.

Kostümierte Teddys Kostümierte Teddys sind „in Fell“ gekleidet. Die Körperteile werden aus farbigem Mohair zusammengenäht, bevor sie zusammengefügt werden.

Künstlerteddy Ein Teddy, der vollständig von dem Künstler entworfen und hergestellt wurde, dessen Namen er trägt. Industriell gefertigte Teddys sollten korrekterweise als „von Künstlern entworfen“ bezeichnet werden.

Plüsch Jeder Stoff mit einem Flor, d. h. in die Oberfläche sind Garnfäden und -büschel eingewoben, die vom Unterstoff abstehen. Diese Stoffe können aus Mohair oder Kunstfasern bestehen.

Polstersamt Für Teddys wird nur amerikanischer Polstersamt verwendet. Dies ist ein Plüschstoff, der während der Herstellung zu einem glatten Gewebe versiegelt wurde. Der Abstand der Kett- und Querfäden beträgt fast 1 mm. Englischer Polstersamt ist nicht geeignet, da er zu sehr ausfranst und kleine Arme und Beine schwer gewendet werden können. Manchmal wird auch Vorhangstoff für Miniteddys empfohlen. Er hat zwar einen dicken Plüsch, aber das Untergewebe ist gestrickt und dehnfähig. Die Fäden liegen außerdem zu dicht beieinander. Dieser Stoff ist nicht geeignet.

Querfäden Quer verlaufende Fäden in einem Flor.

Rexin Eine Art Wachsstoff oder künstlicher Lederstoff , der in den 1930er Jahren und bis in die 1950er Jahre hinein von der Industrie als Pfotenmaterial verwendet wurde. Es ist eine Art Kunstleder, das nun langsam wieder in Mode kommt.

Schuhknopfaugen Augen aus alten Stiefel- und Schuhknöpfen mit Drahtschlingen an der Rückseite. Diese Knöpfe sind aus gehärtetem Leder und können durch Polieren einen wunderschönen Glanz erhalten, den Glasaugen nicht haben. Moderne Augen sind aus Glas hergestellt, werden manchmal aber fälschlicherweise auch Schuhknopfaugen genannt.

Teddykünstler Jemand, der Teddys entwirft und diese z. B. auch ausstellt und verkauft. Jeder andere ist ein Teddymacher.

Unbeweglich Ein Teddy, dessen Kopf und Gliedmaßen an den Körper genäht sind.

Voll gelenkig Ein Teddy, dessen Arme, Beine und Kopf am Körper mit flachen Holz- oder Kunststoffscheiben beweglich miteinander verbunden sind.

SCHNITTMUSTER

In den meisten Fällen sind die folgenden Schnittmuster verkleinert. Wir schlagen daher vor, dass Sie die Seiten mit Hilfe eines Fotokopierers auf die für die jeweiligen Teddys benötigten Maße vergrößern.
Jeweils zu Beginn der Schnittmuster finden Sie den Namen des Teddys und die Prozentangabe der benötigten Vergrößerung, z. B. Vergrößerung um 50%, Vergrößerung um 100% usw.

Anmerkung: Bei den Schnittmustern kennzeichnet ★ die Position eines Gelenks.

BENJAMIN (VERGRÖSSERUNG UM 50%)

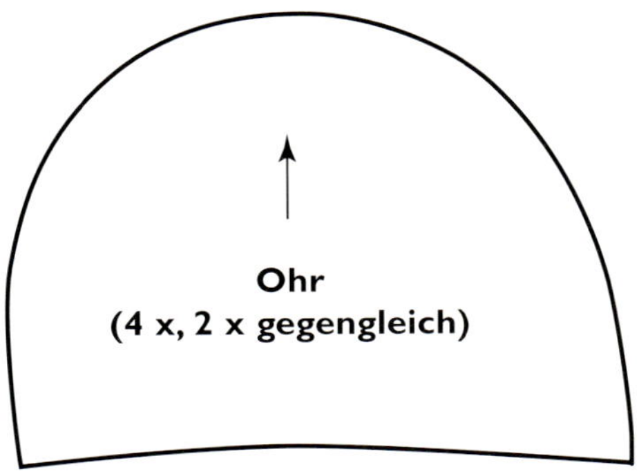

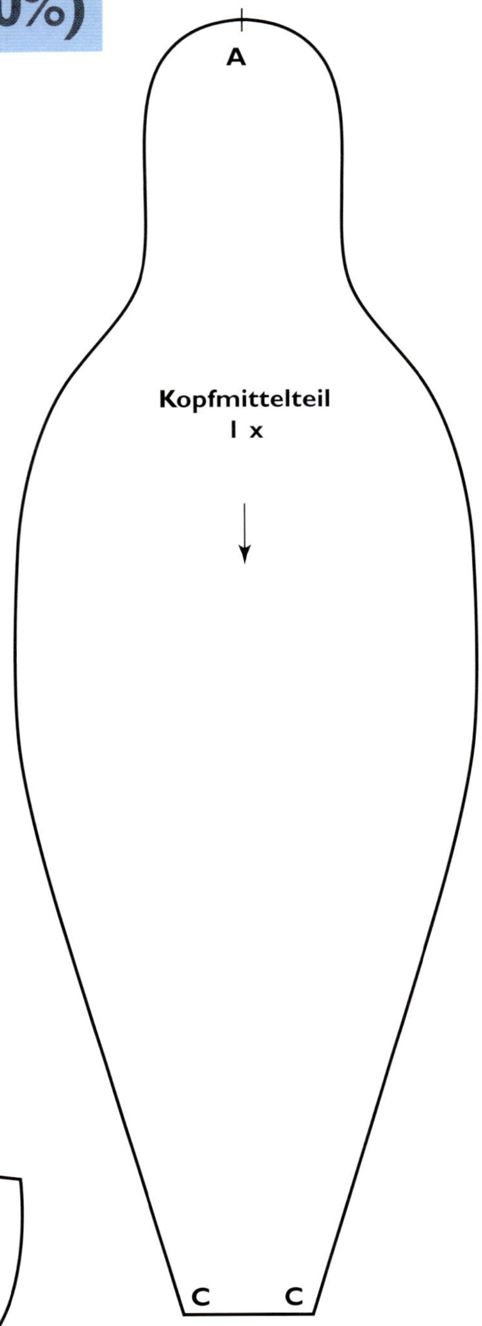

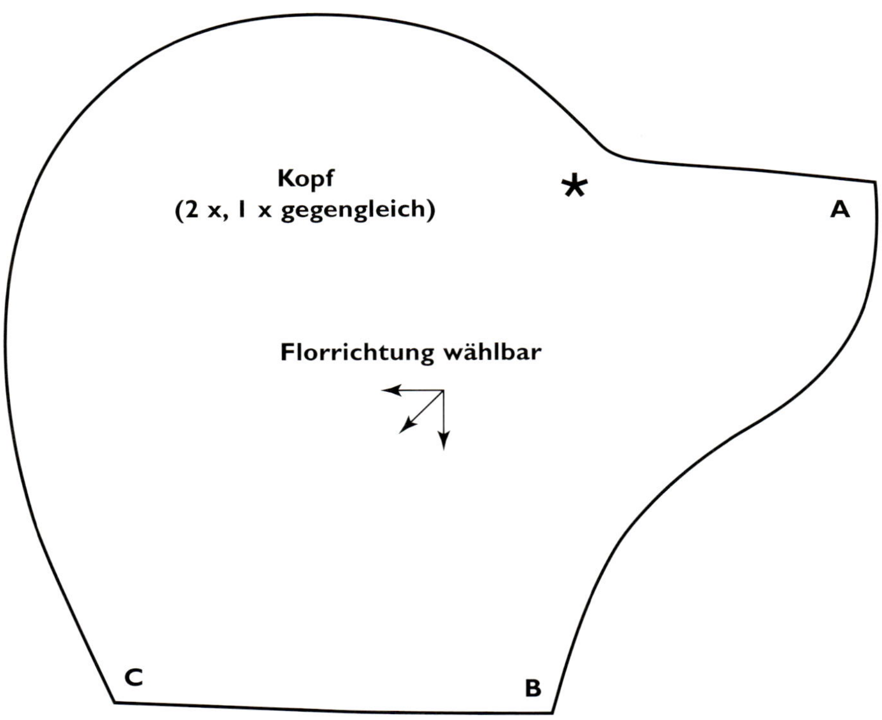

Nähen Sie Körpermittelnaht, F–G und H–J zuerst,

dann Seitennähte M–M (Vorderseite an Rückseite)

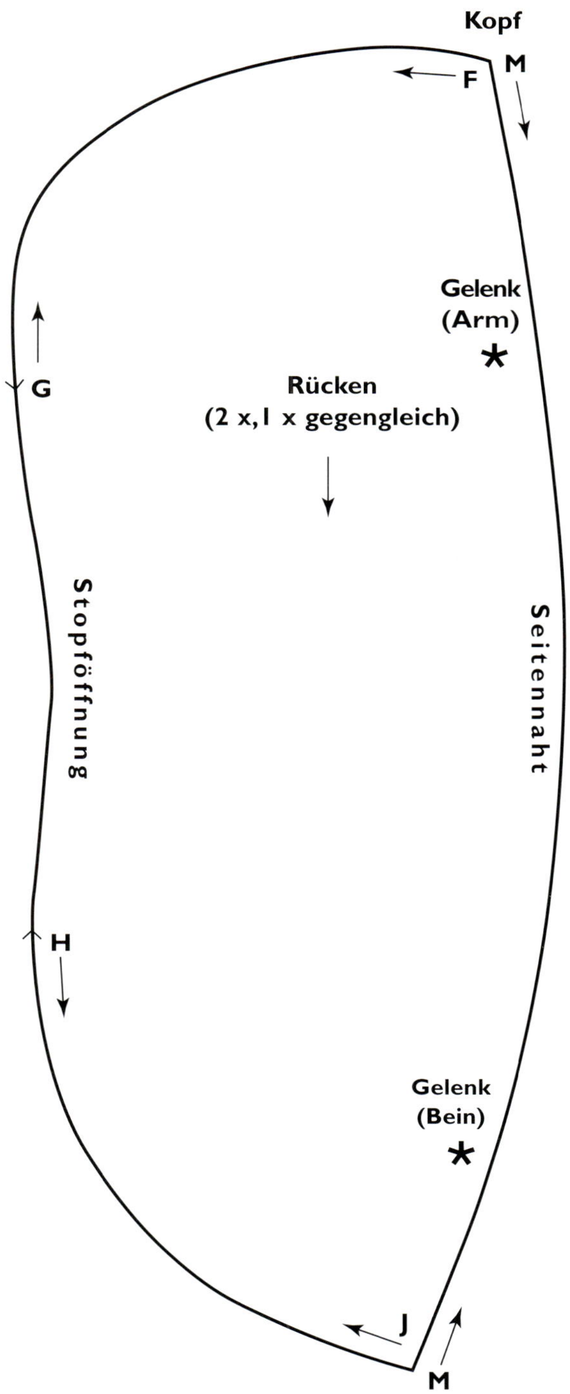

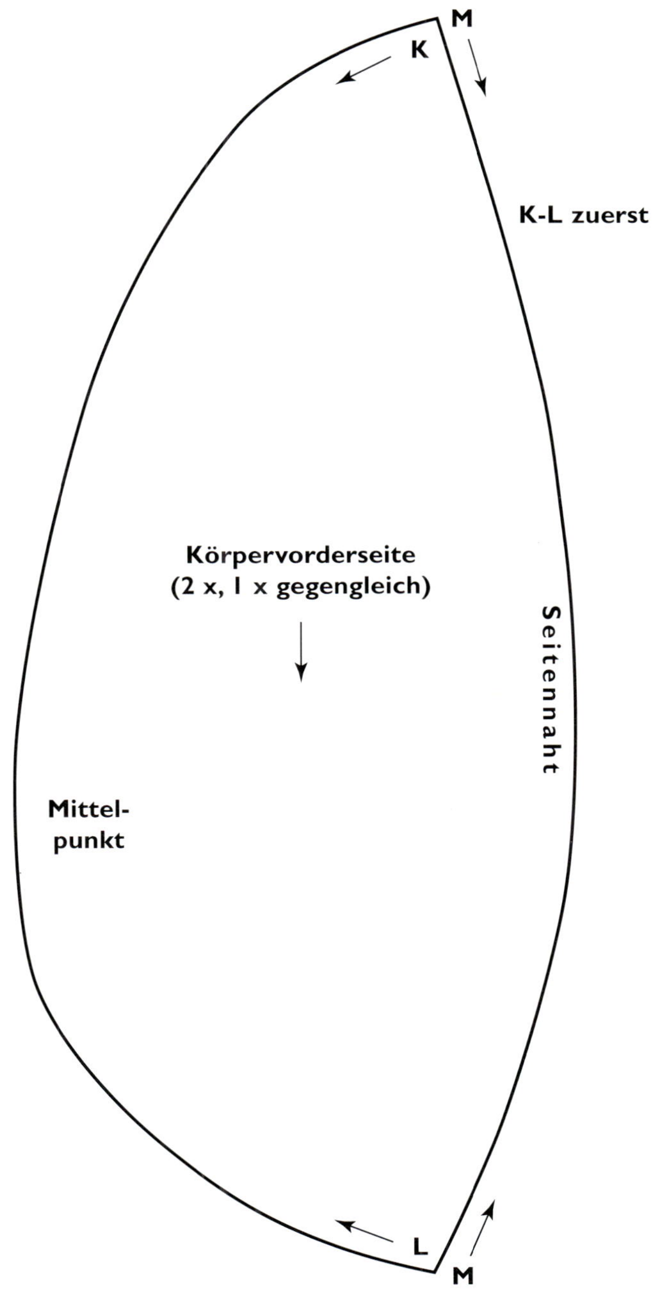

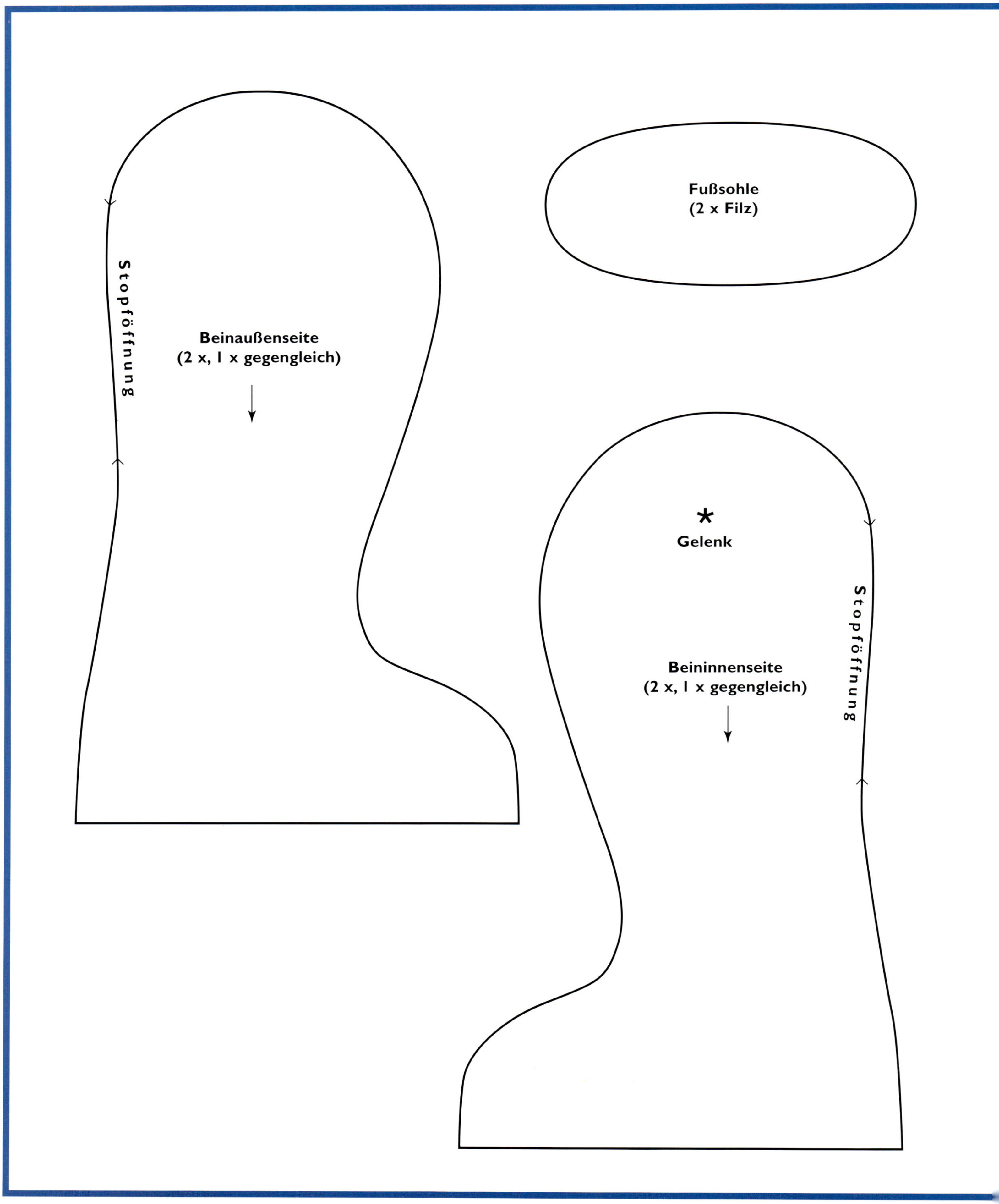
Stopföffnung
Beinaußenseite
(2 x, 1 x gegengleich)
Fußsohle
(2 x Filz)
*
Gelenk
Stopföffnung
Beininnenseite
(2 x, 1 x gegengleich)

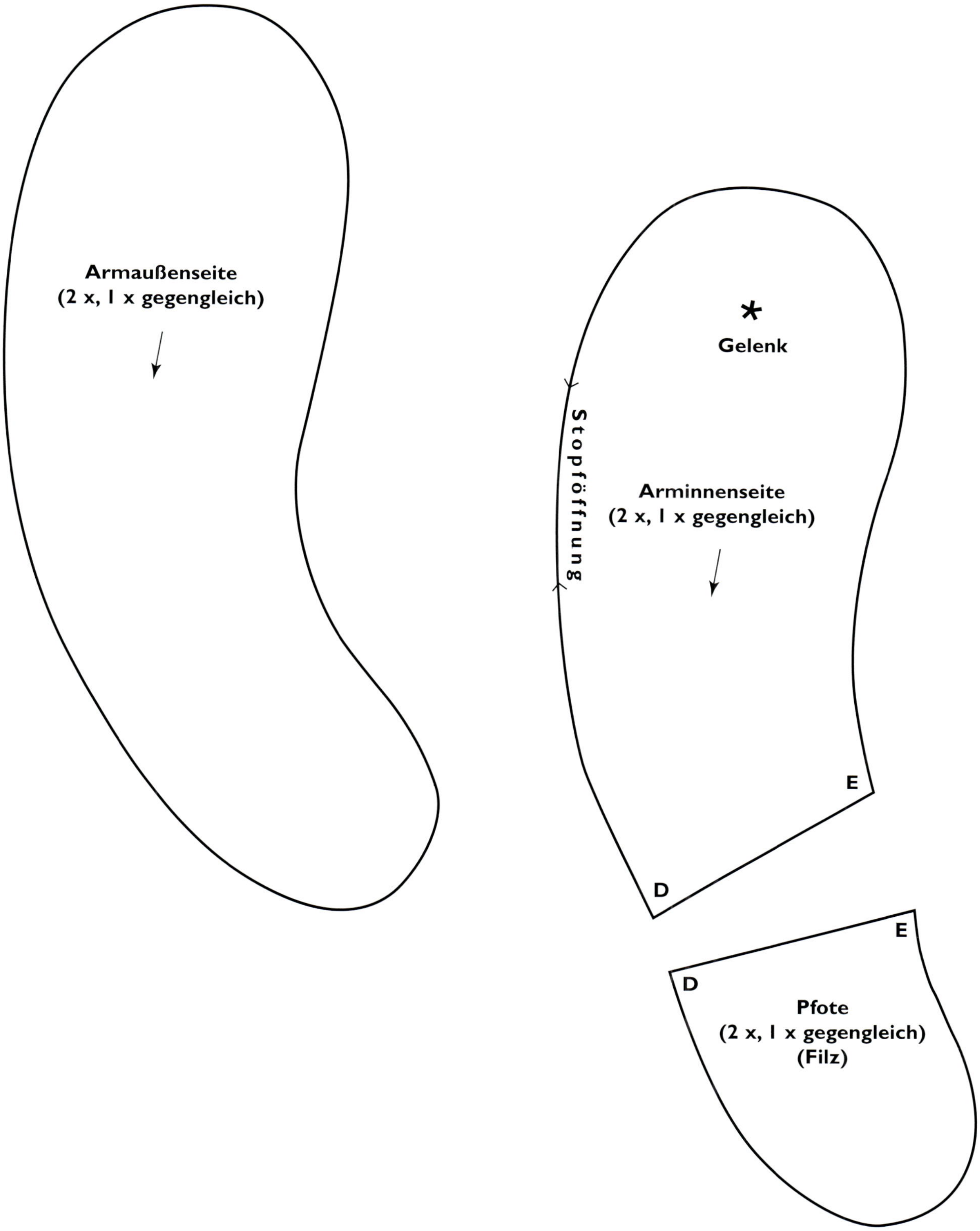
Armaußenseite
(2 x, 1 x gegengleich)
Gelenk
Stopföffnung
Arminnenseite
(2 x, 1 x gegengleich)
E
D
E
D
Pfote
(2 x, 1 x gegengleich)
(Filz)

SEBASTIAN (VERGRÖSSERUNG UM 50%)

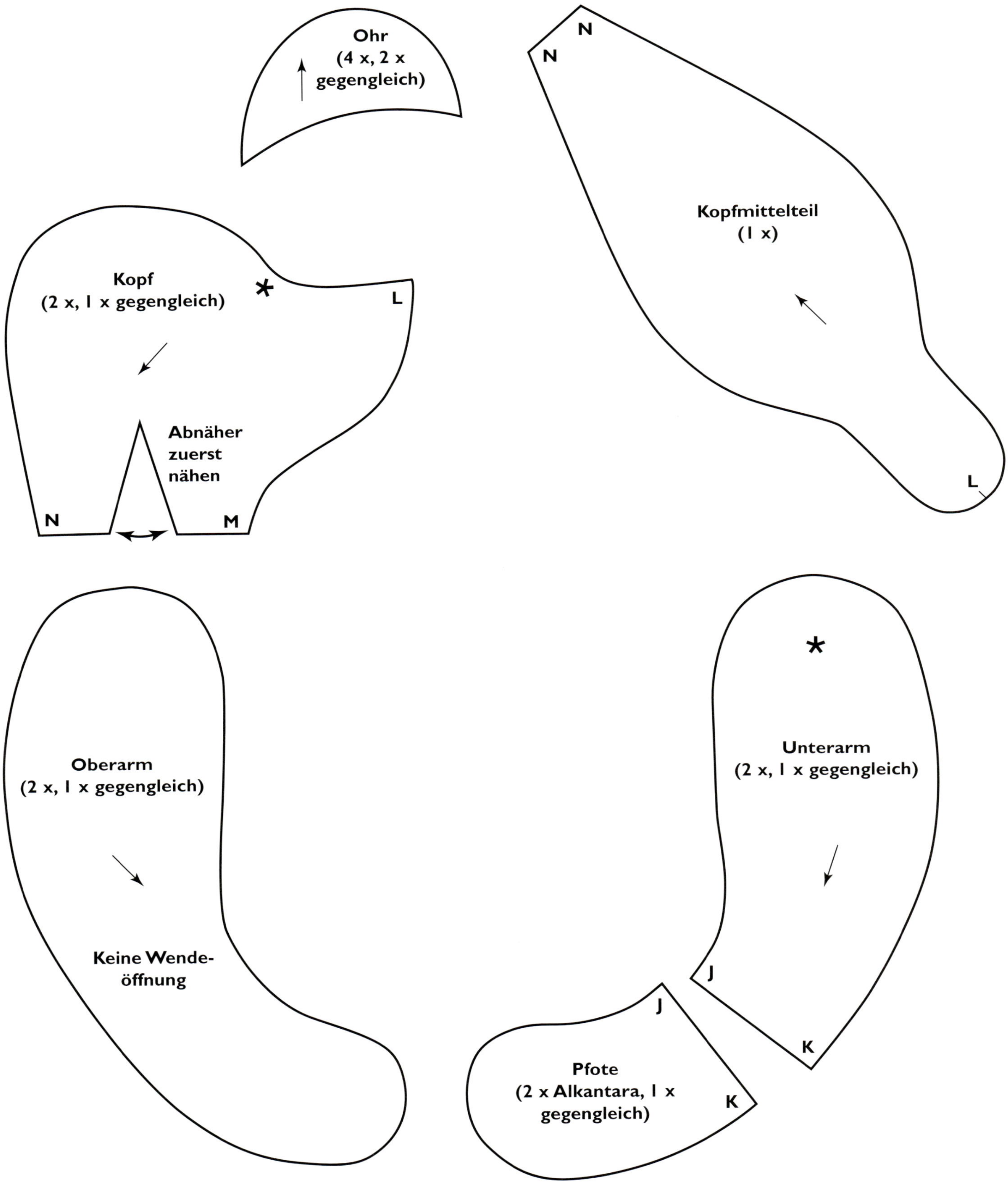

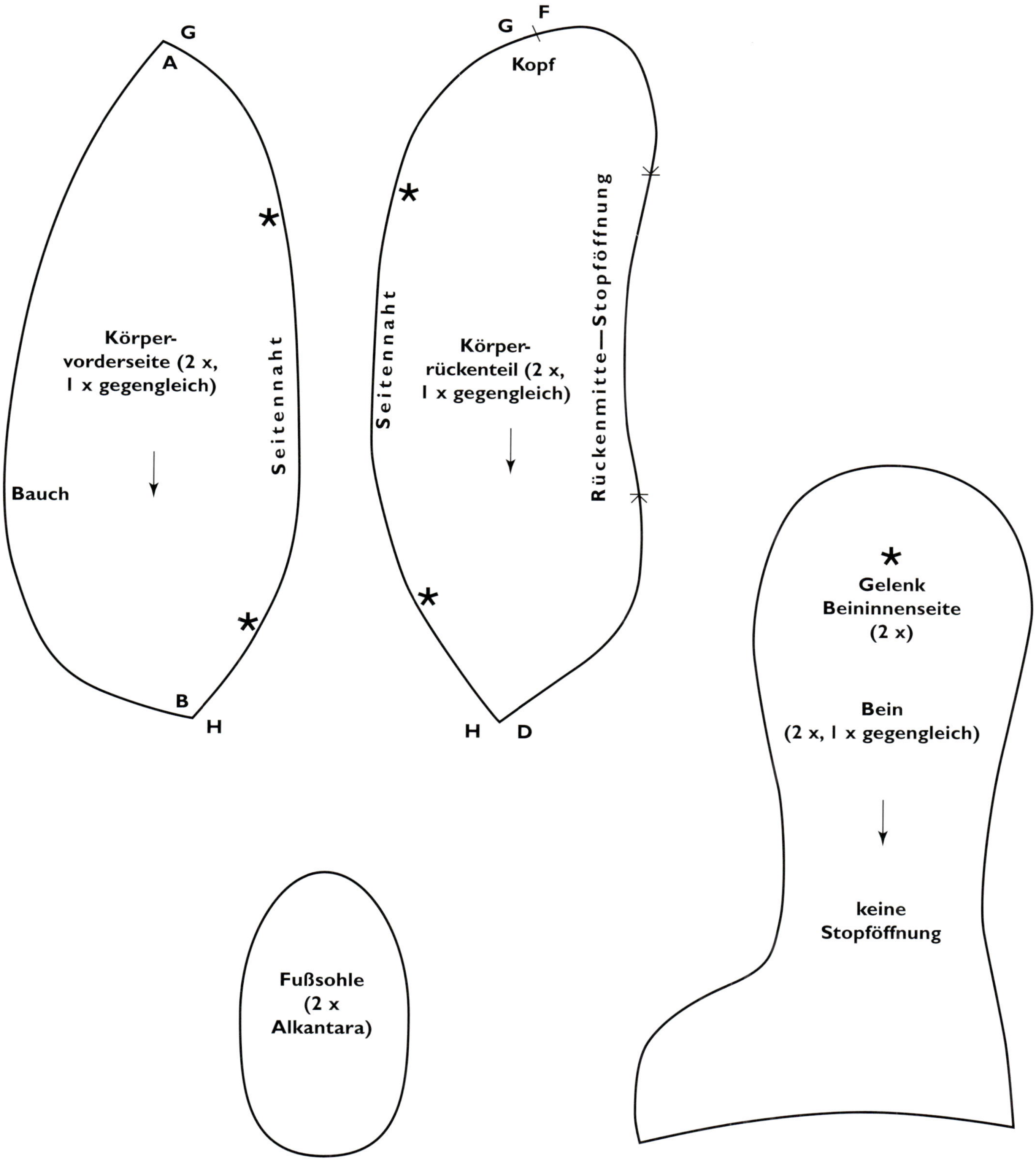
G
A
*
Körper-
vorderseite (2 x,
1 x gegengleich)
Seitennaht
Bauch
*
B
H
G
F
Kopf
*
Seitennaht
Körper-
rückenteil (2 x,
1 x gegengleich)
Rückenmitte—Stopföffnung
*
H
D
*
Gelenk
Beininnenseite
(2 x)
Bein
(2 x, 1 x gegengleich)
keine
Stopföffnung
Fußsohle
(2 x
Alkantara)

PAULCHEN (VERGRÖSSERUNG UM 50%)

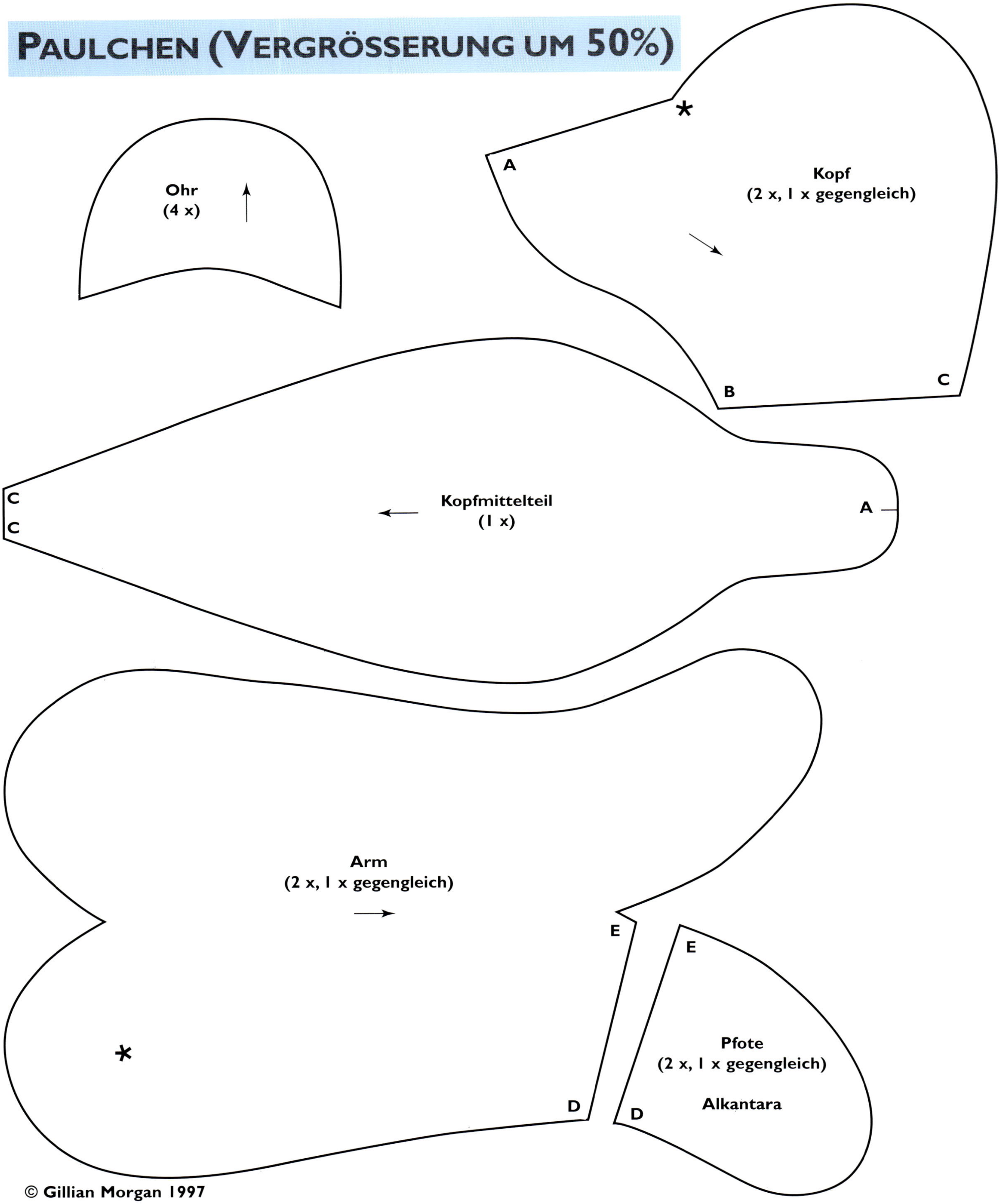

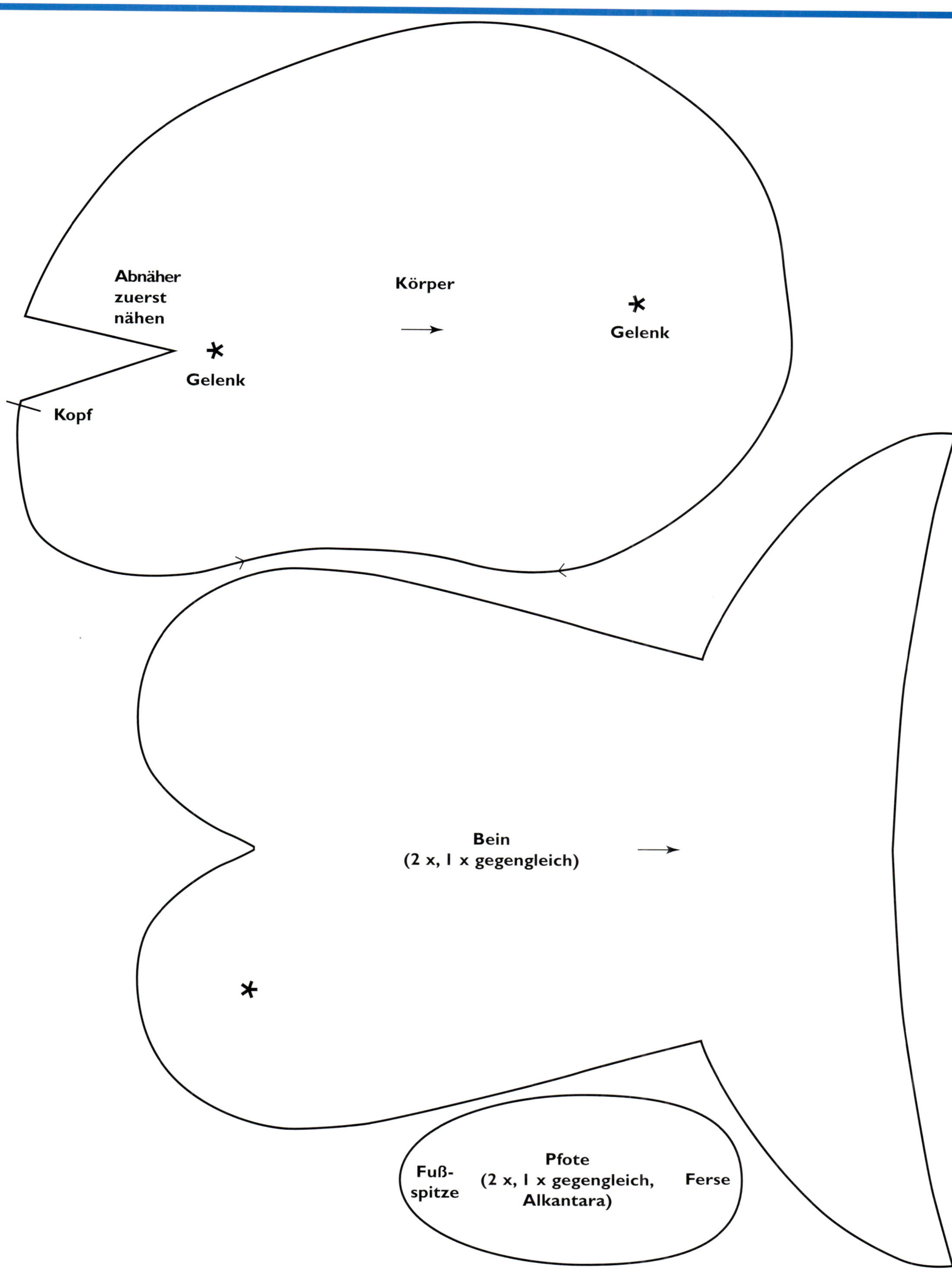
Abnäher
zuerst
nähen
Körper
Gelenk
Gelenk
Kopf
Bein
(2 x, 1 x gegengleich)
Fuß-
spitze
Pfote
(2 x, 1 x gegengleich,
Alkantara)
Ferse

ONKEL BEN (VERGRÖSSERUNG UM 50%)

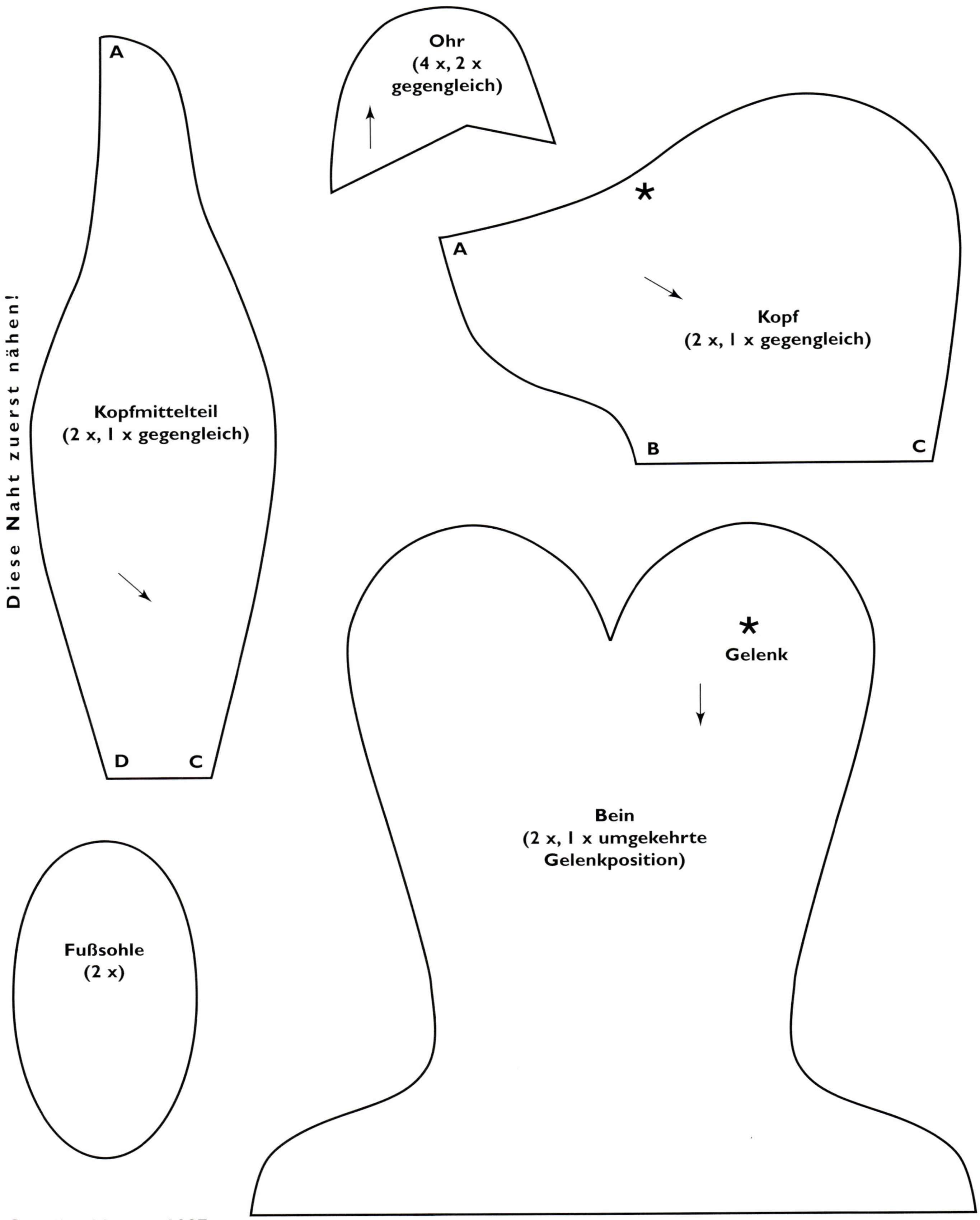

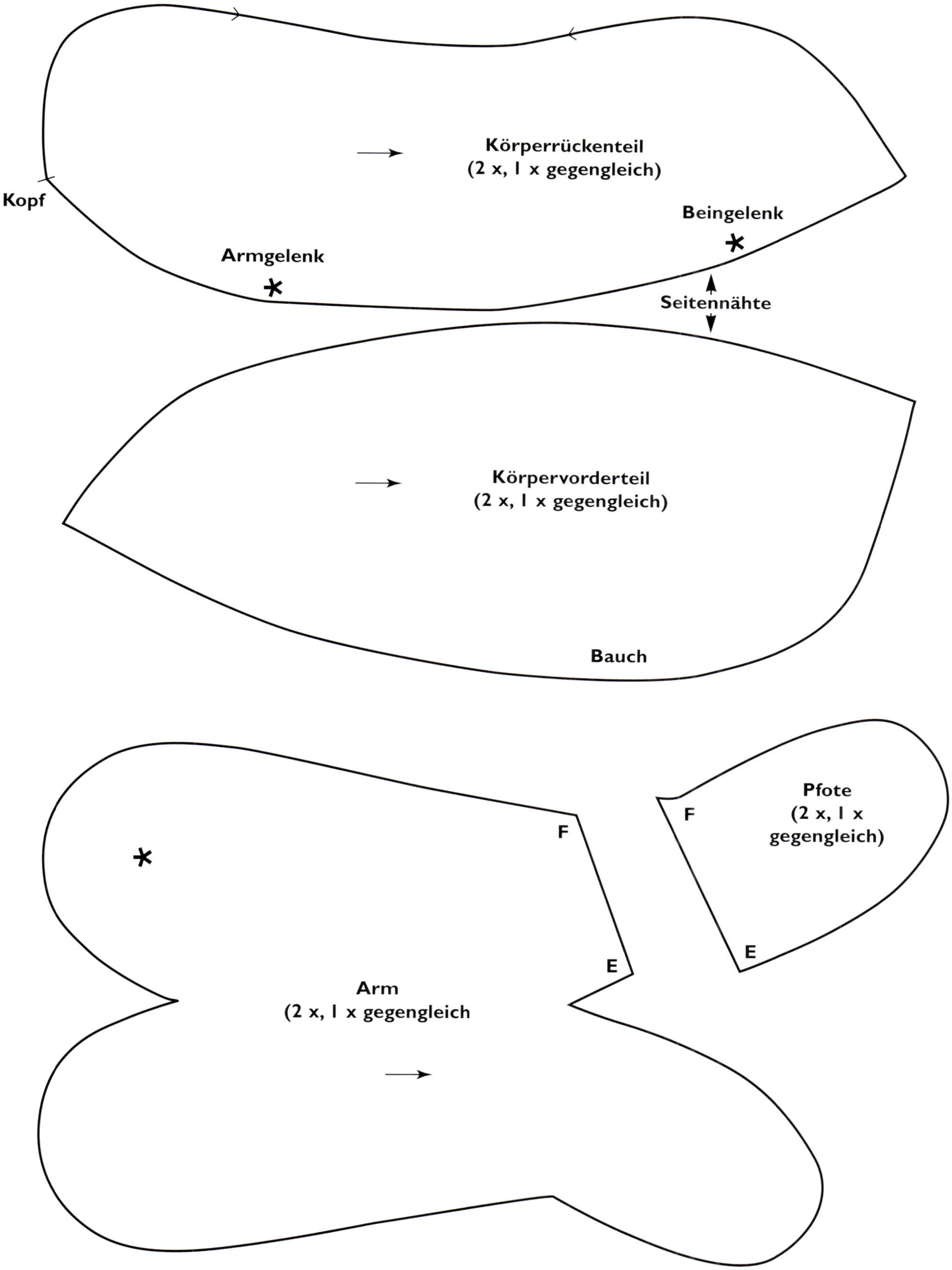
Körperrückenteil
(2 x, 1 x gegengleich)
Kopf
Armgelenk
Beingelenk
Seitennähte
Körpervorderteil
(2 x, 1 x gegengleich)
Bauch
Pfote
(2 x, 1 x
gegengleich)
F
E
Arm
(2 x, 1 x gegengleich
F
E

LENNY (VERGRÖSSERUNG UM 50%)

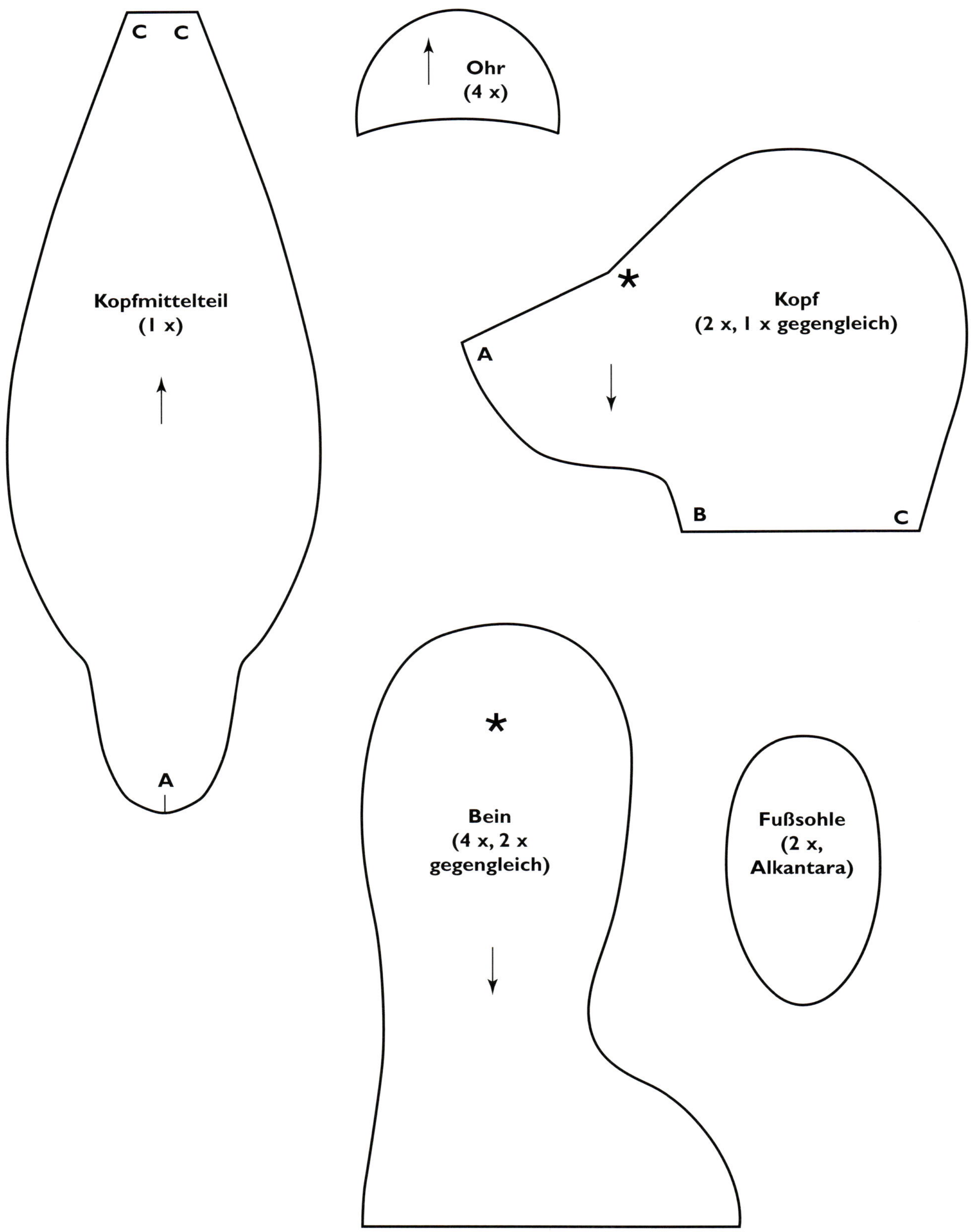

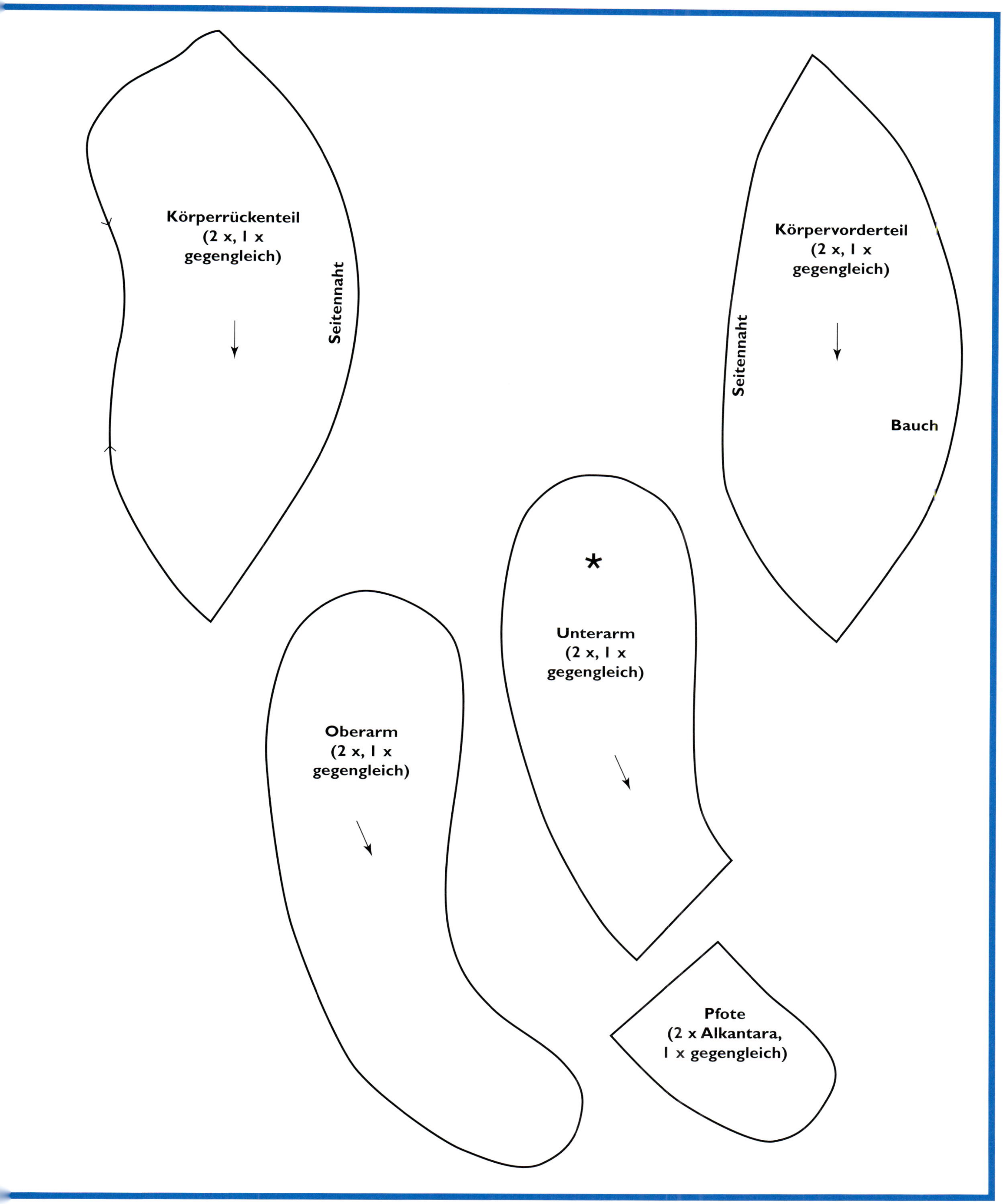
Körperrückenteil
(2 x, 1 x
gegengleich)
Seitennaht
Körpervorderteil
(2 x, 1 x
gegengleich)
Seitennaht
Bauch
*
Unterarm
(2 x, 1 x
gegengleich)
Oberarm
(2 x, 1 x
gegengleich)
Pfote
(2 x Alkantara,
1 x gegengleich)

LUMPENBÄR (ORIGINALGRÖSSE)

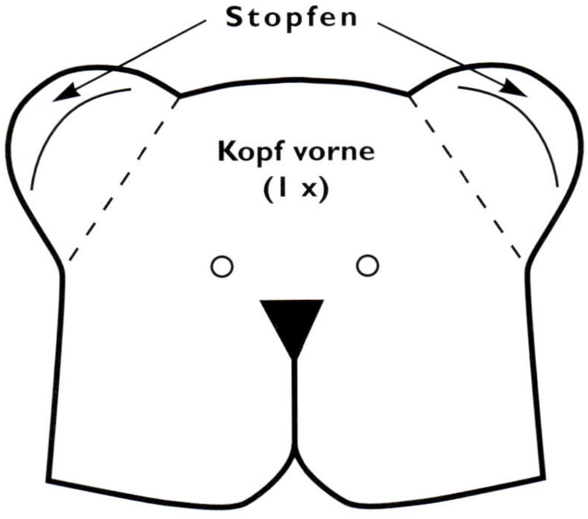

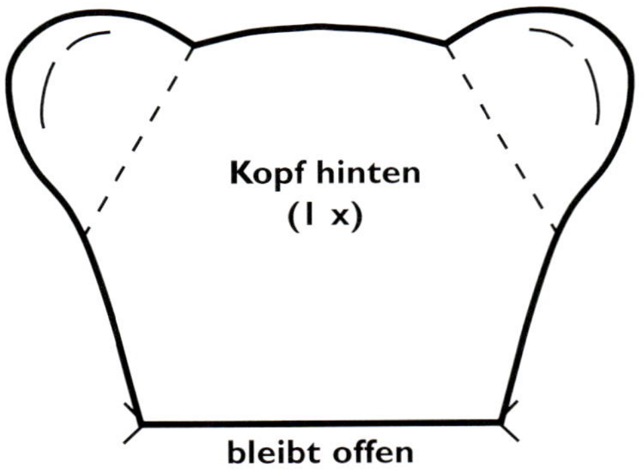

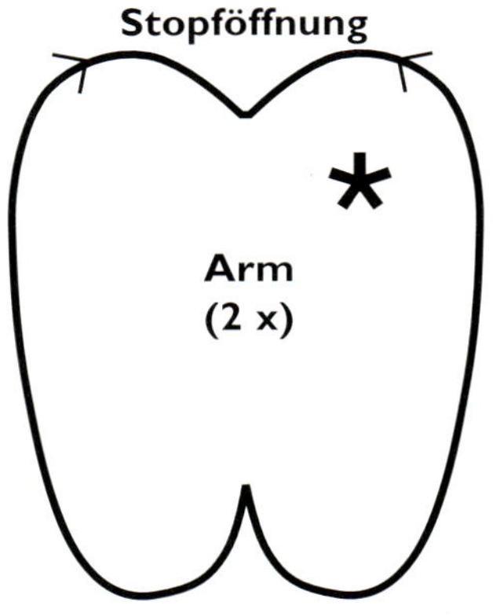

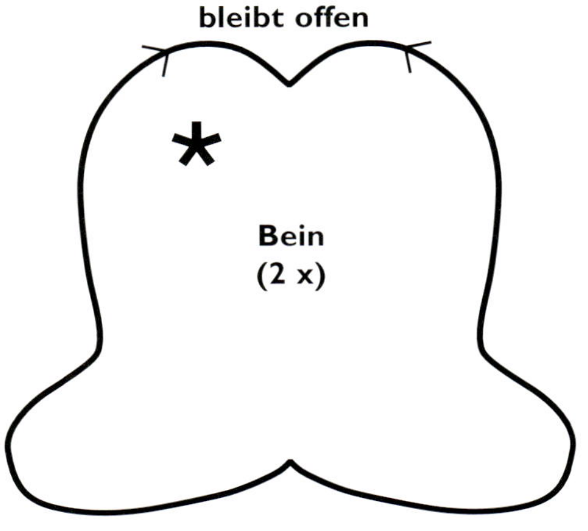

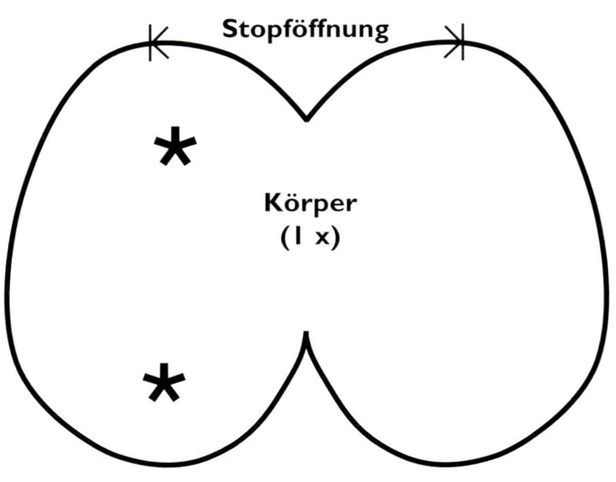

Mund verläuft an der Naht nach unten in Kopfmitte, wie gezeigt

GRIZZLYBÄR (VERGR. UM 50%)

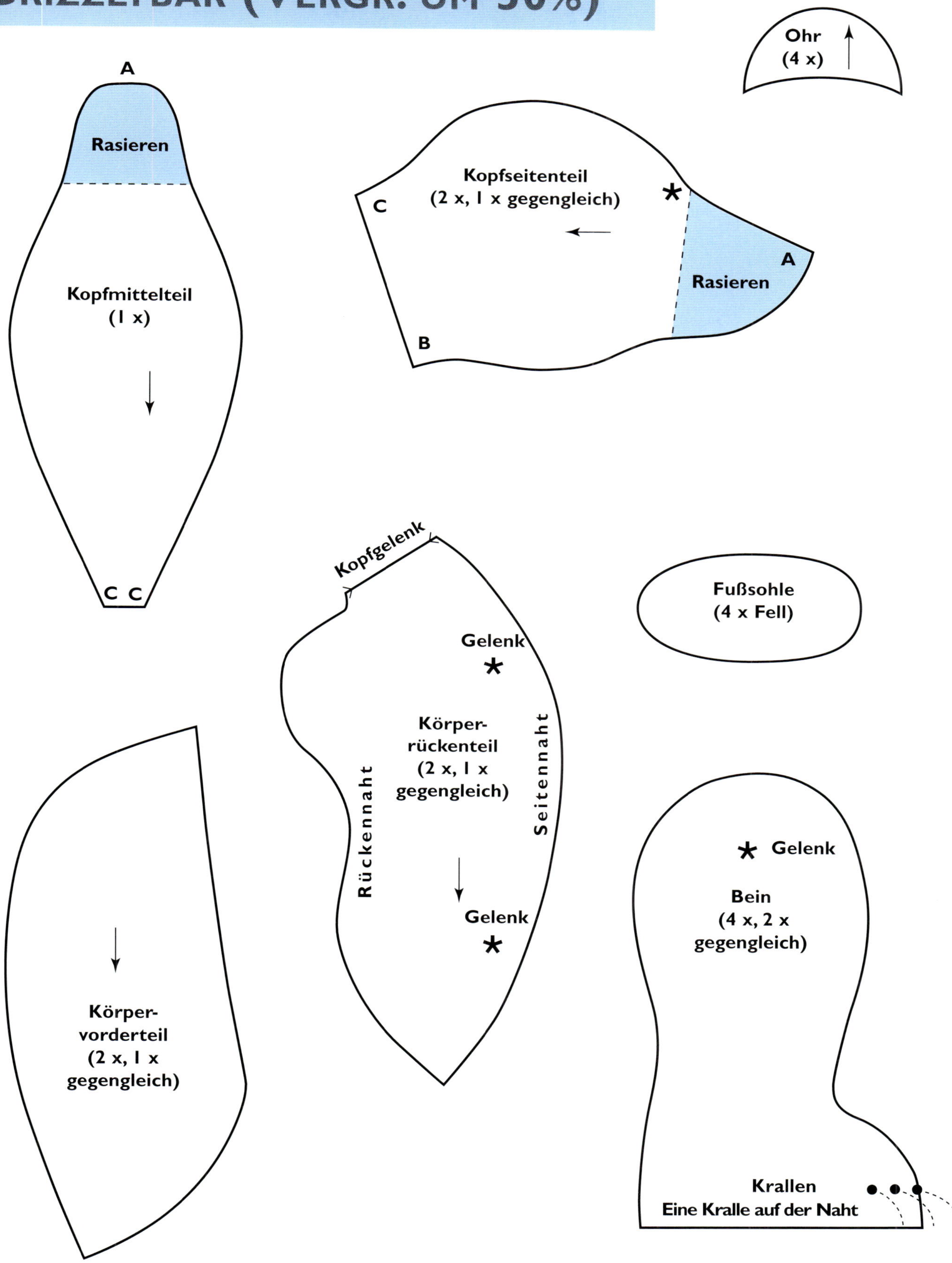

Eisbär (Vergrösserung um 50%)

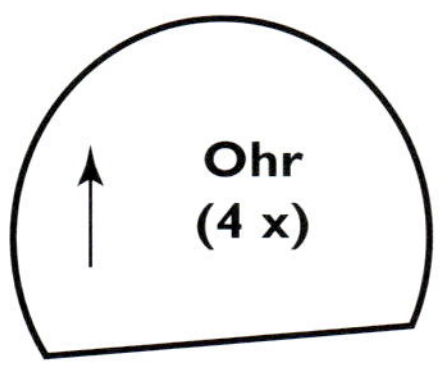

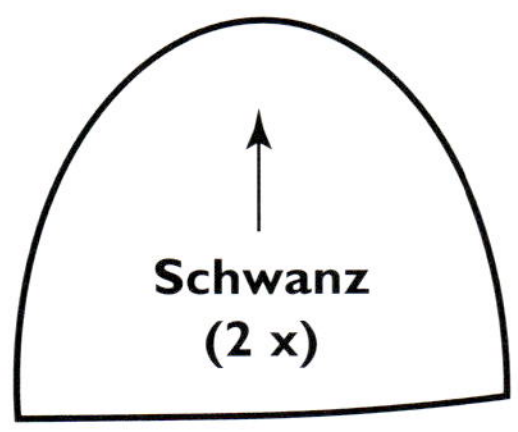

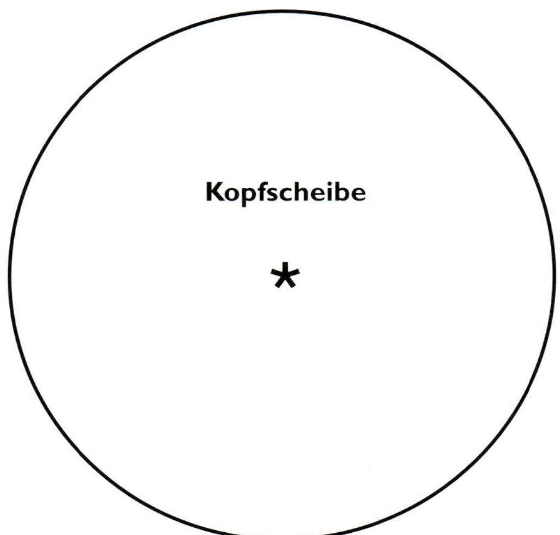

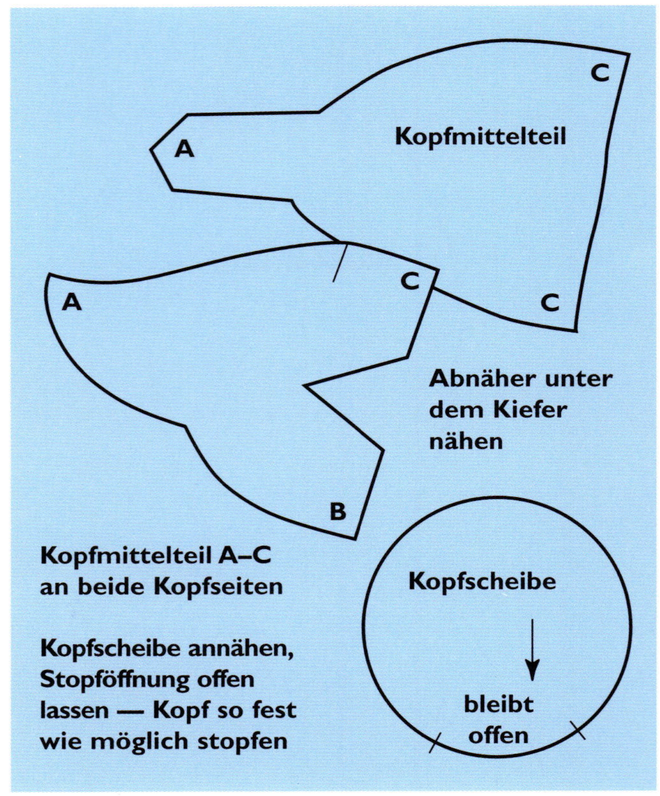

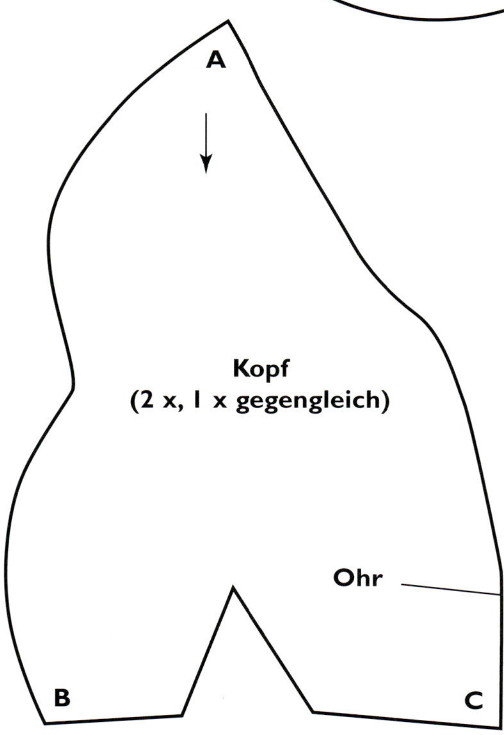

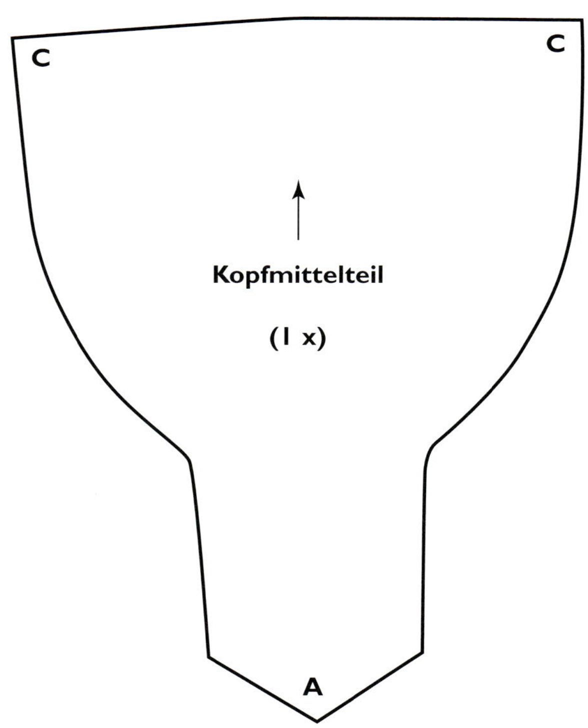

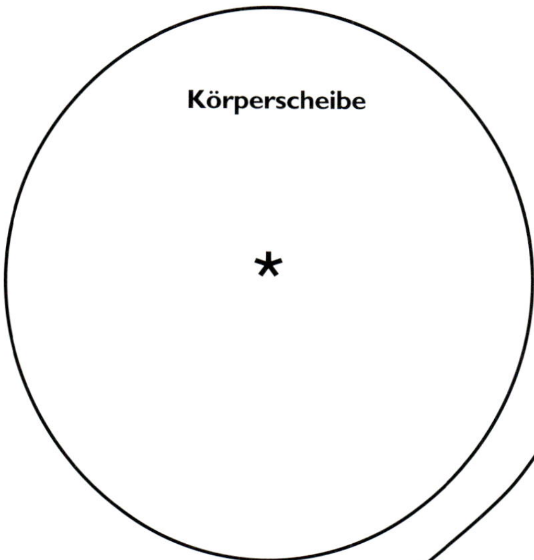
Körperscheibe
*

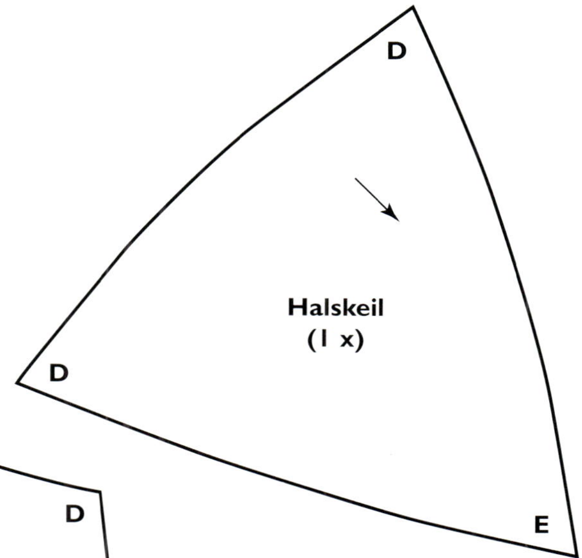
D
Halskeil
(1 x)
D
E

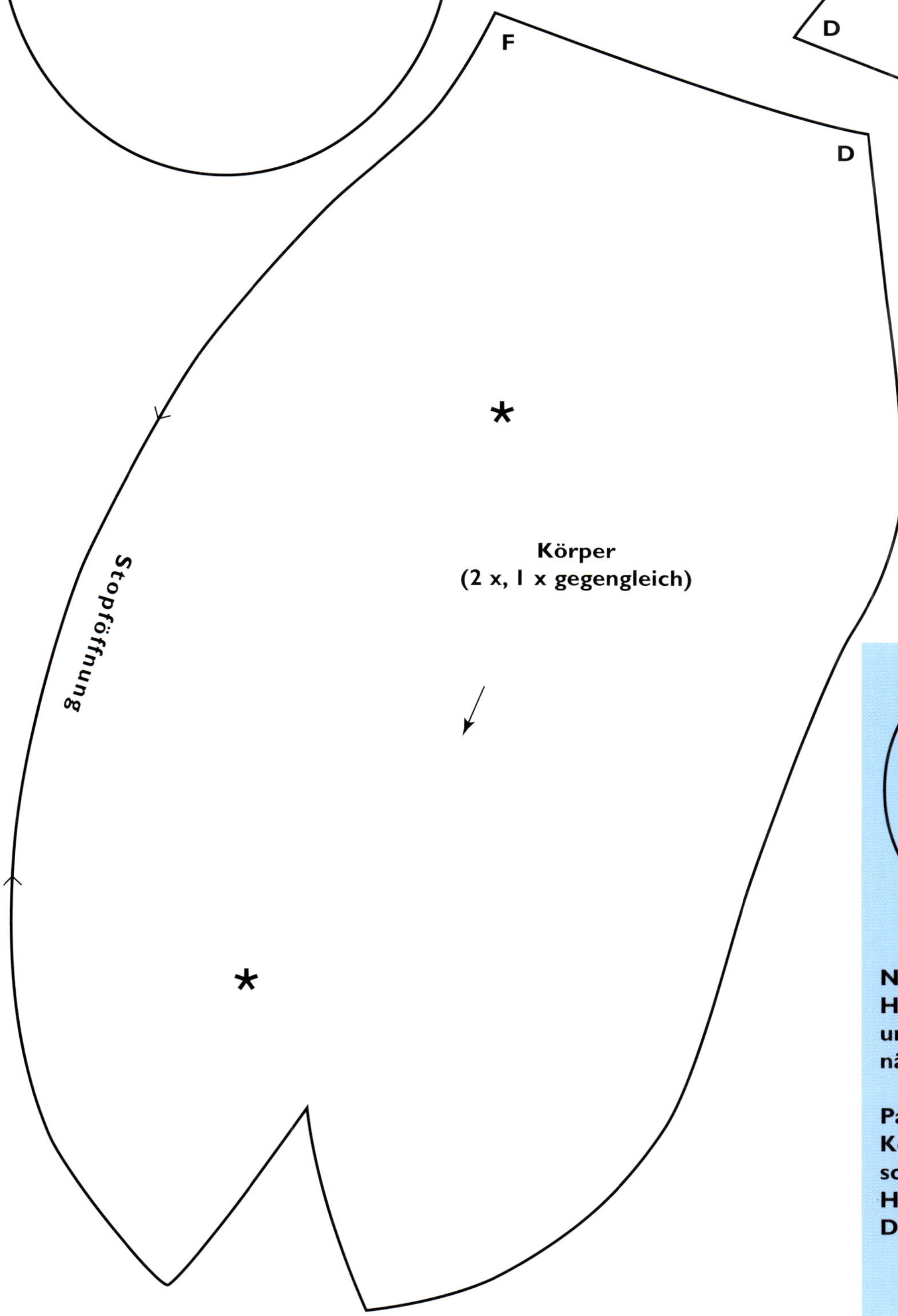
F
D
*
Körper
(2 x, 1 x gegengleich)
Stopföffnung
*

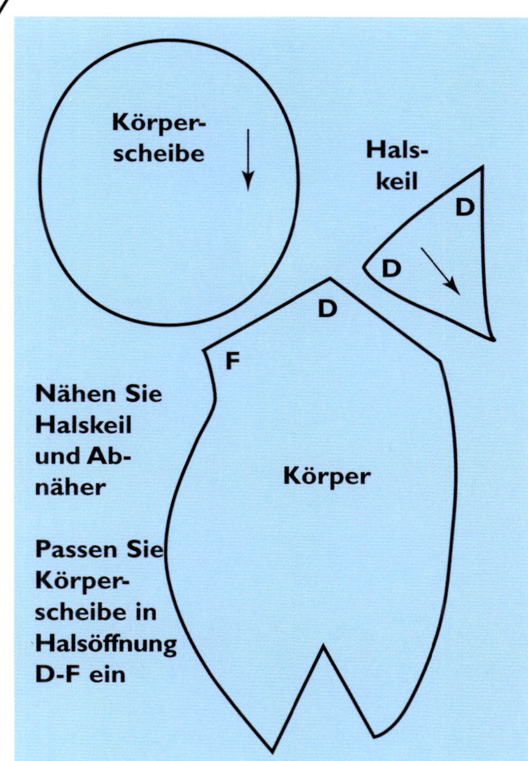
Körper-
scheibe
Hals-
keil
D
D
D
F
Körper
Nähen Sie Halskeil und Abnäher
Passen Sie Körperscheibe in Halsöffnung D-F ein

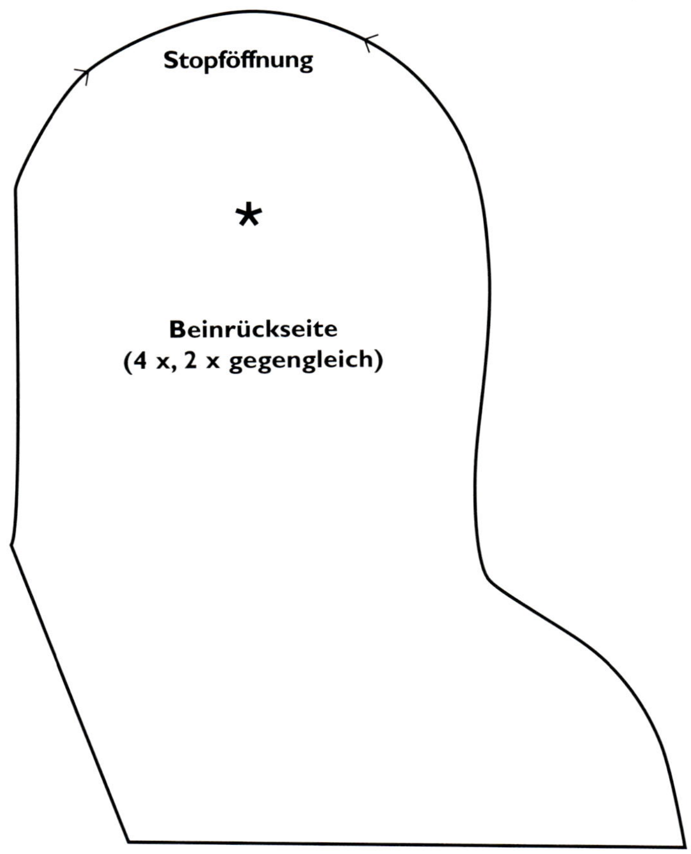
Stopföffnung
*
Beinrückseite
(4 x, 2 x gegengleich)

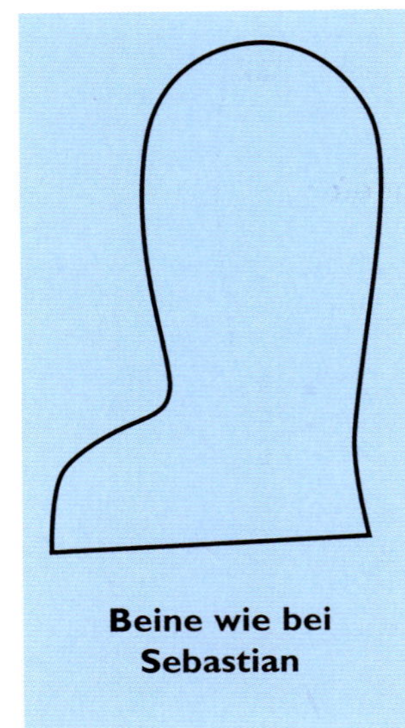
Beine wie bei
Sebastian

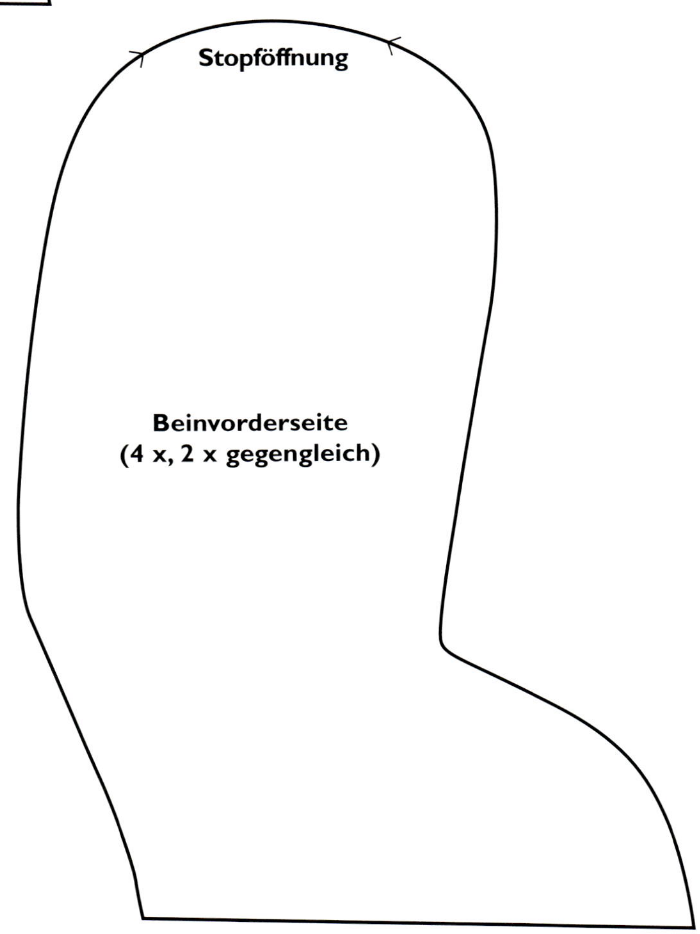
Stopföffnung
Beinvorderseite
(4 x, 2 x gegengleich)

JONATHAN (VERGRÖSSERUNG UM 50%)

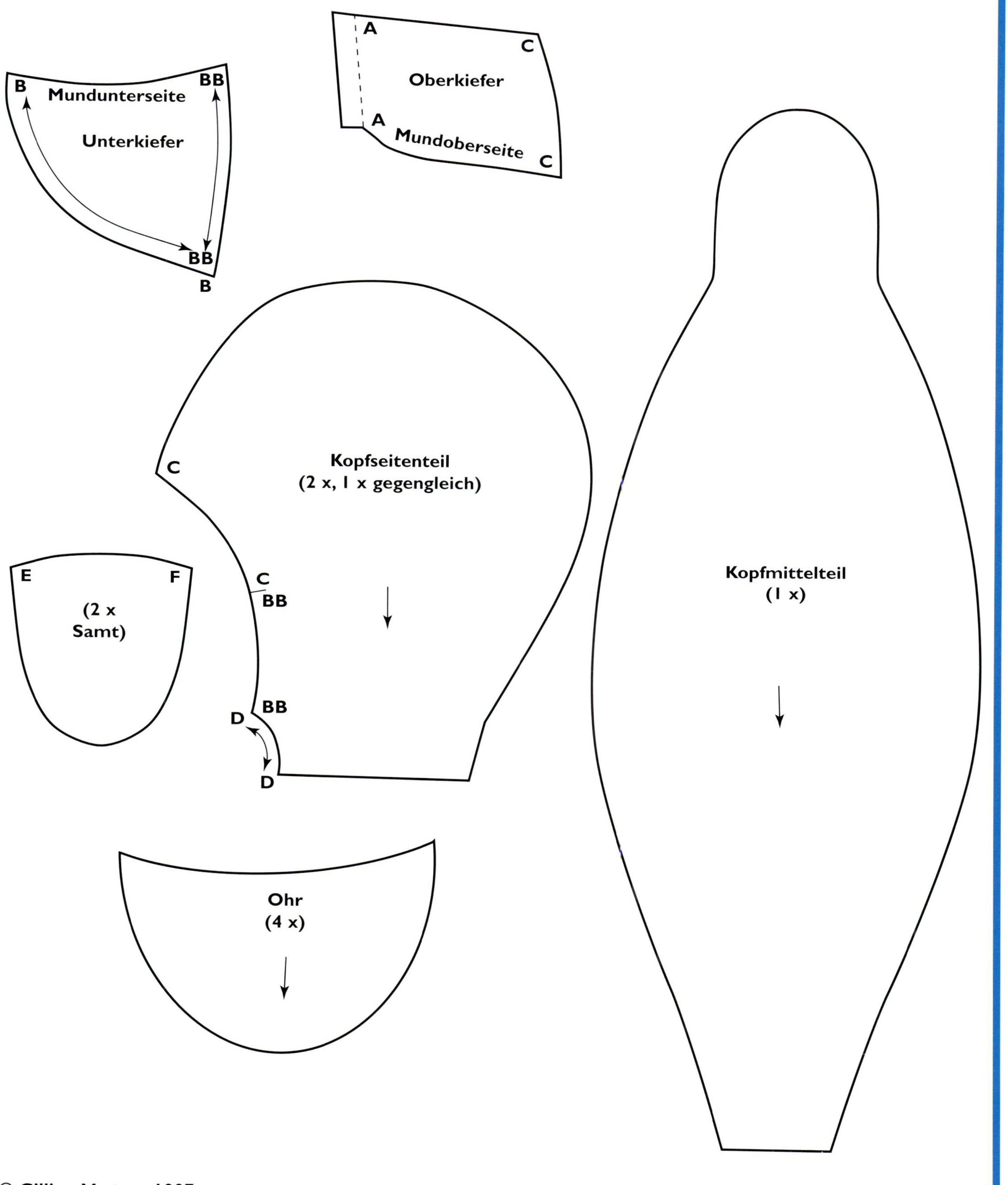

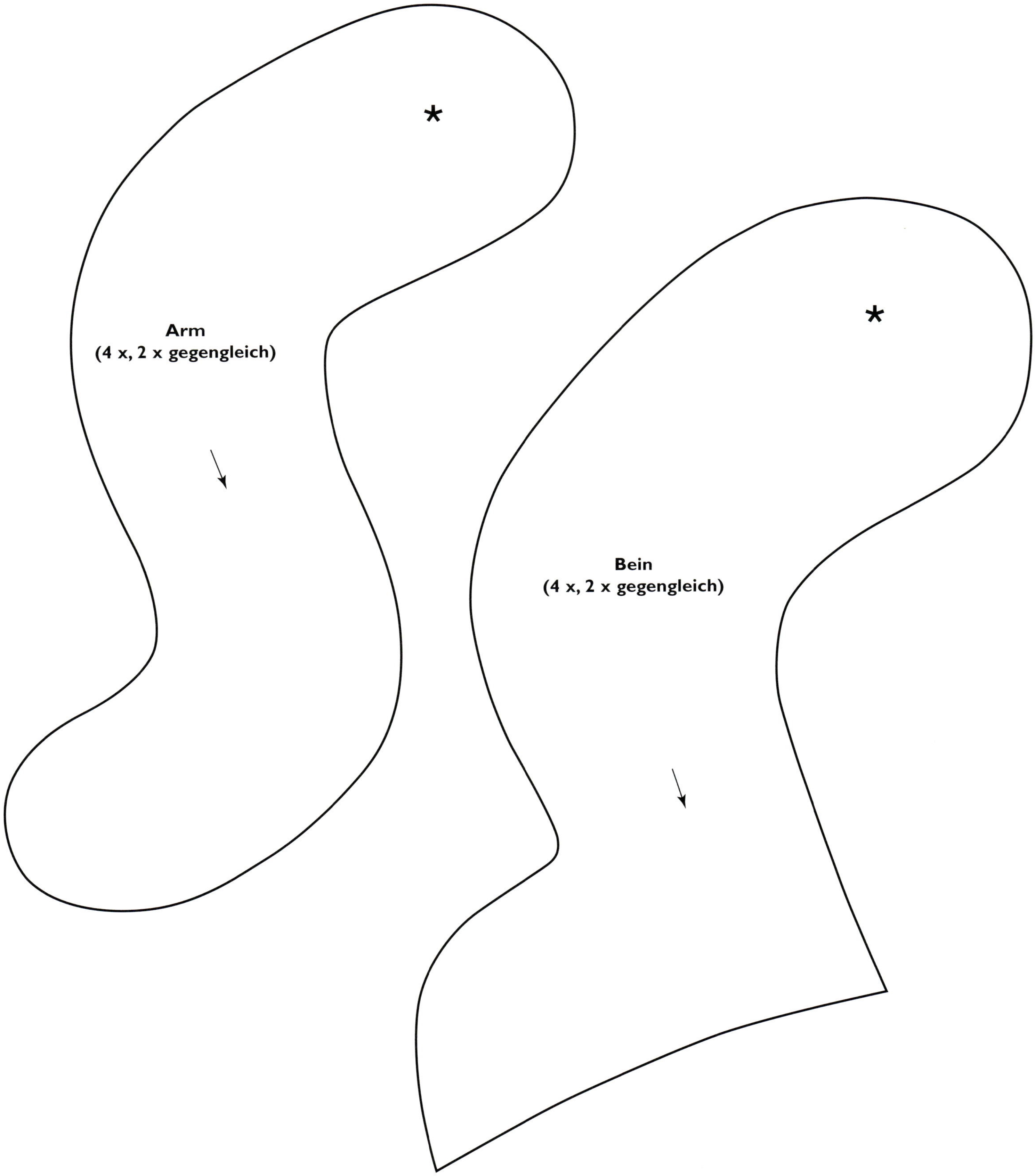
*
Arm
(4 x, 2 x gegengleich)
*
Bein
(4 x, 2 x gegengleich)

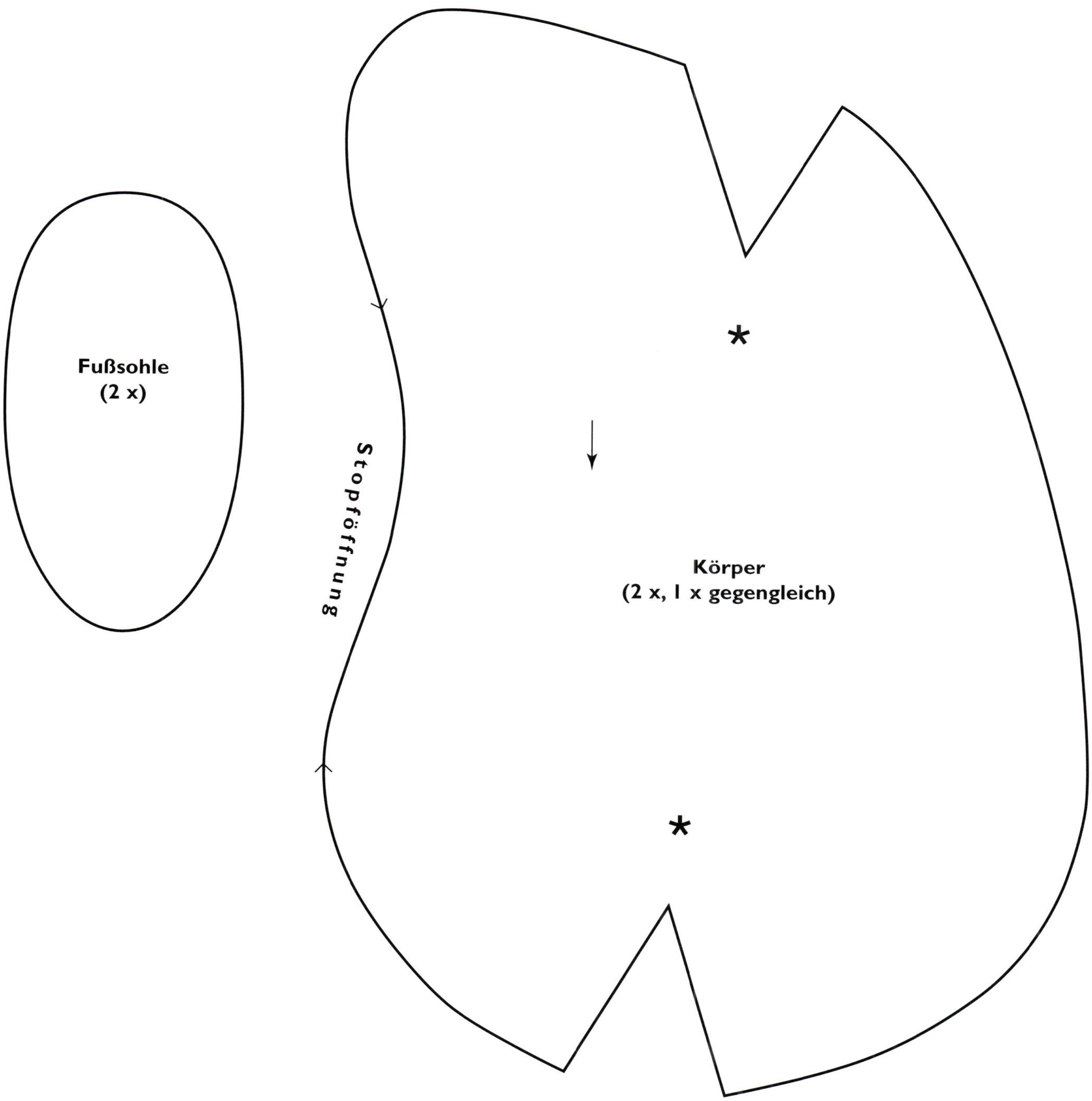
Fußsohle
(2 x)
Stopföffnung
*
Körper
(2 x, 1 x gegengleich)
*

Herbert Hembär (Vergrösserung um 50%)

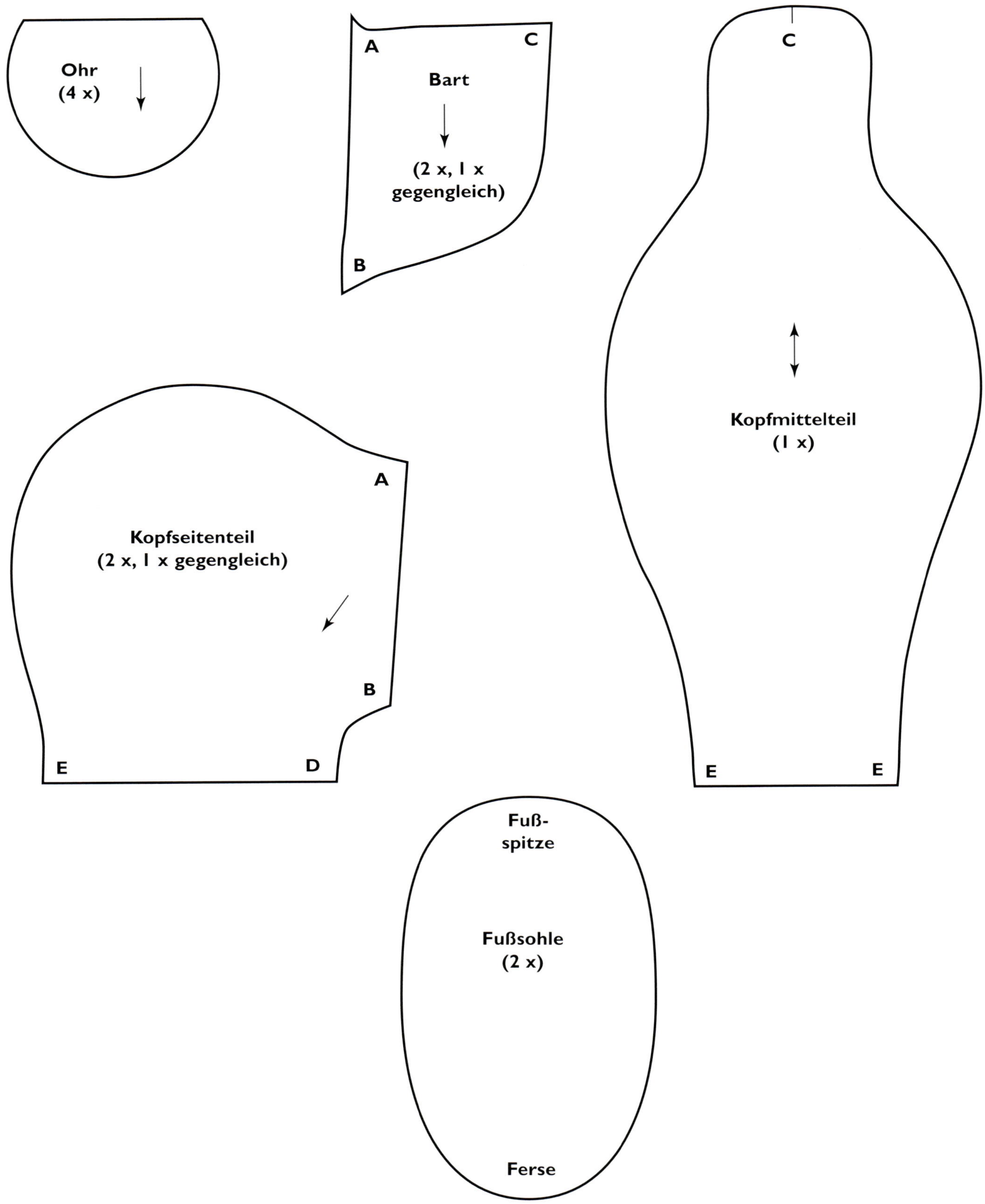

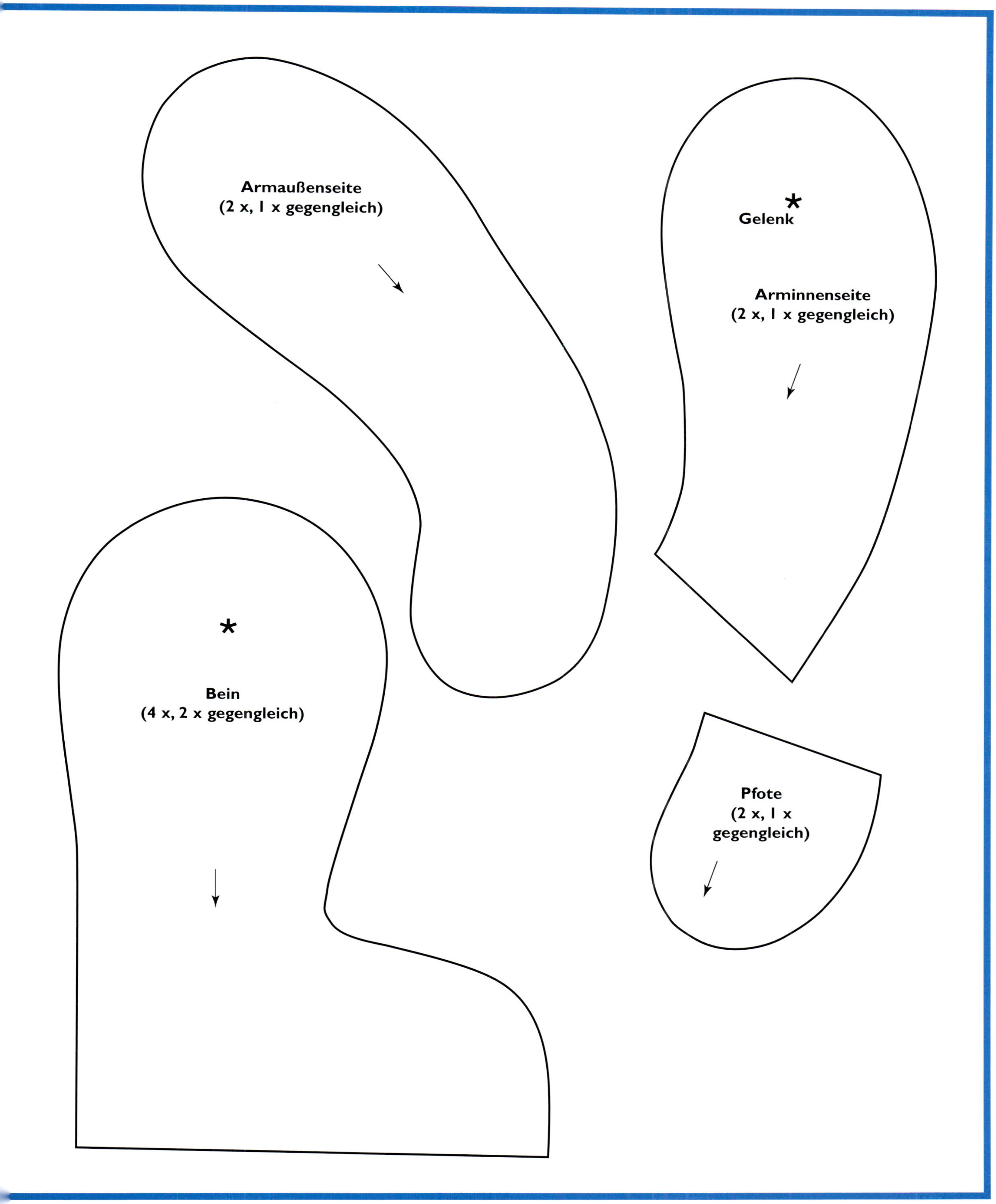
Armaußenseite
(2 x, 1 x gegengleich)
*
Gelenk
Arminnenseite
(2 x, 1 x gegengleich)
*
Bein
(4 x, 2 x gegengleich)
Pfote
(2 x, 1 x
gegengleich)

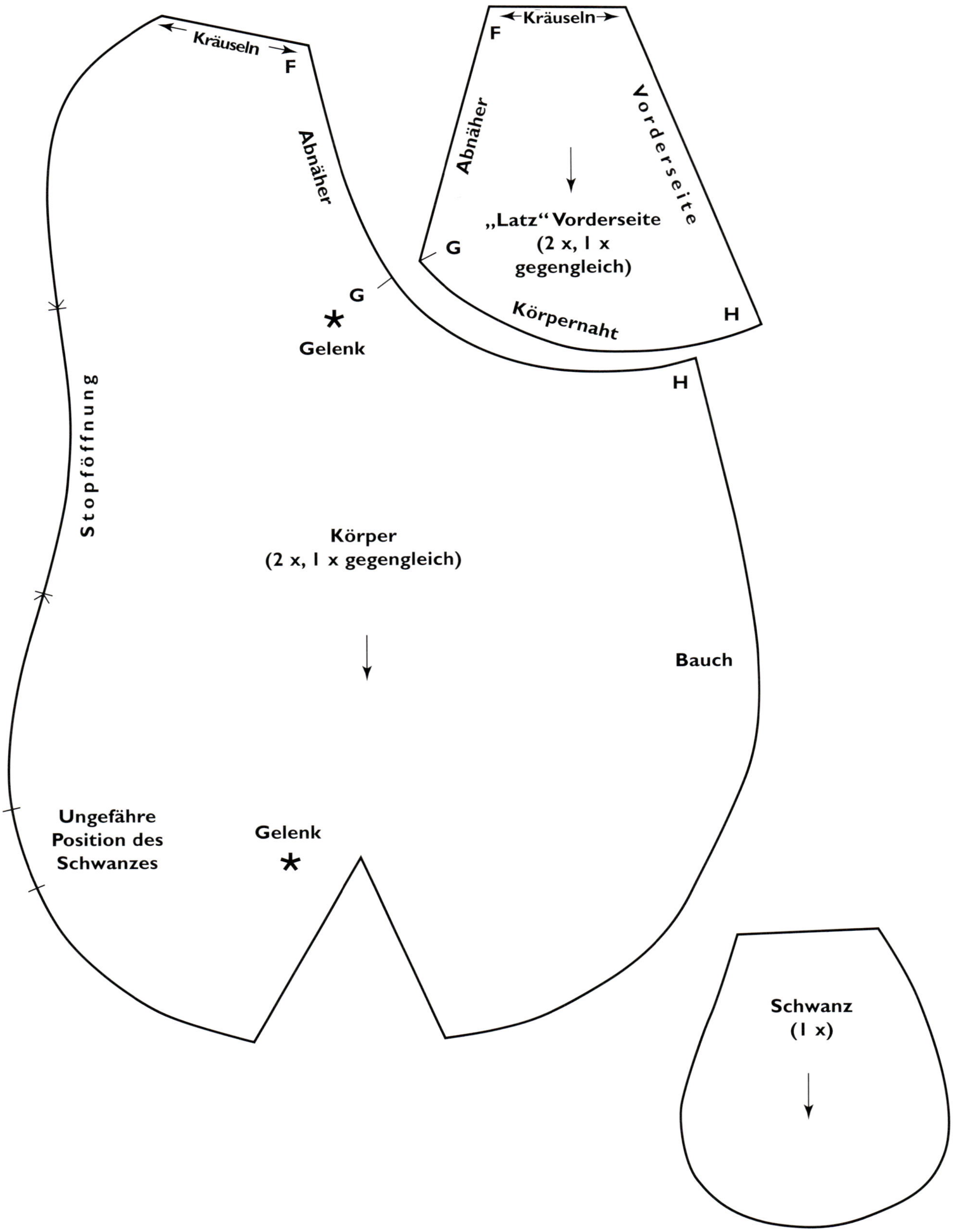
Kräuseln
F
Abnäher
G
Gelenk
Stopföffnung
Körper
(2 x, 1 x gegengleich)
H
Bauch
Ungefähre Position des Schwanzes
Gelenk
Kräuseln
F
Abnäher
Vorderseite
„Latz“ Vorderseite
(2 x, 1 x gegengleich)
G
Körpernaht
H
Schwanz
(1 x)

Roly, der Harlekin (Originalgrösse)

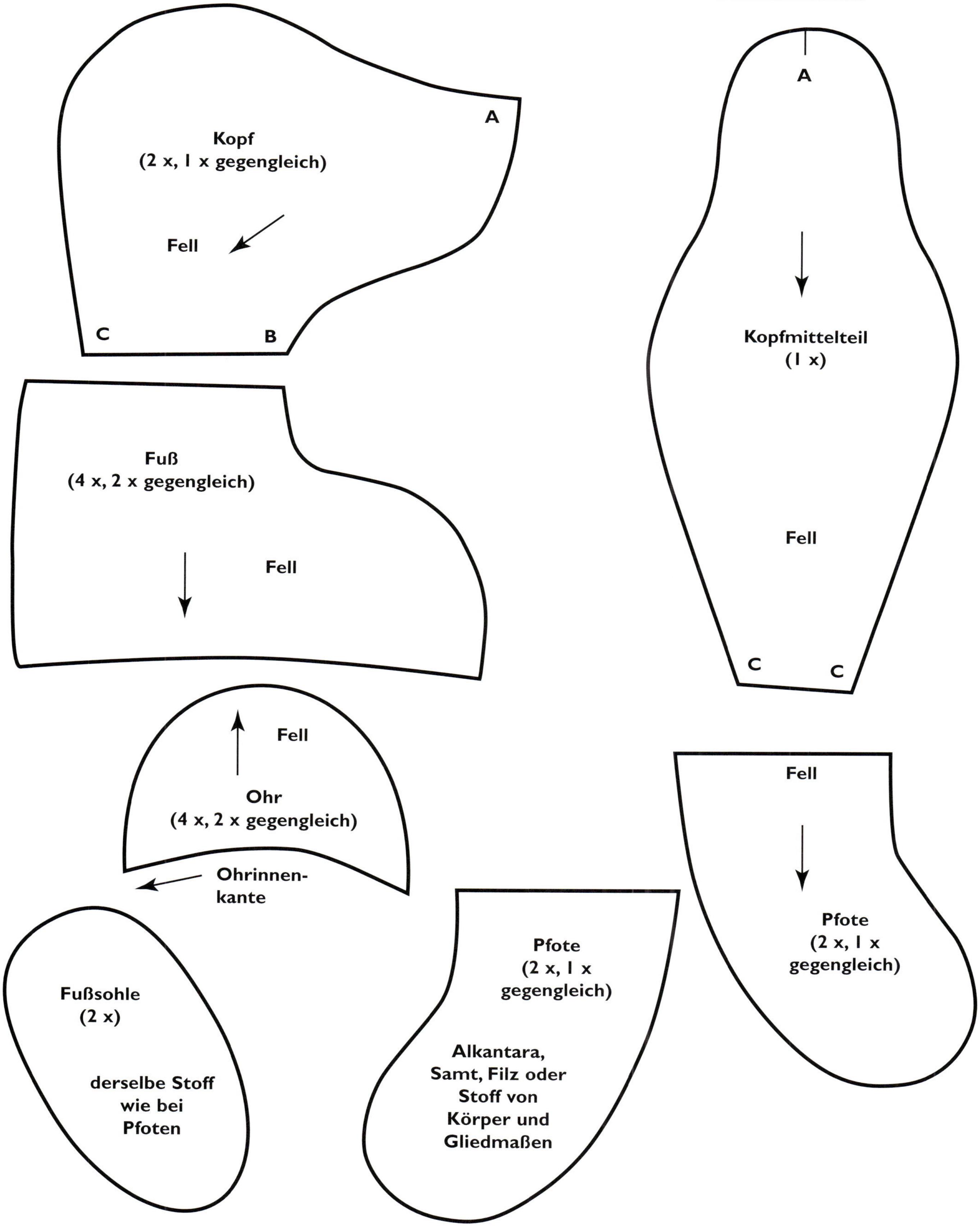

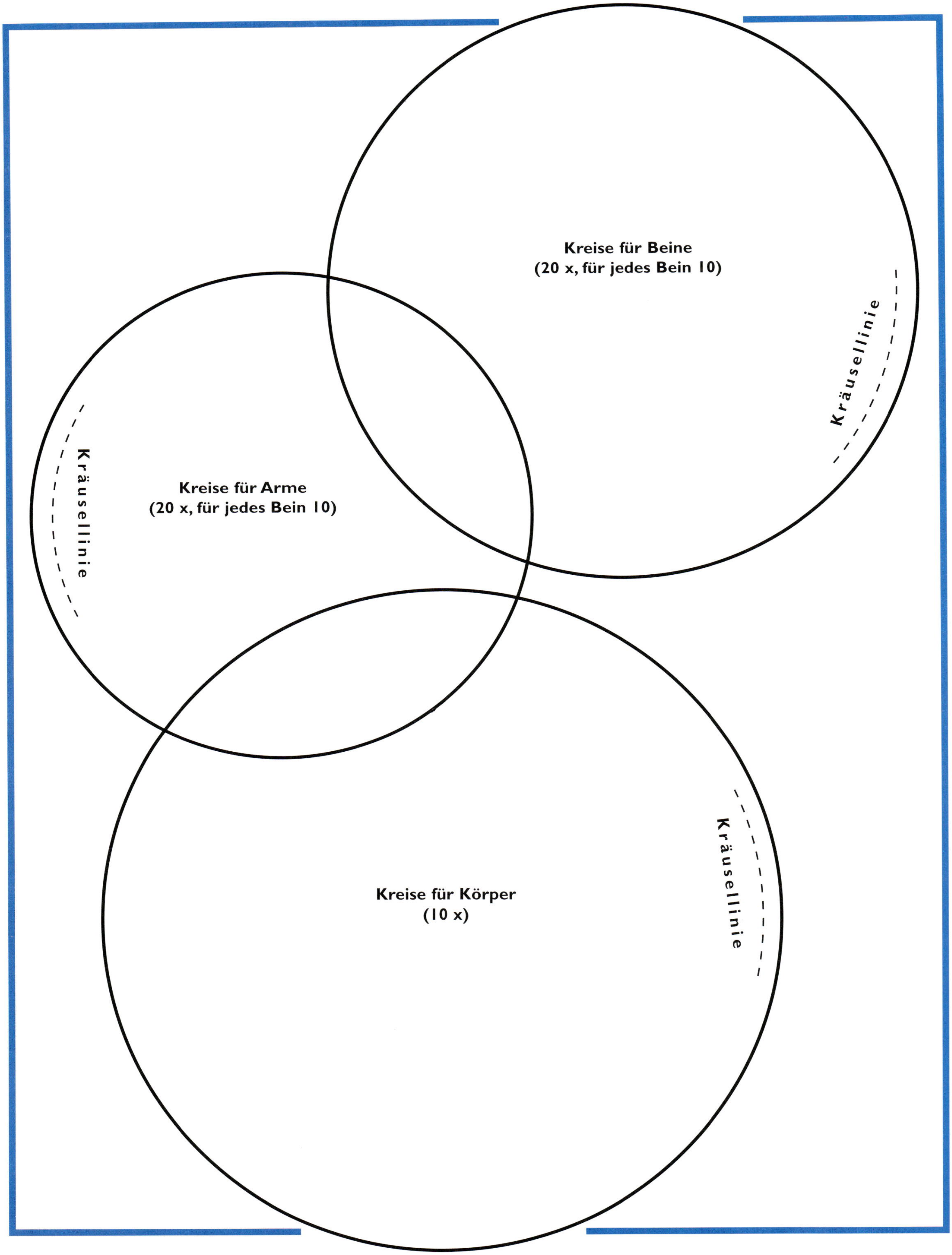
Kreise für Beine
(20 x, für jedes Bein 10)
Kräusellinie
Kreise für Arme
(20 x, für jedes Bein 10)
Kräusellinie
Kreise für Körper
(10 x)
Kräusellinie

Coco, der Clown (Vergrößerung um 50%)

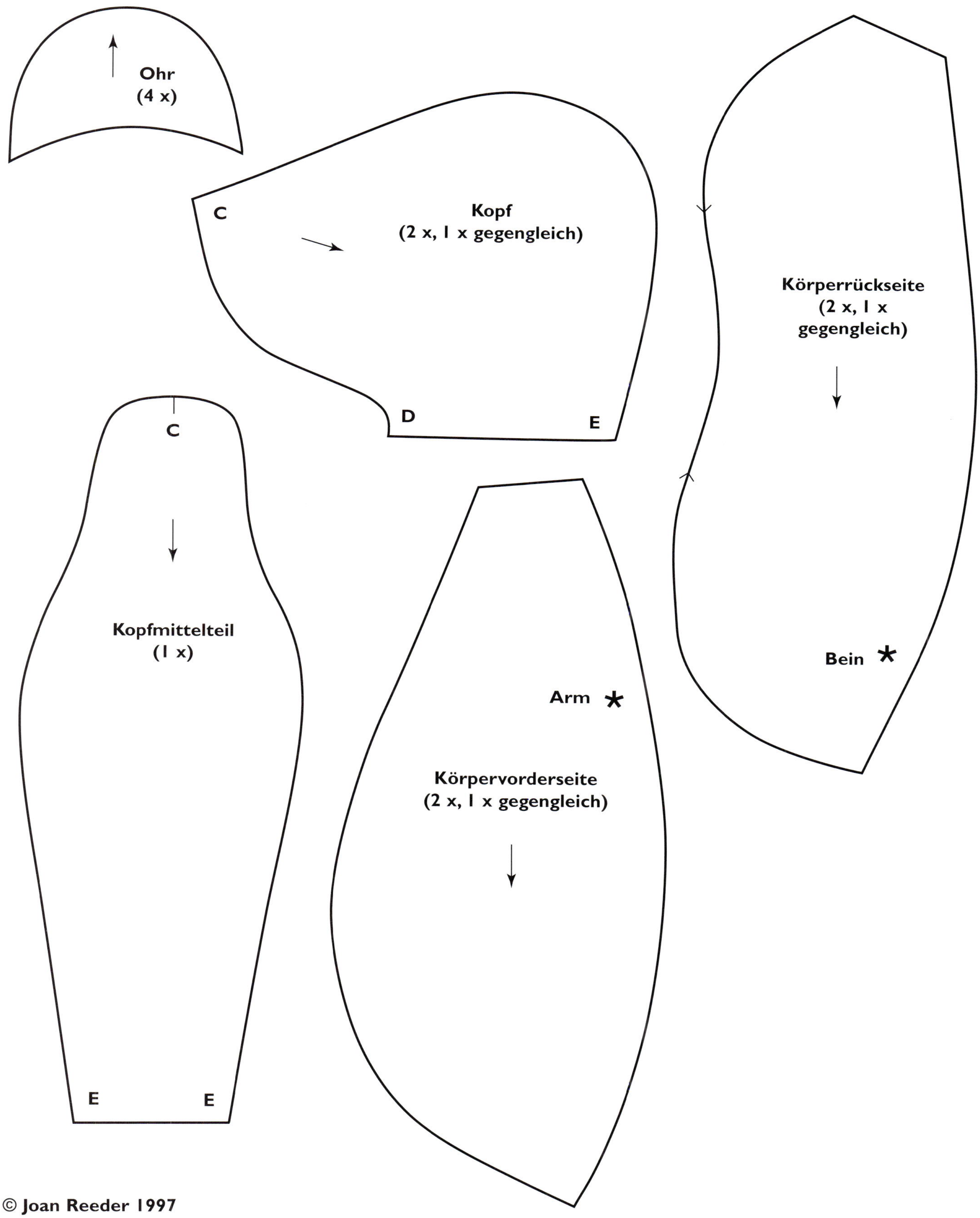

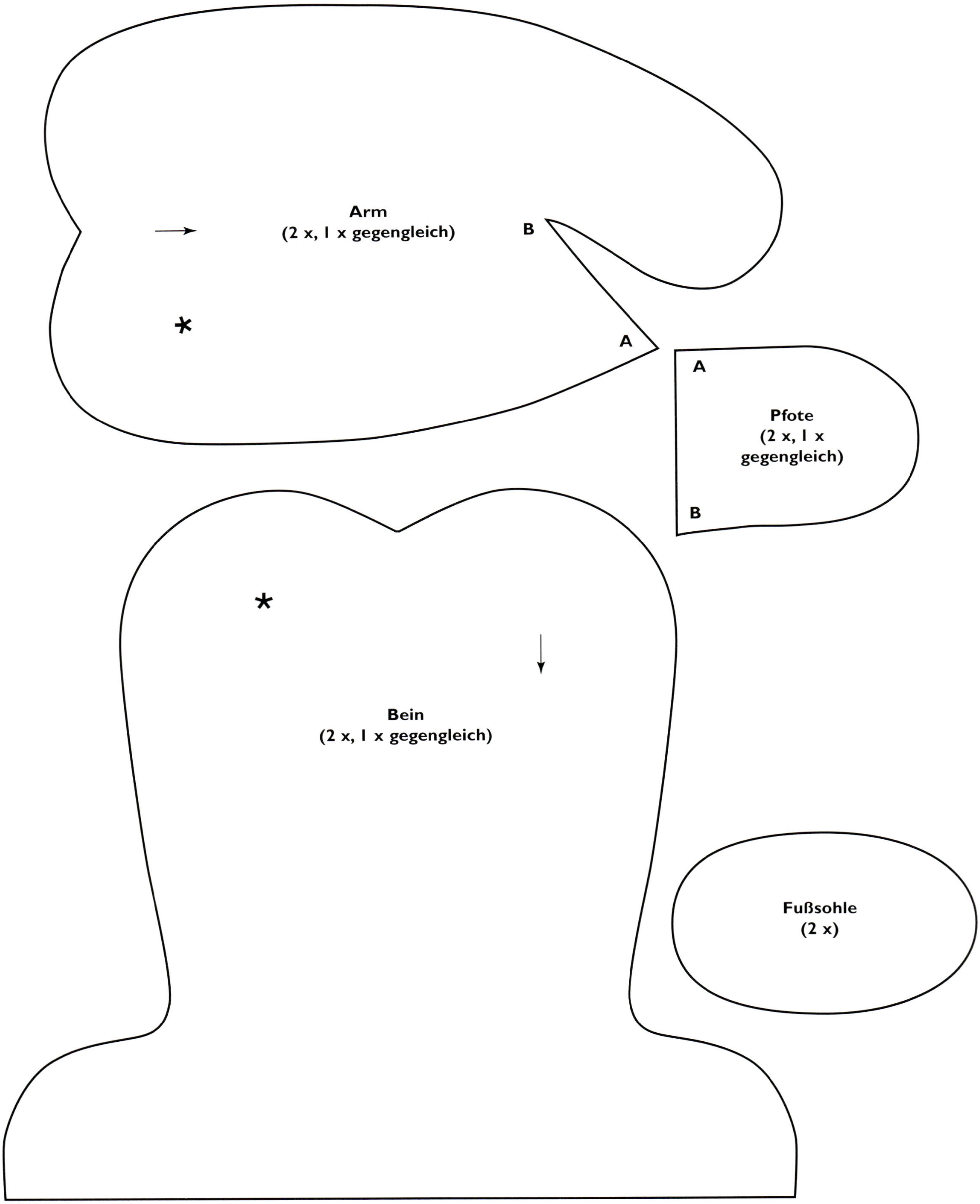
Arm
(2 x, 1 x gegengleich)
B
*
A
A
Pfote
(2 x, 1 x
gegengleich)
B
*
Bein
(2 x, 1 x gegengleich)
Fußsohle
(2 x)

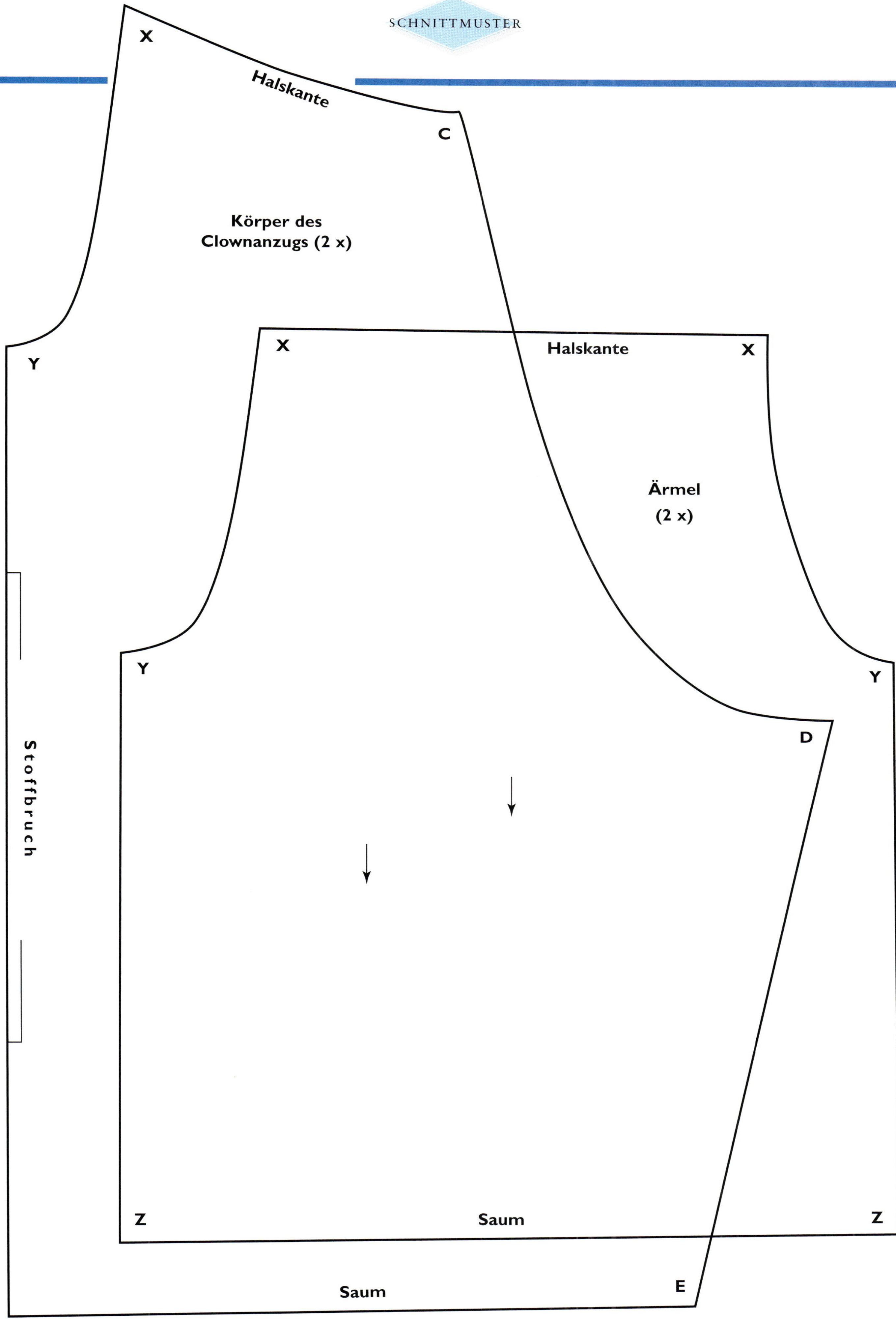
X
Halskante
C
Körper des
Clownanzugs (2 x)
Y
X
Halskante
X
Ärmel
(2 x)
Y
Y
D
Stoffbruch
Z
Saum
Z
Saum
E

PANDA (VERGR. UM 50%)

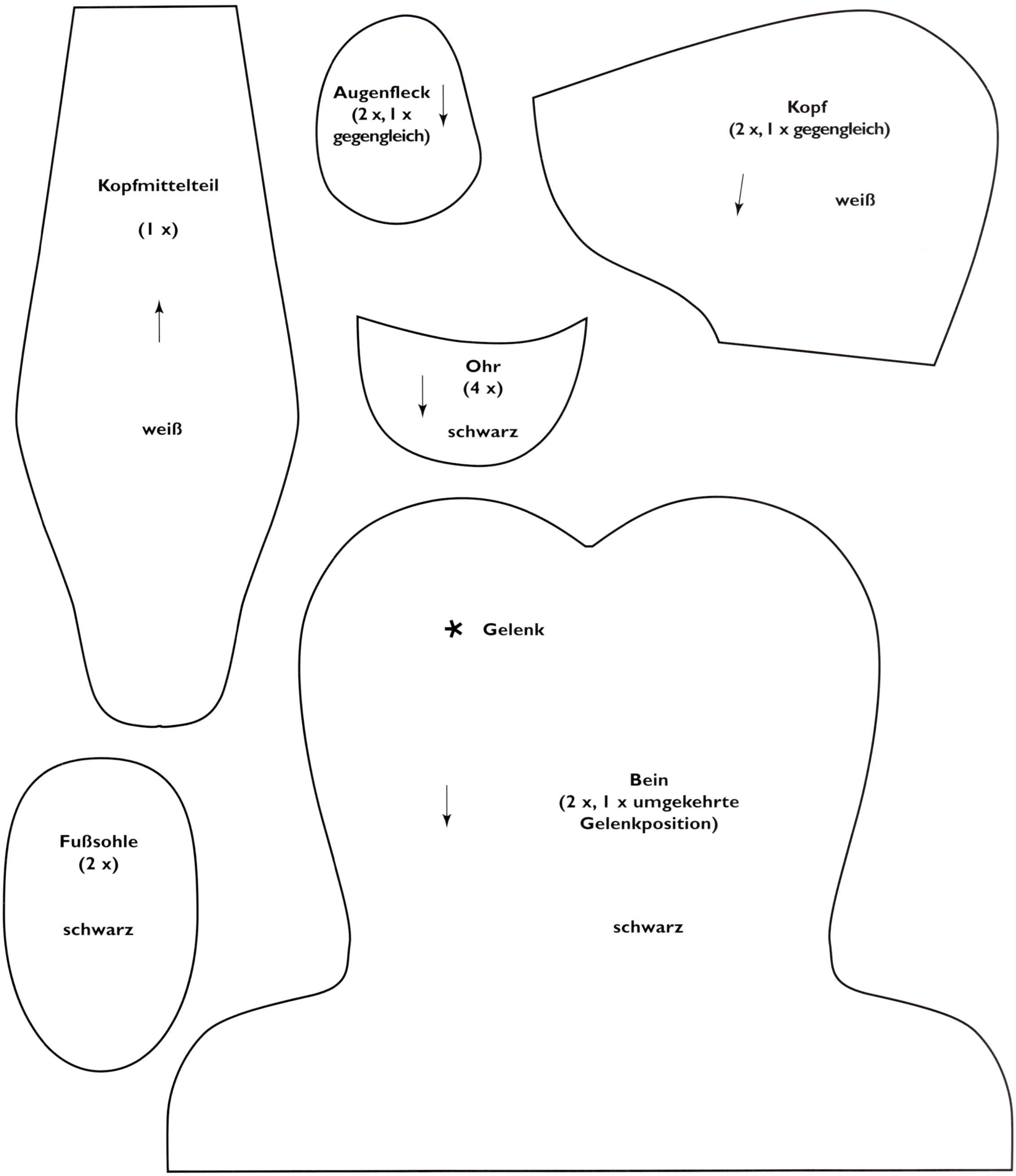

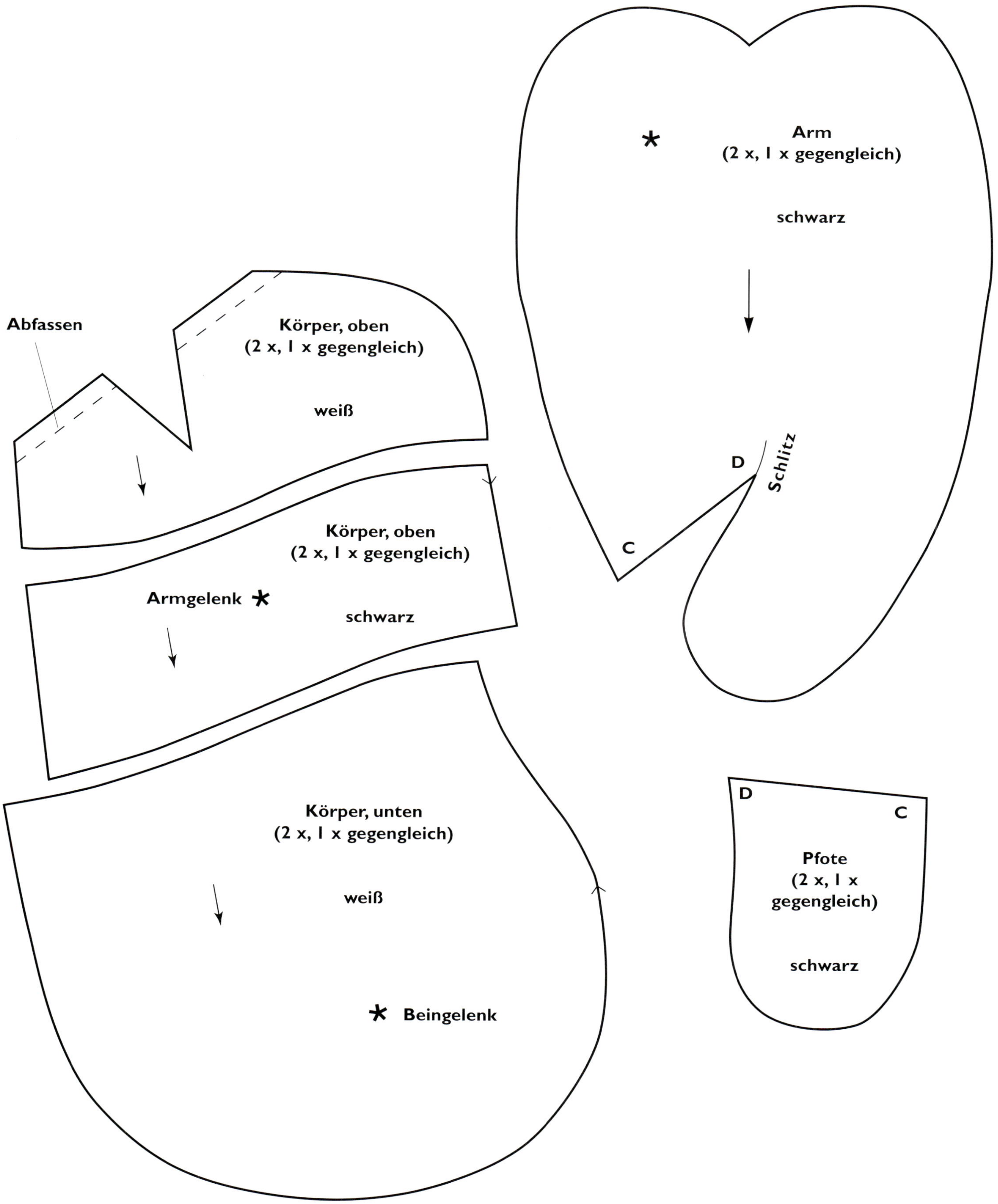
Arm
(2 x, 1 x gegengleich)
schwarz
Schlitz
D
C
Abfassen
Körper, oben
(2 x, 1 x gegengleich)
weiß
Körper, oben
(2 x, 1 x gegengleich)
Armgelenk
schwarz
Körper, unten
(2 x, 1 x gegengleich)
weiß
Beingelenk
D
C
Pfote
(2 x, 1 x
gegengleich)
schwarz

PAGENBÄR (VERGRÖSSERUNG UM 50%)

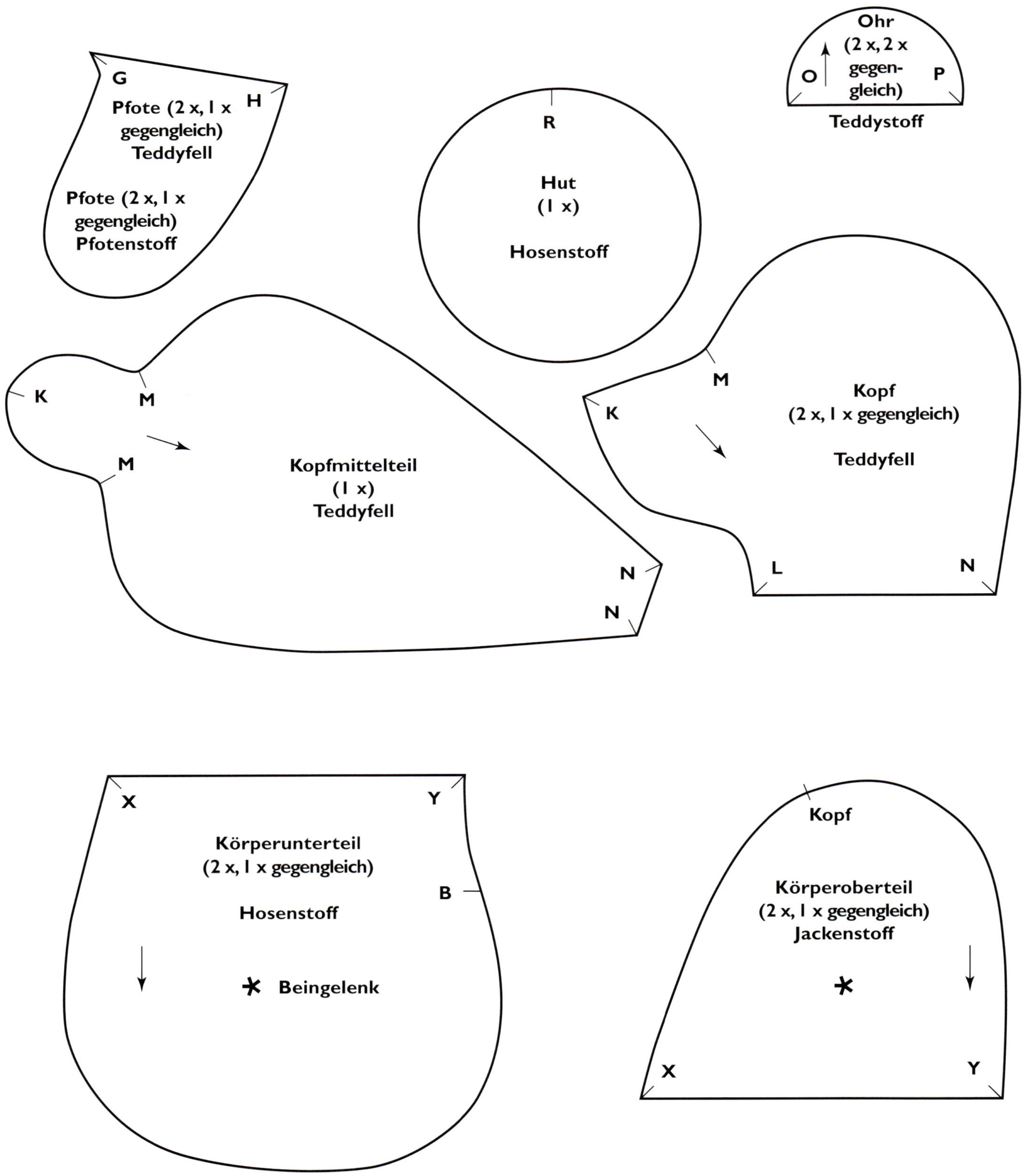

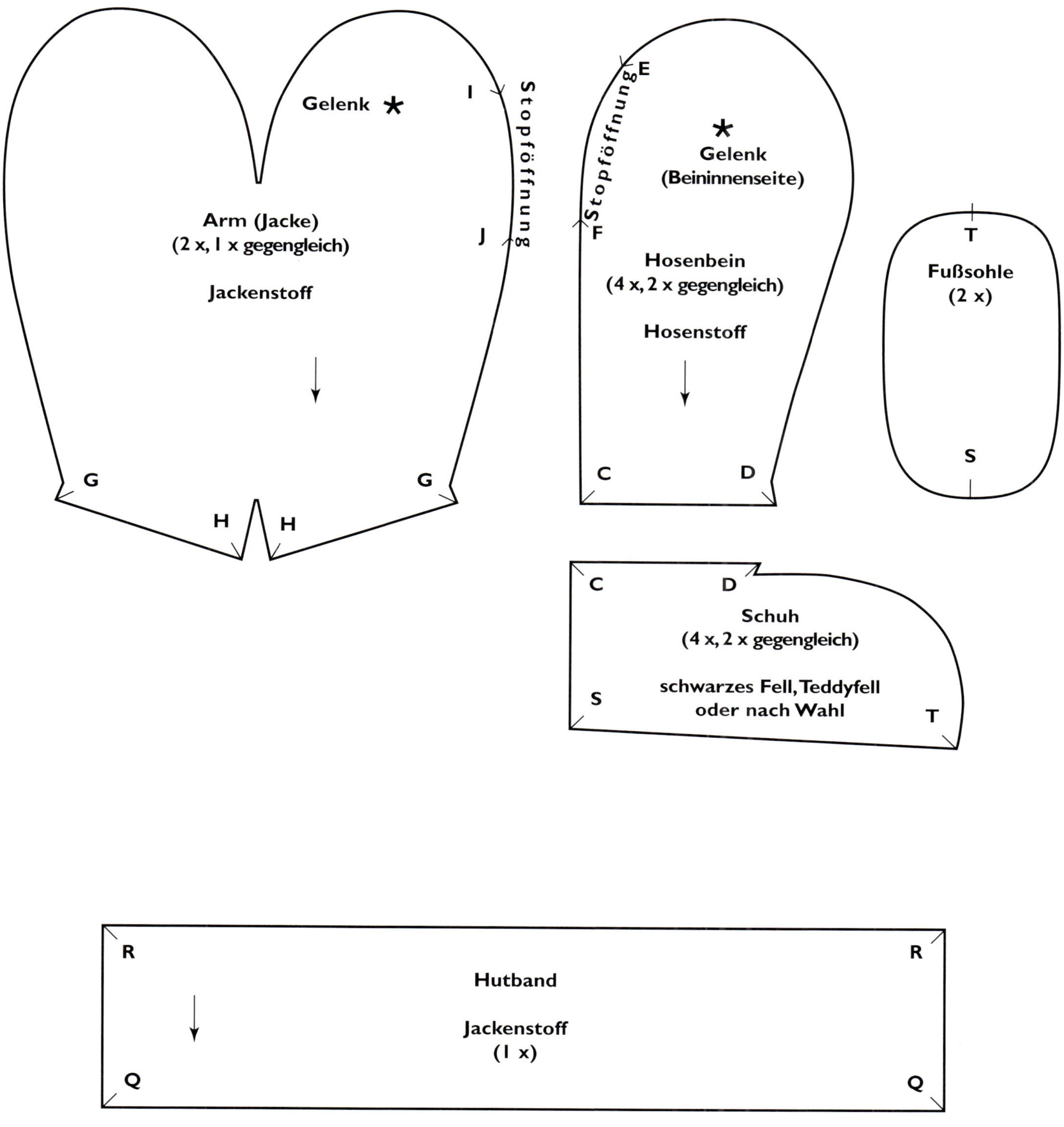
Gelenk *
I
J
Stopföffnung
Arm (Jacke)
(2 x, 1 x gegengleich)
Jackenstoff
G
G
H
H
E
F
Stopföffnung
*
Gelenk
(Beininnenseite)
Hosenbein
(4 x, 2 x gegengleich)
Hosenstoff
C
D
T
Fußsohle
(2 x)
S
C
D
Schuh
(4 x, 2 x gegengleich)
S
schwarzes Fell, Teddyfell
oder nach Wahl
T
R
R
Hutband
Jackenstoff
(1 x)
Q
Q

NARR (VERGRÖSSERUNG UM 50%)

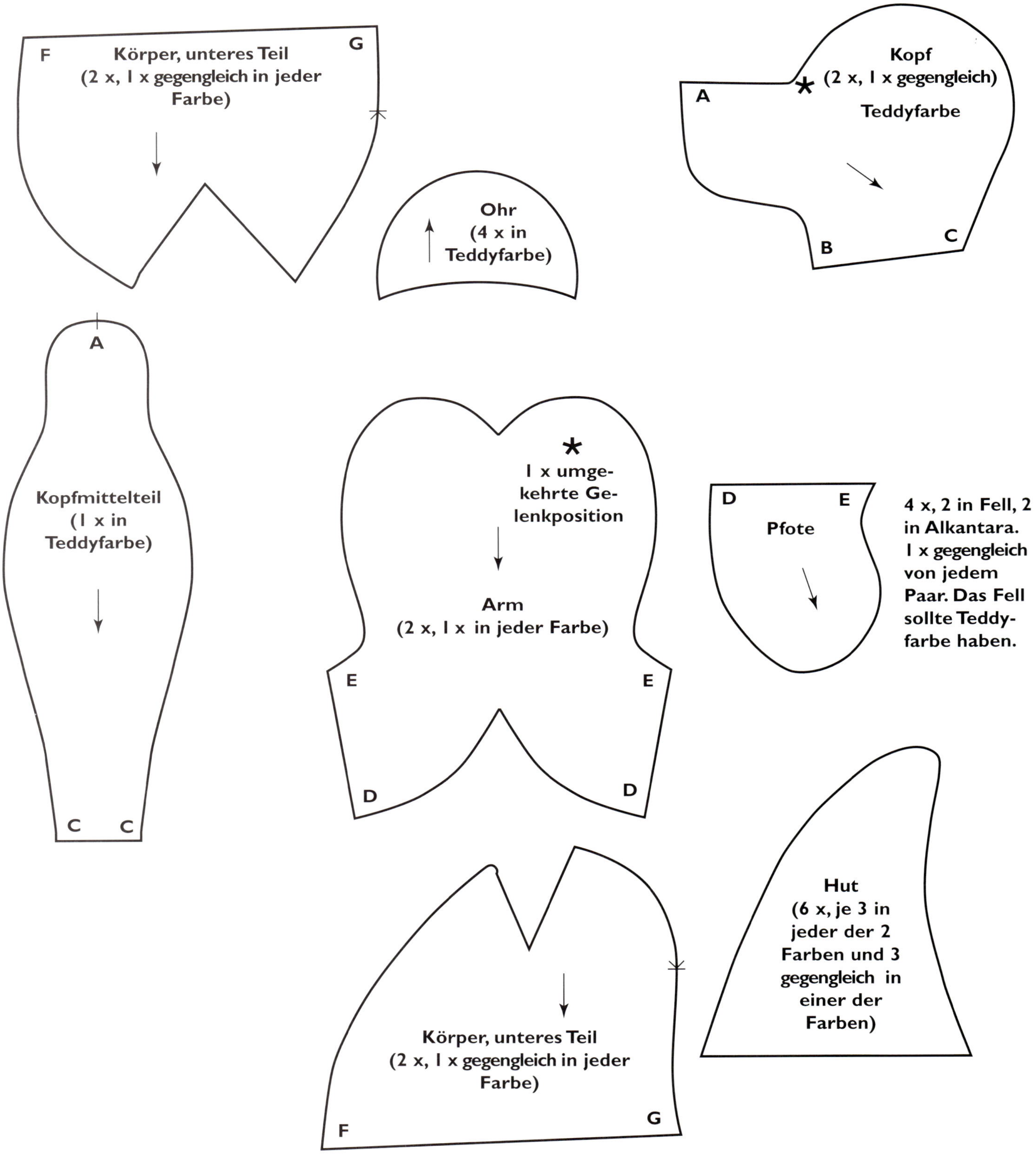

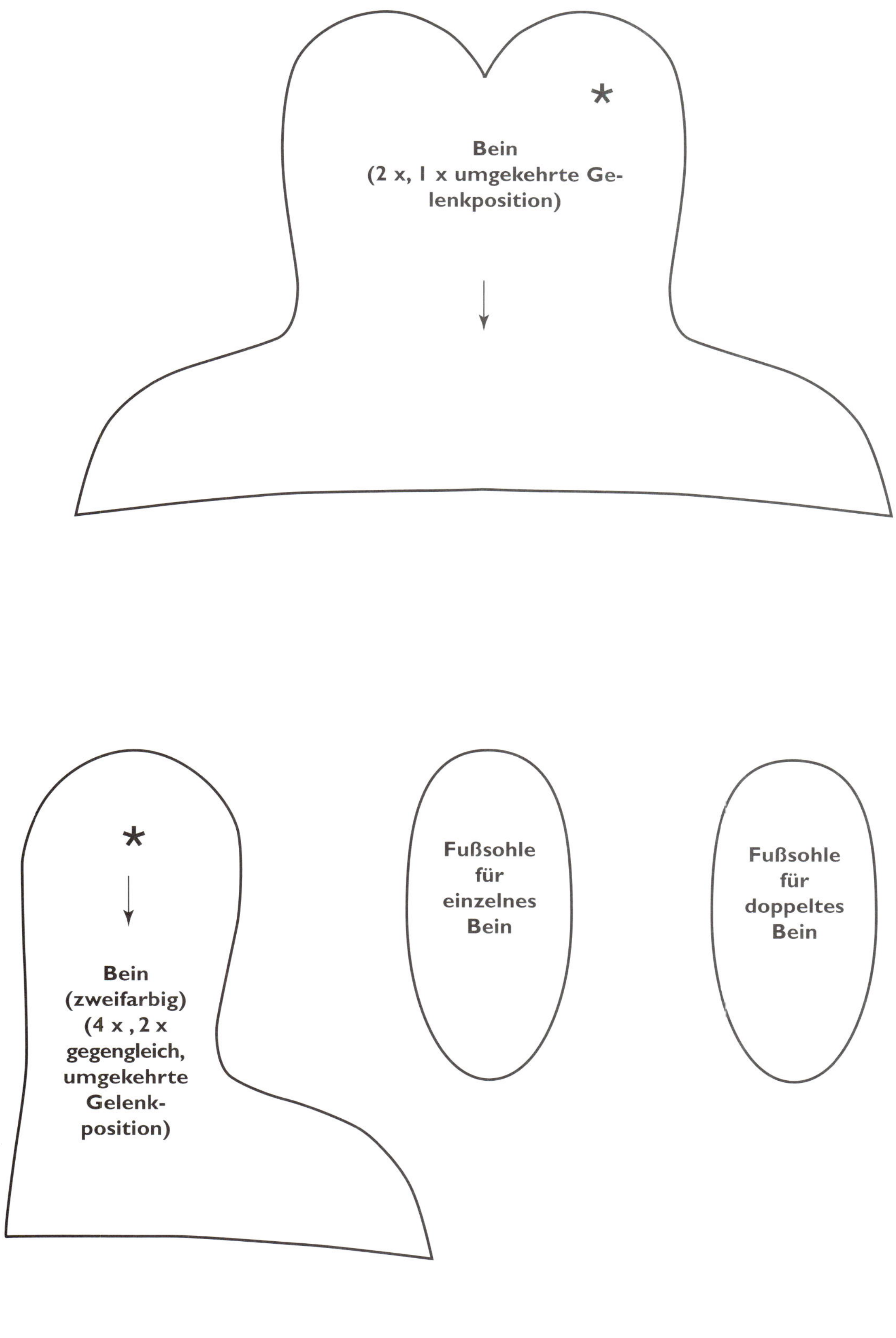
*
Bein
(2 x, 1 x umgekehrte Ge-
lenkposition)
*
Bein
(zweifarbig)
(4 x , 2 x
gegengleich,
umgekehrte
Gelenk-
position)
Fußsohle
für
einzelnes
Bein
Fußsohle
für
doppeltes
Bein

LUISE (VERGRÖSSERUNG UM 50%)

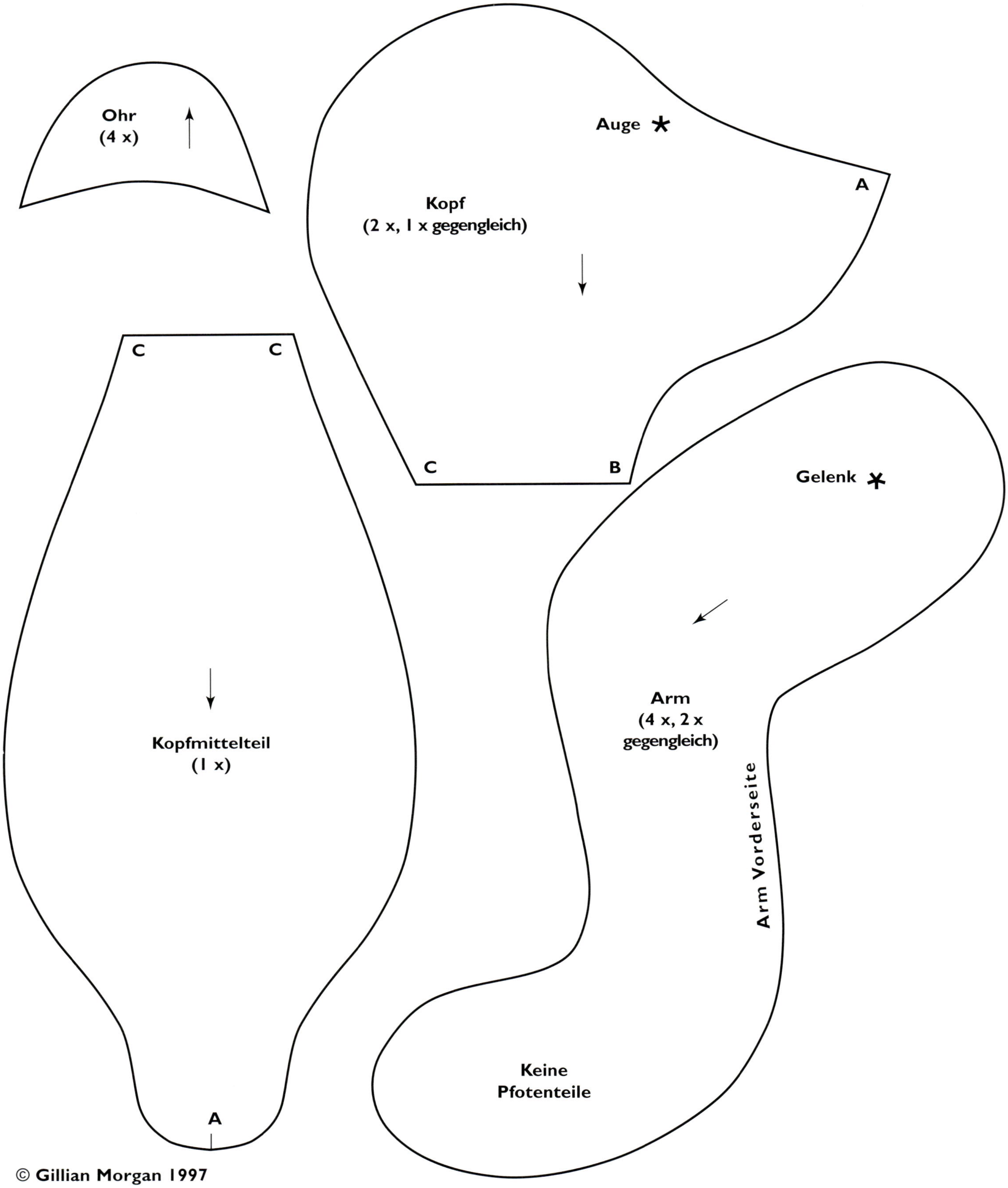

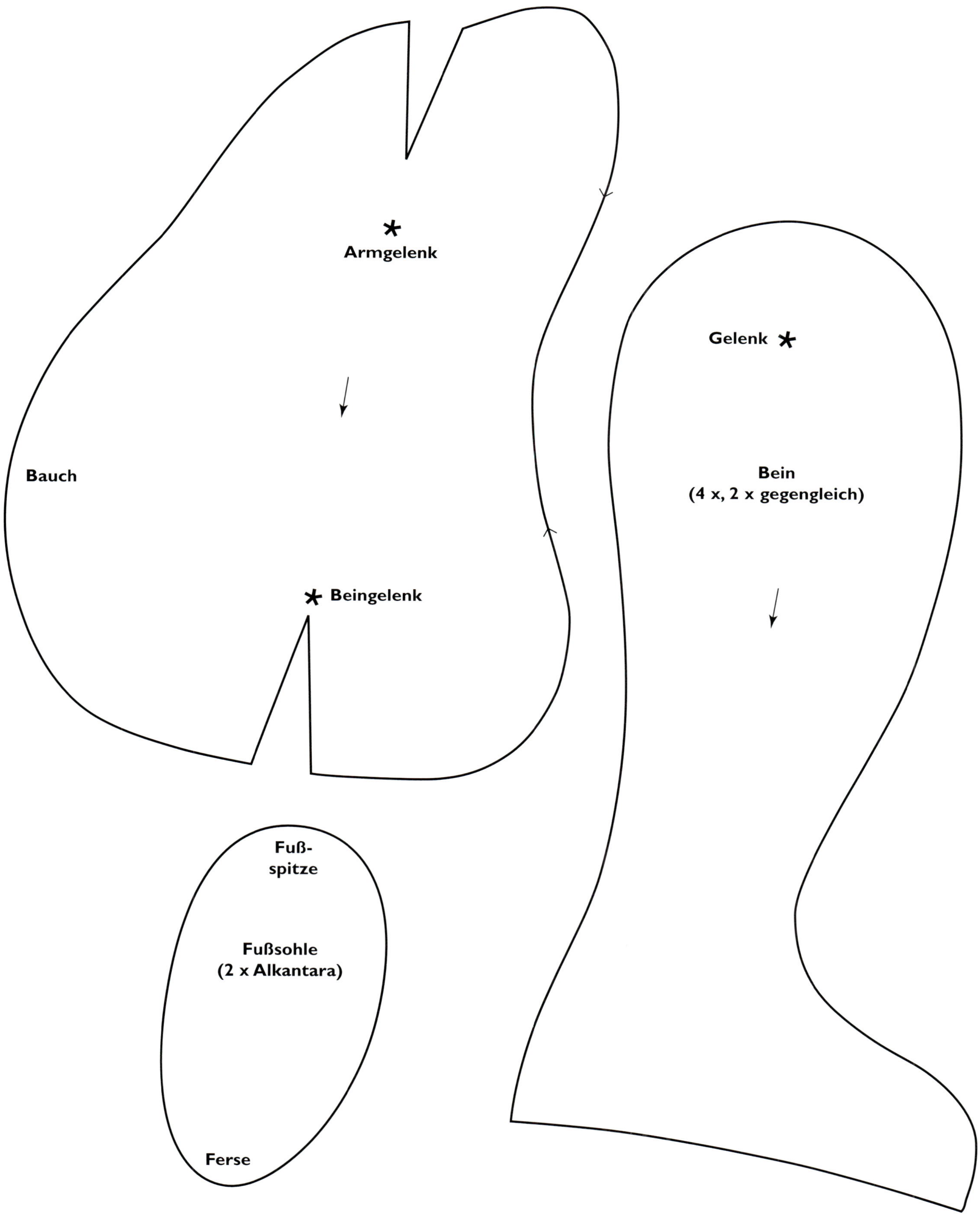
Armgelenk
Bauch
Beingelenk
Gelenk
Bein
(4 x, 2 x gegengleich)
Fuß-
spitze
Fußsohle
(2 x Alkantara)
Ferse

Herr Meier (Vergr. um 50%)

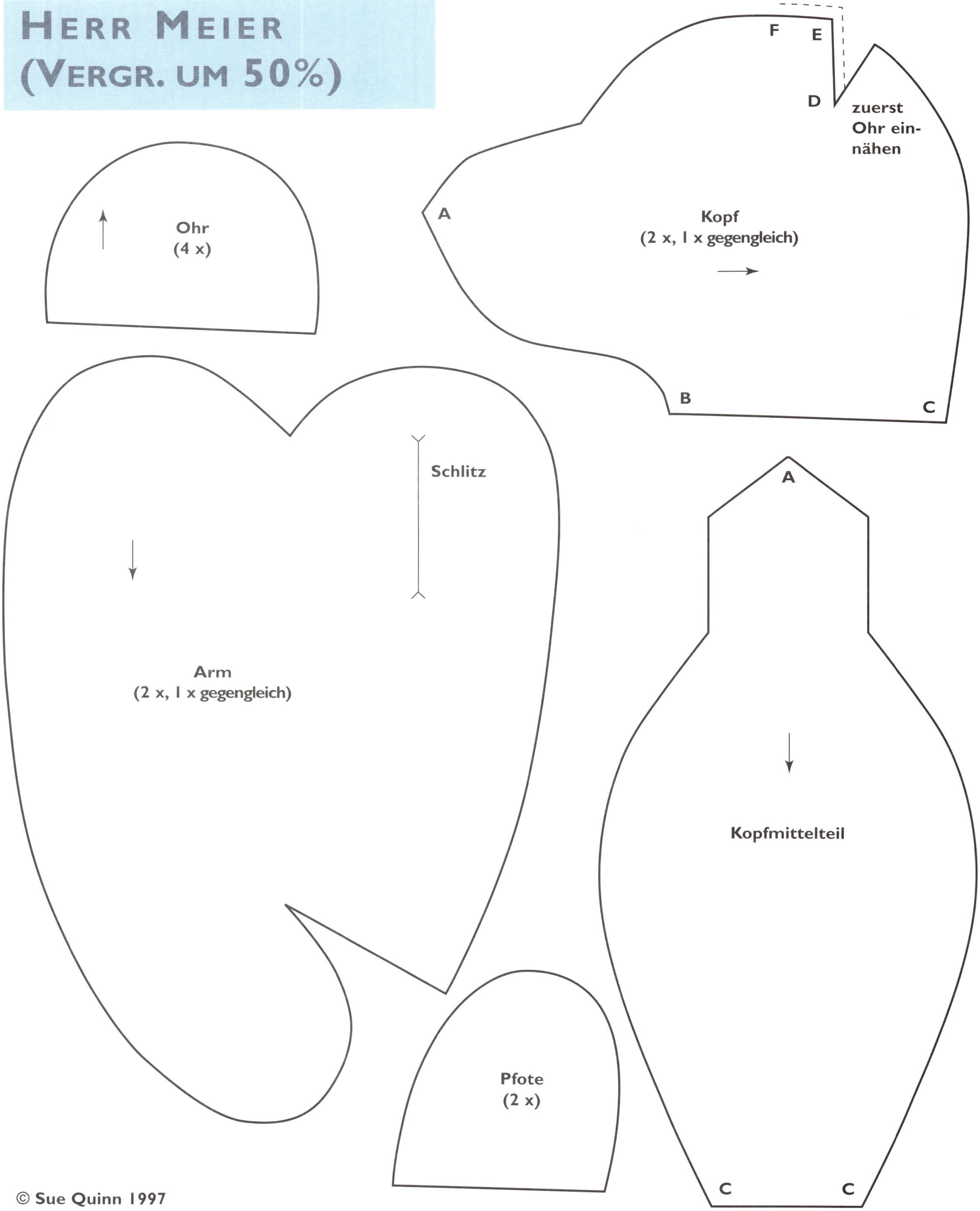

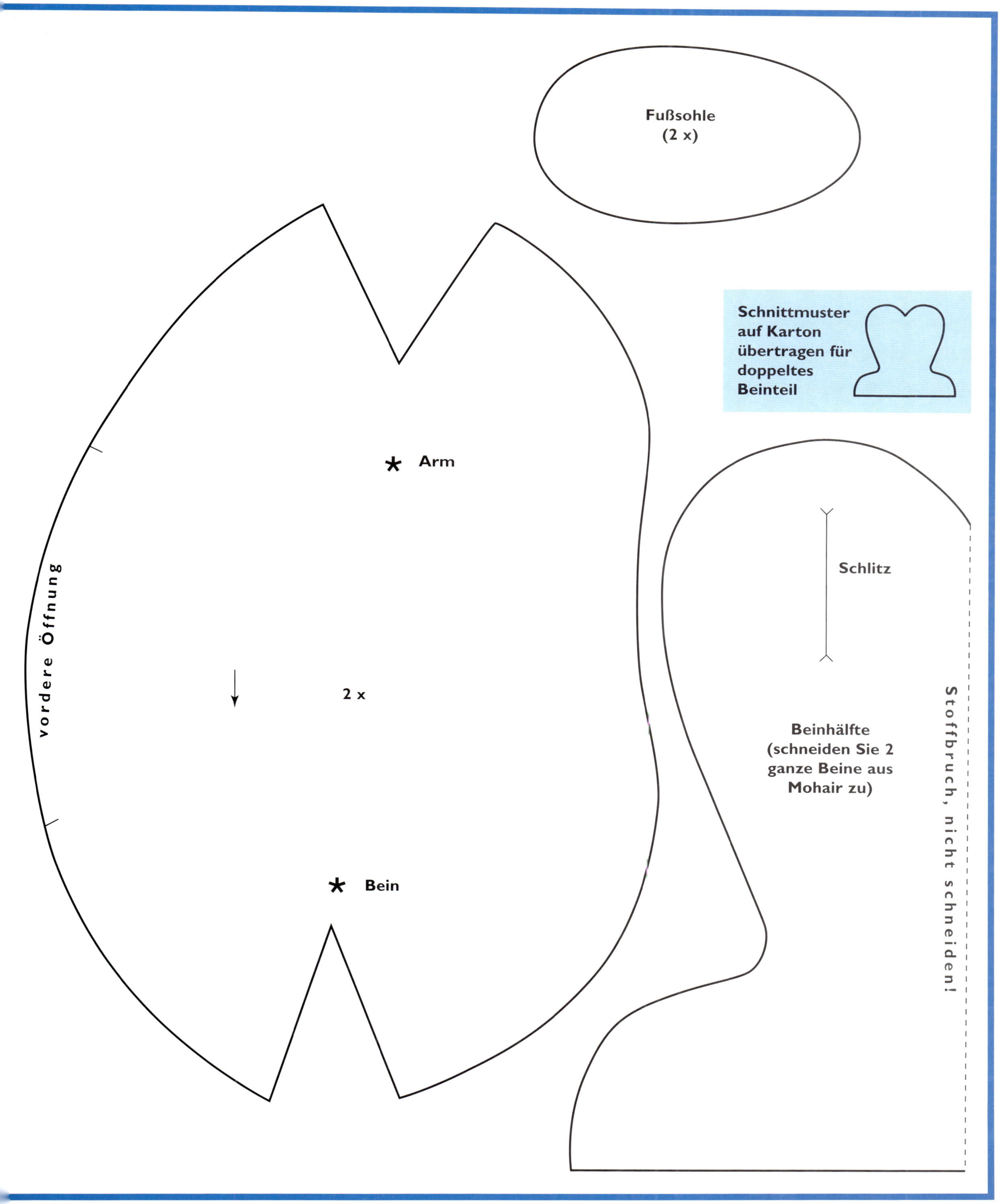
Fußsohle
(2 x)
Schnittmuster auf Karton übertragen für doppeltes Beinteil
Arm
vordere Öffnung
2 x
Bein
Schlitz
Beinhälfte
(schneiden Sie 2 ganze Beine aus Mohair zu)
Stoffbruch, nicht schneiden!

Herrn Meiers Kleider (Vergrösserung um 50%)

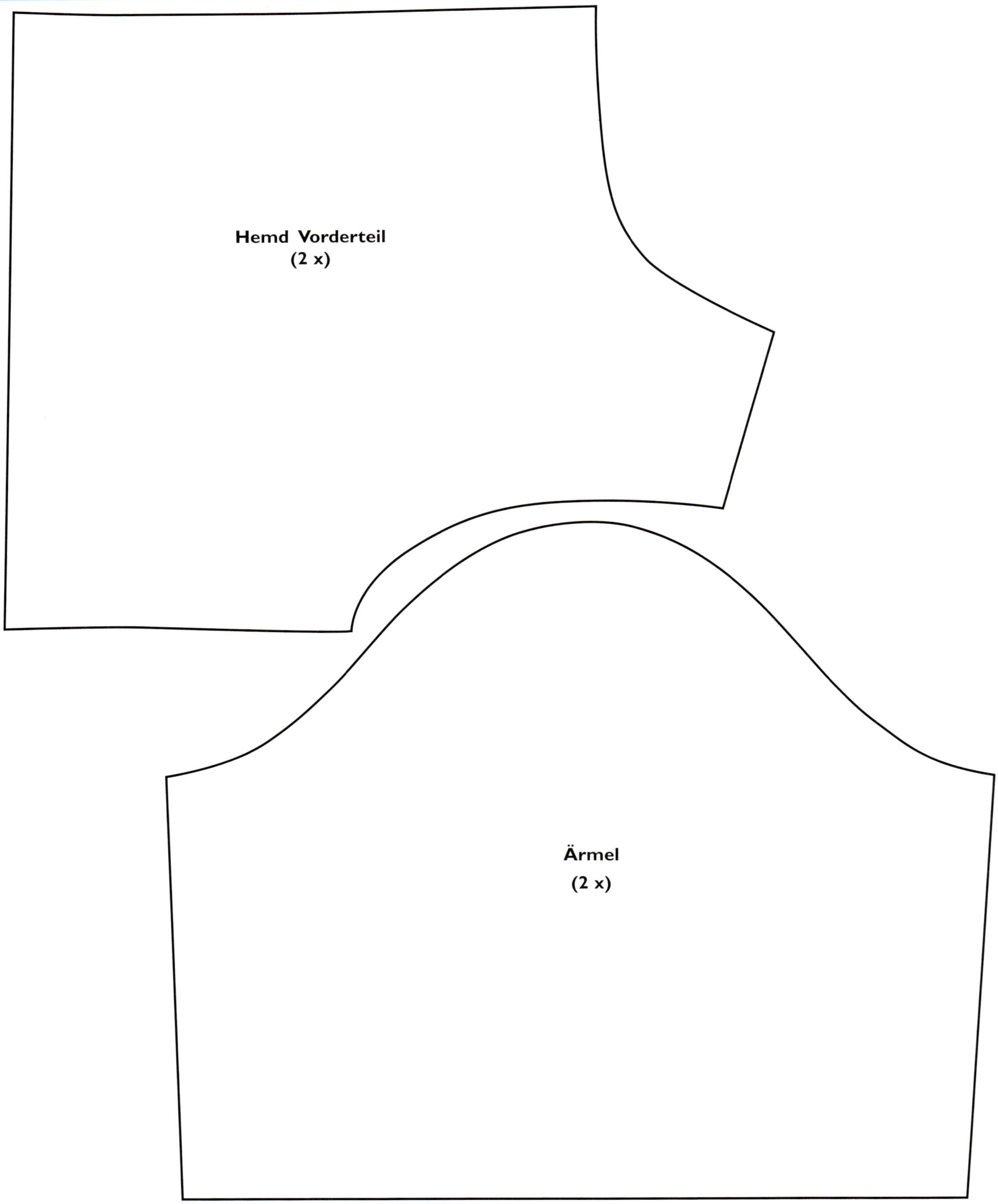

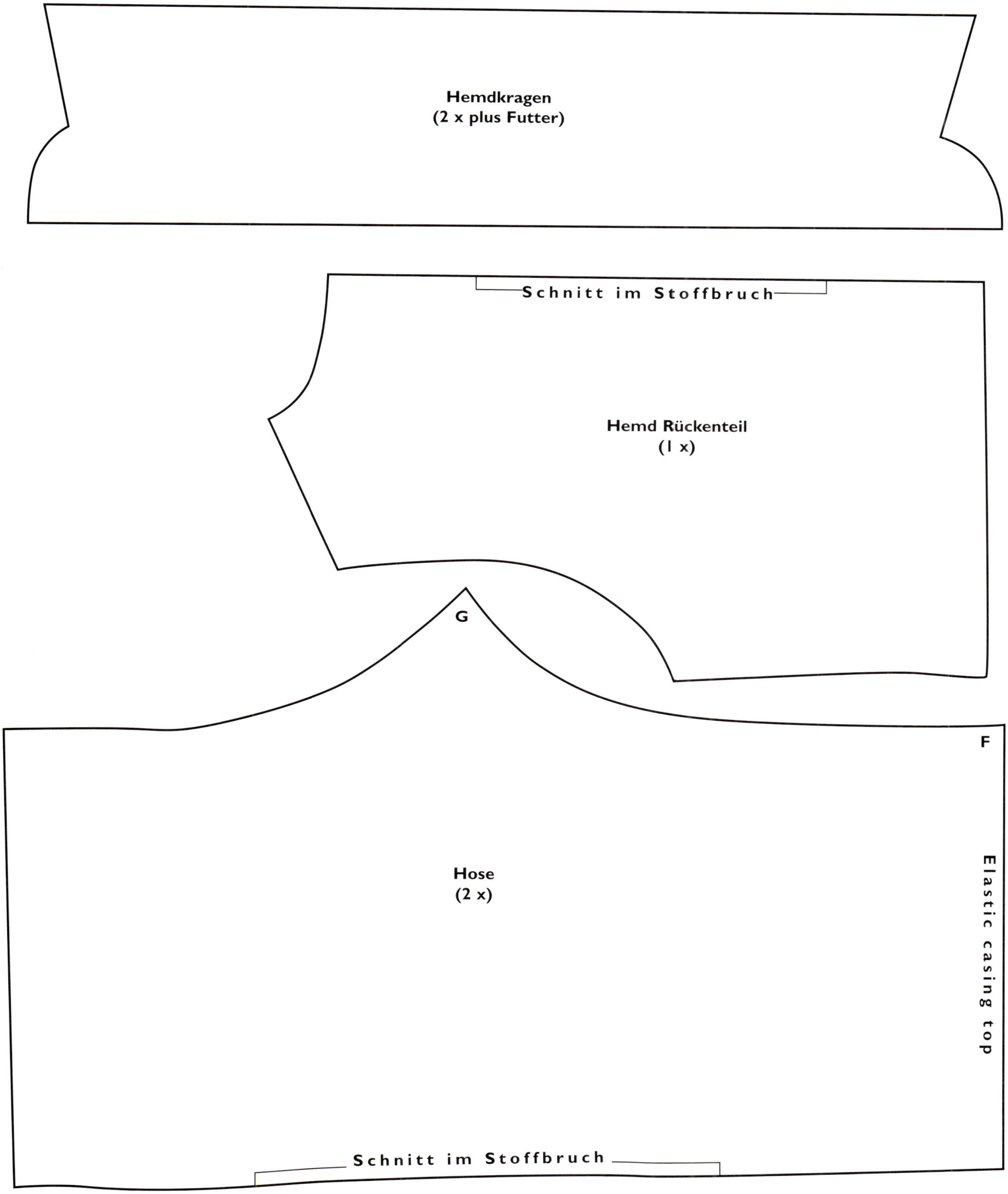
Hemdkragen
(2 x plus Futter)
Schnitt im Stoffbruch
Hemd Rückenteil
(1 x)
G
F
Hose
(2 x)
Elastic casing top
Schnitt im Stoffbruch

PÜNKTCHEN (VERGR. UM 50%)

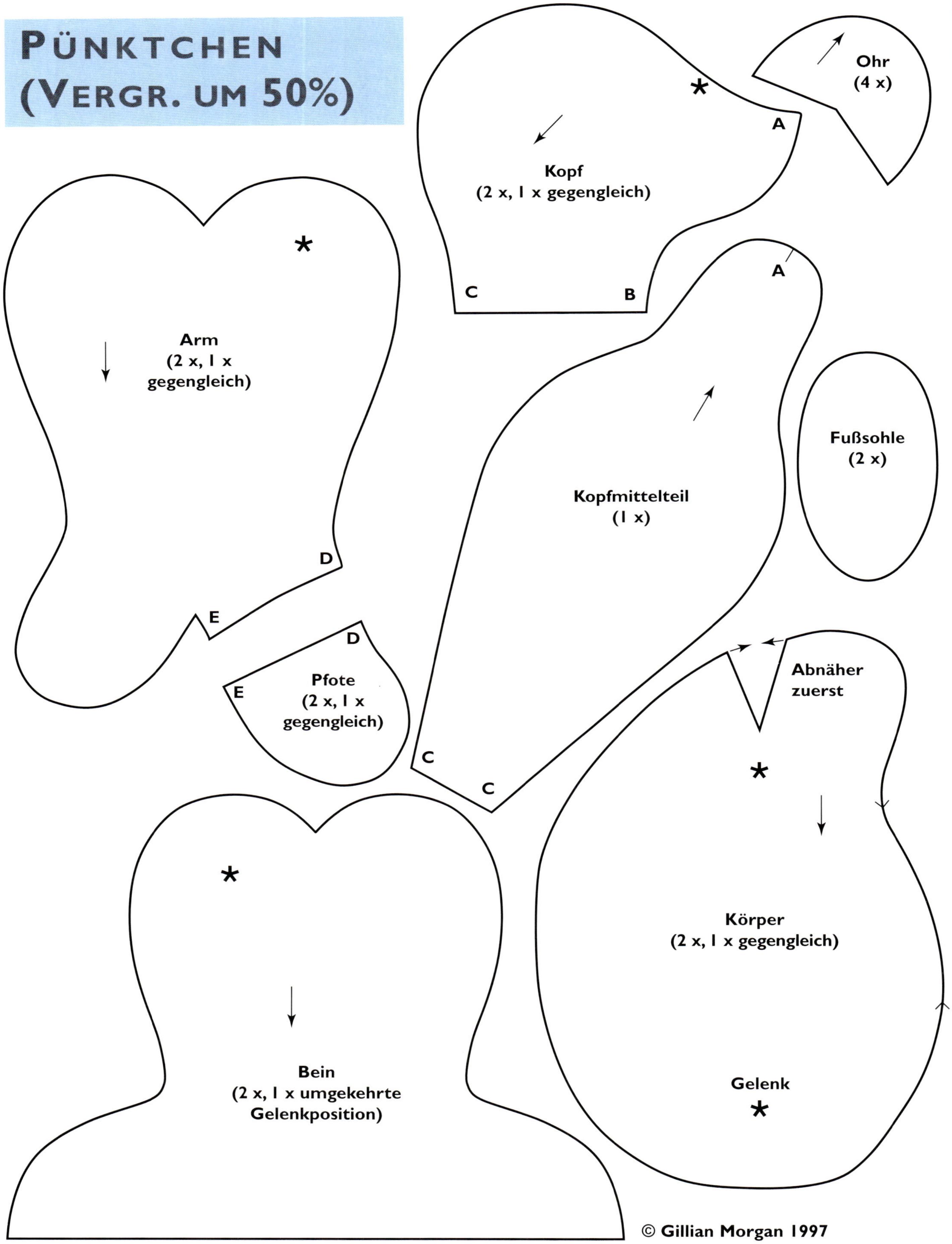

Wuschel (Vergr. um 50%)

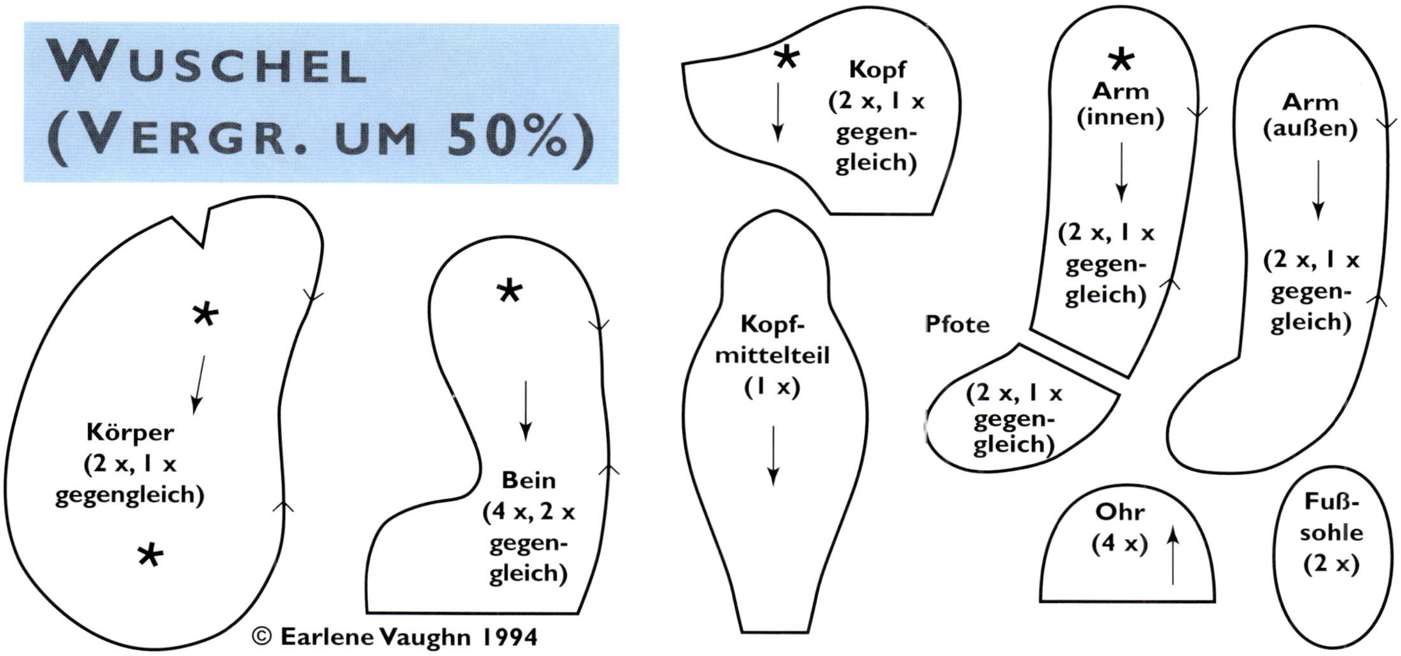

Bettvorleger (Vergr. um 100%)

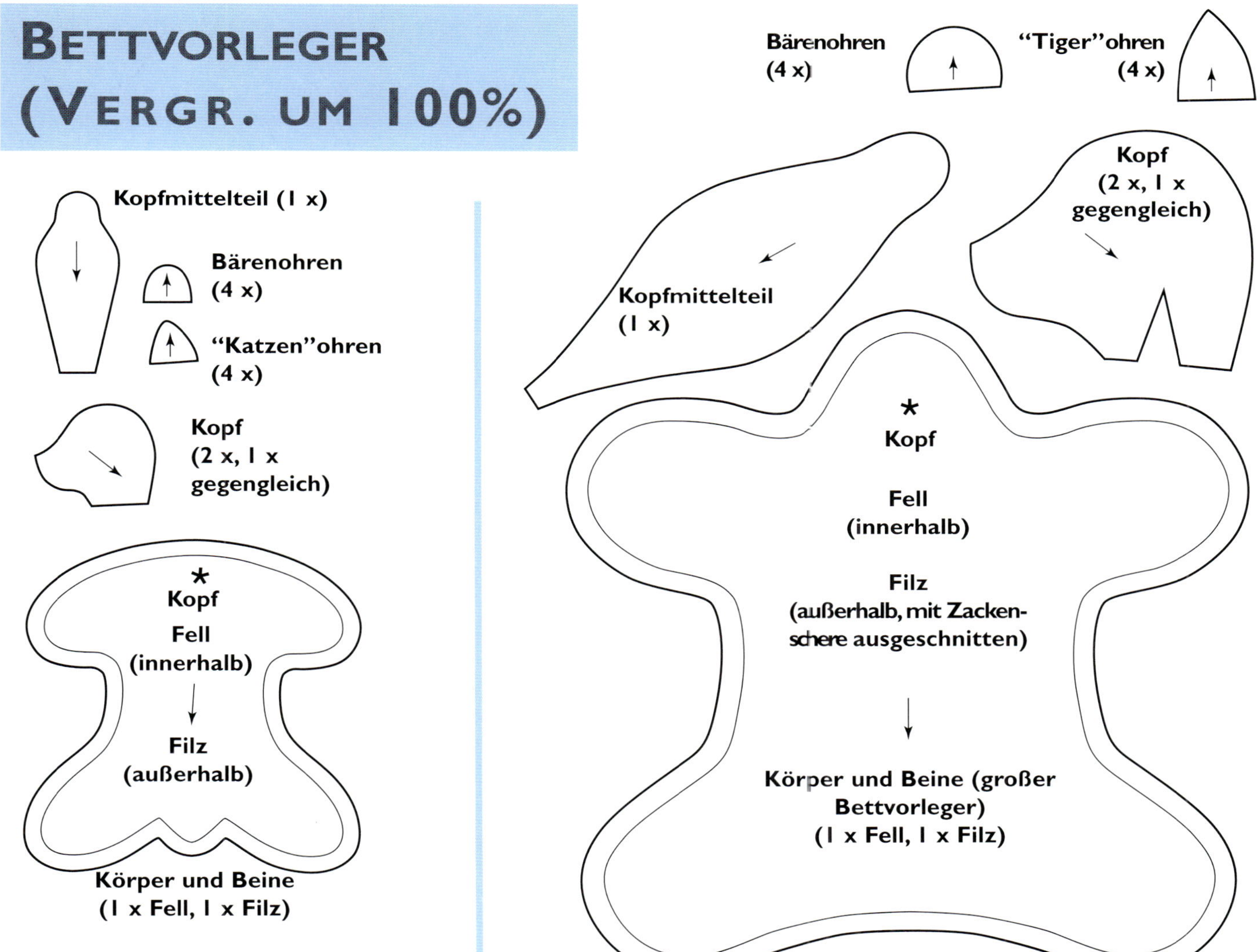

Johann Schmidt-Grünwald (Originalgr.)

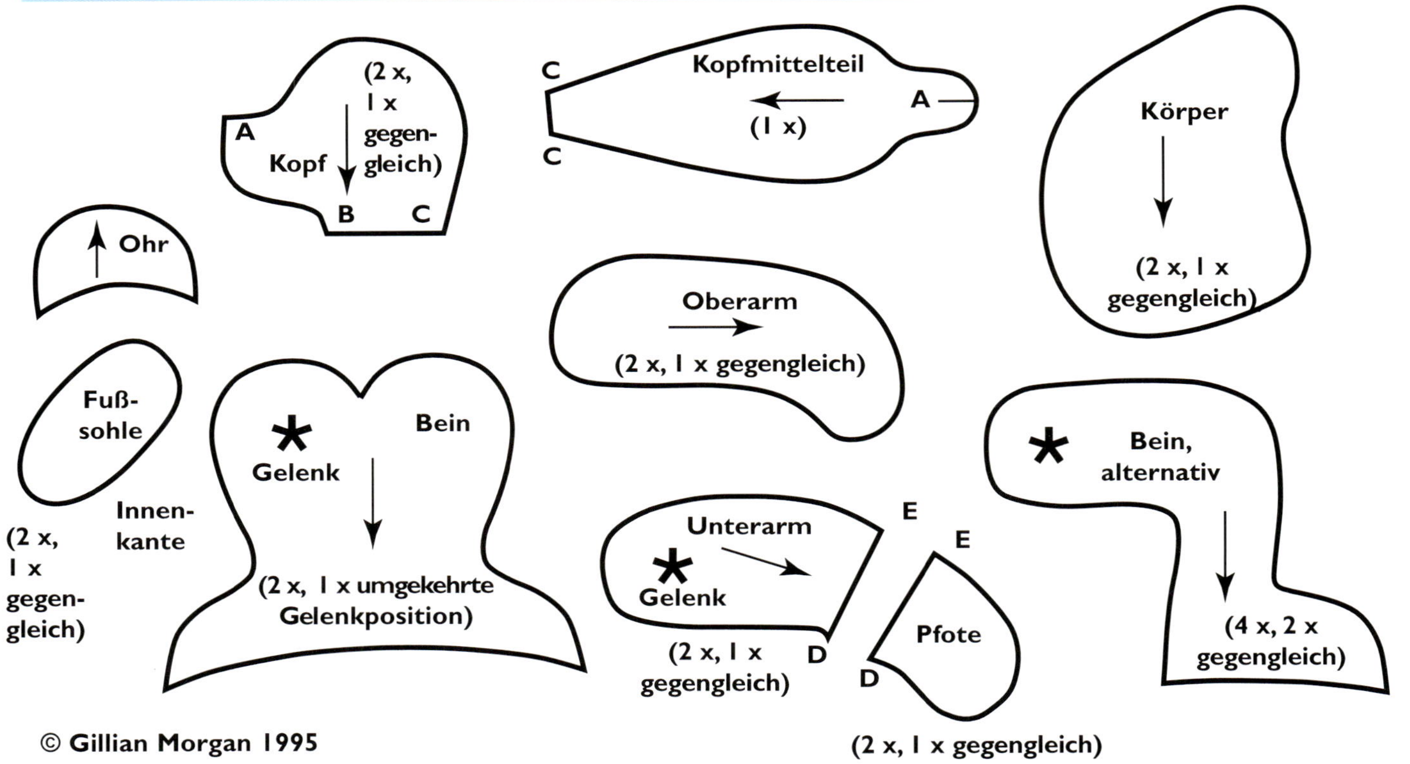

Günter und Rudi (Originalgr.)

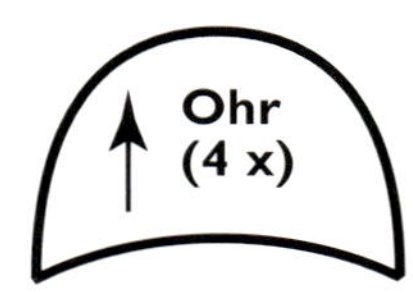

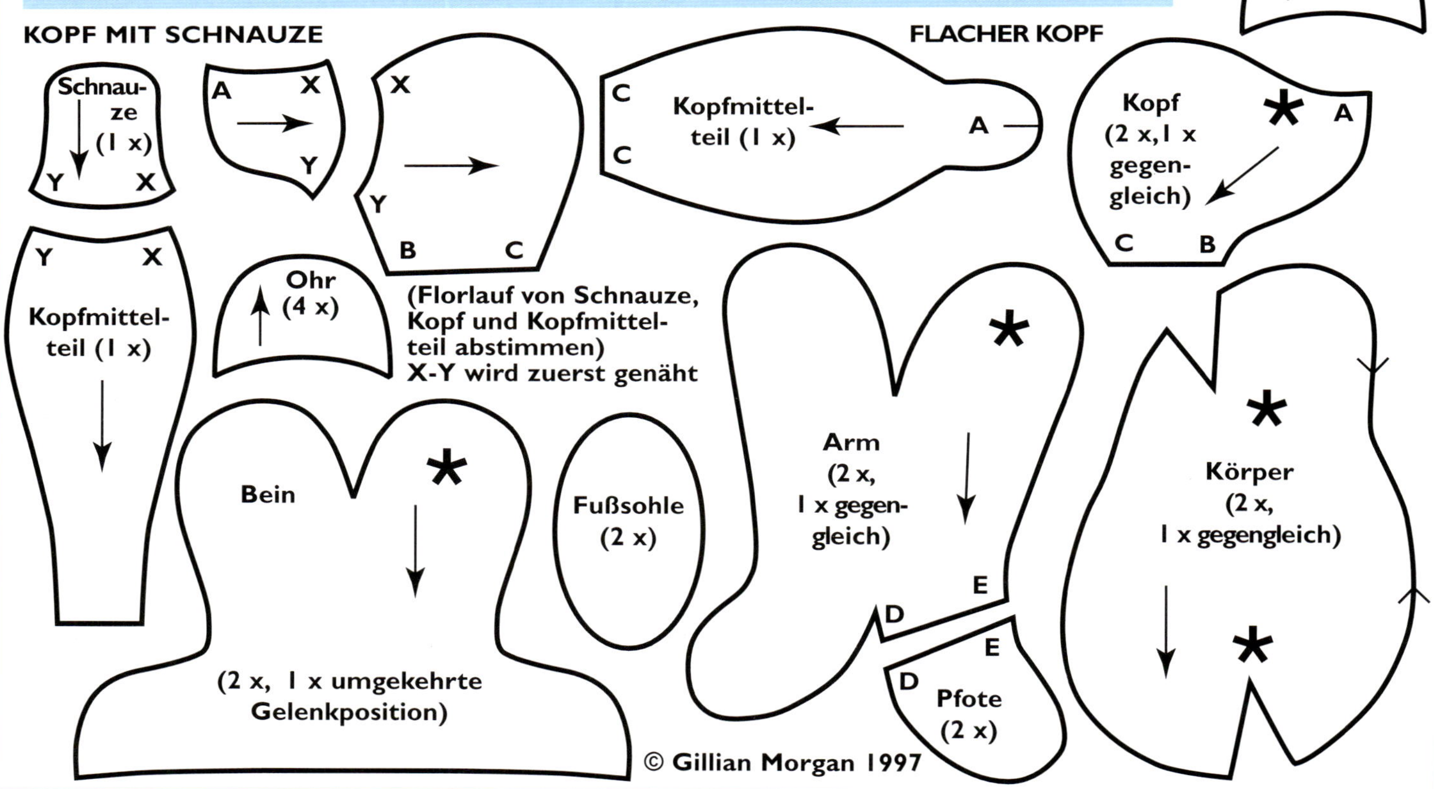

Mini (Originalgr.)

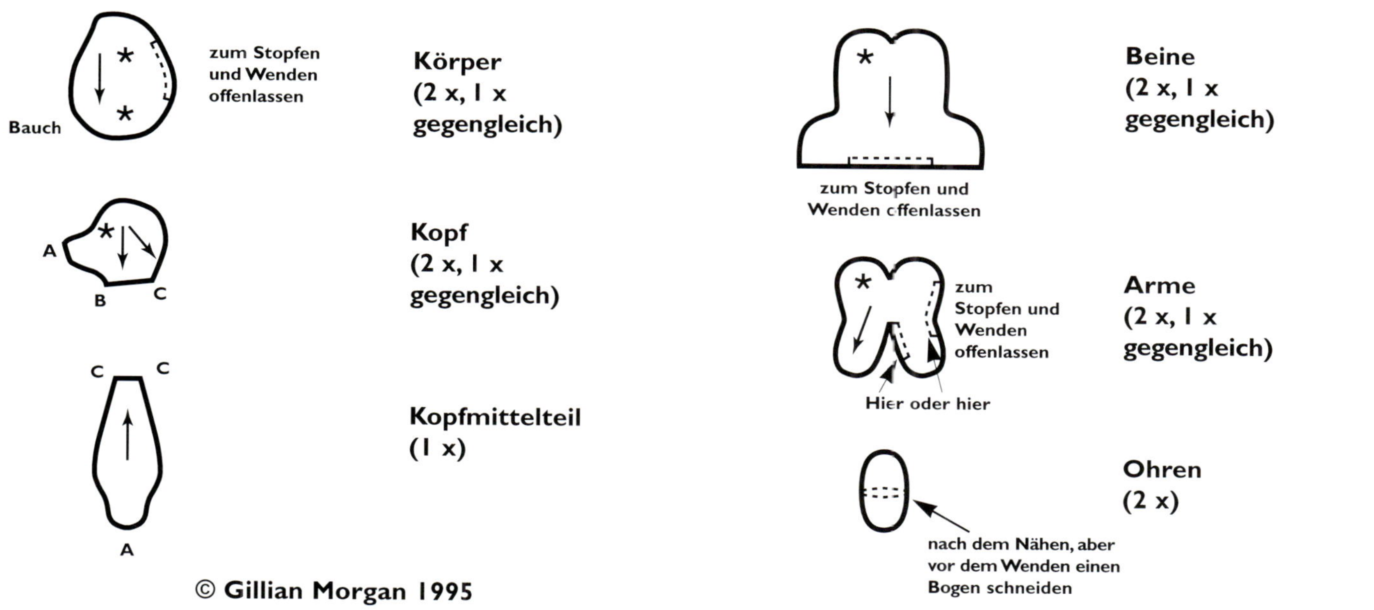

Misty (Originalgr.)

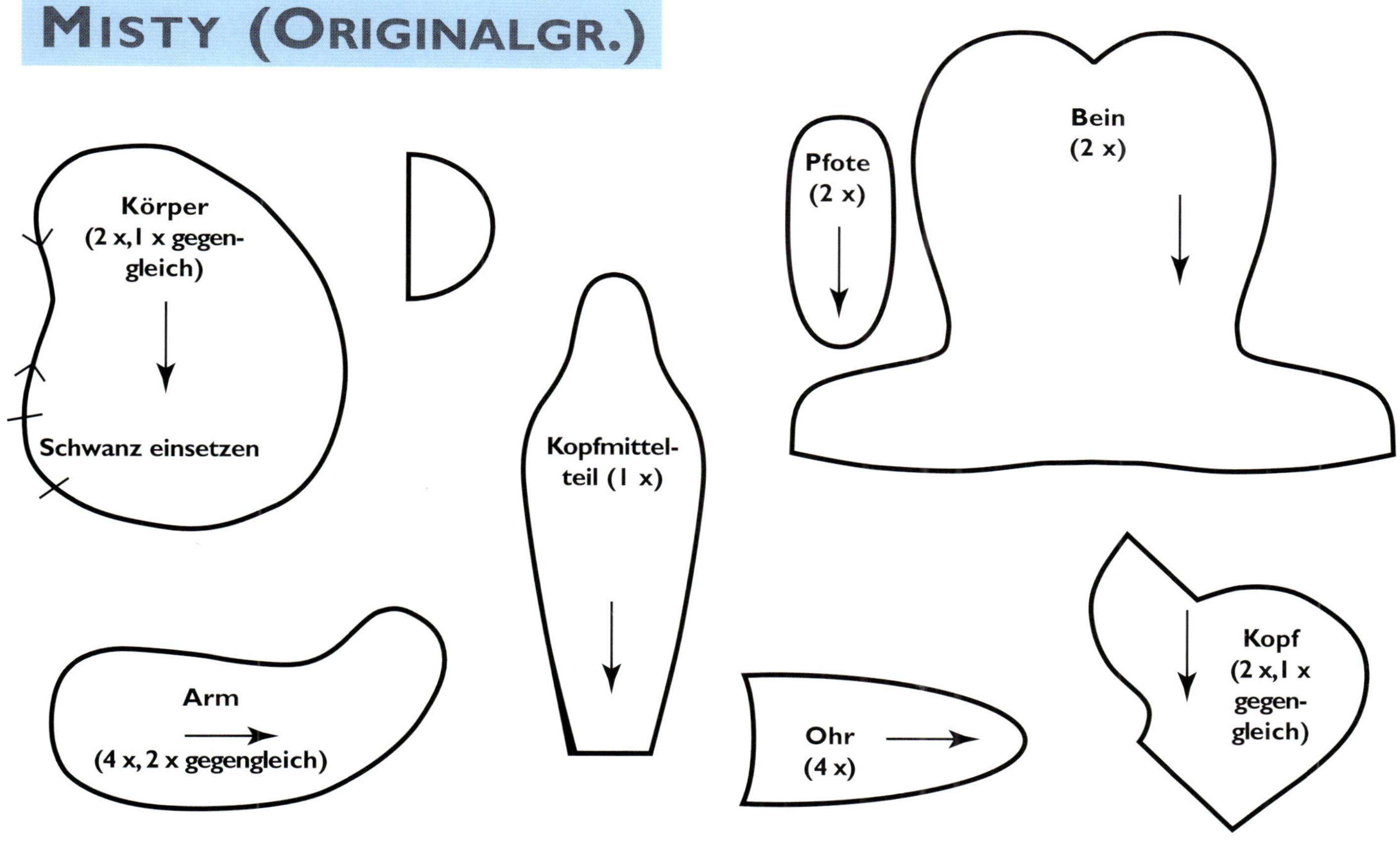

HEINZ (VERGR. UM 50%)

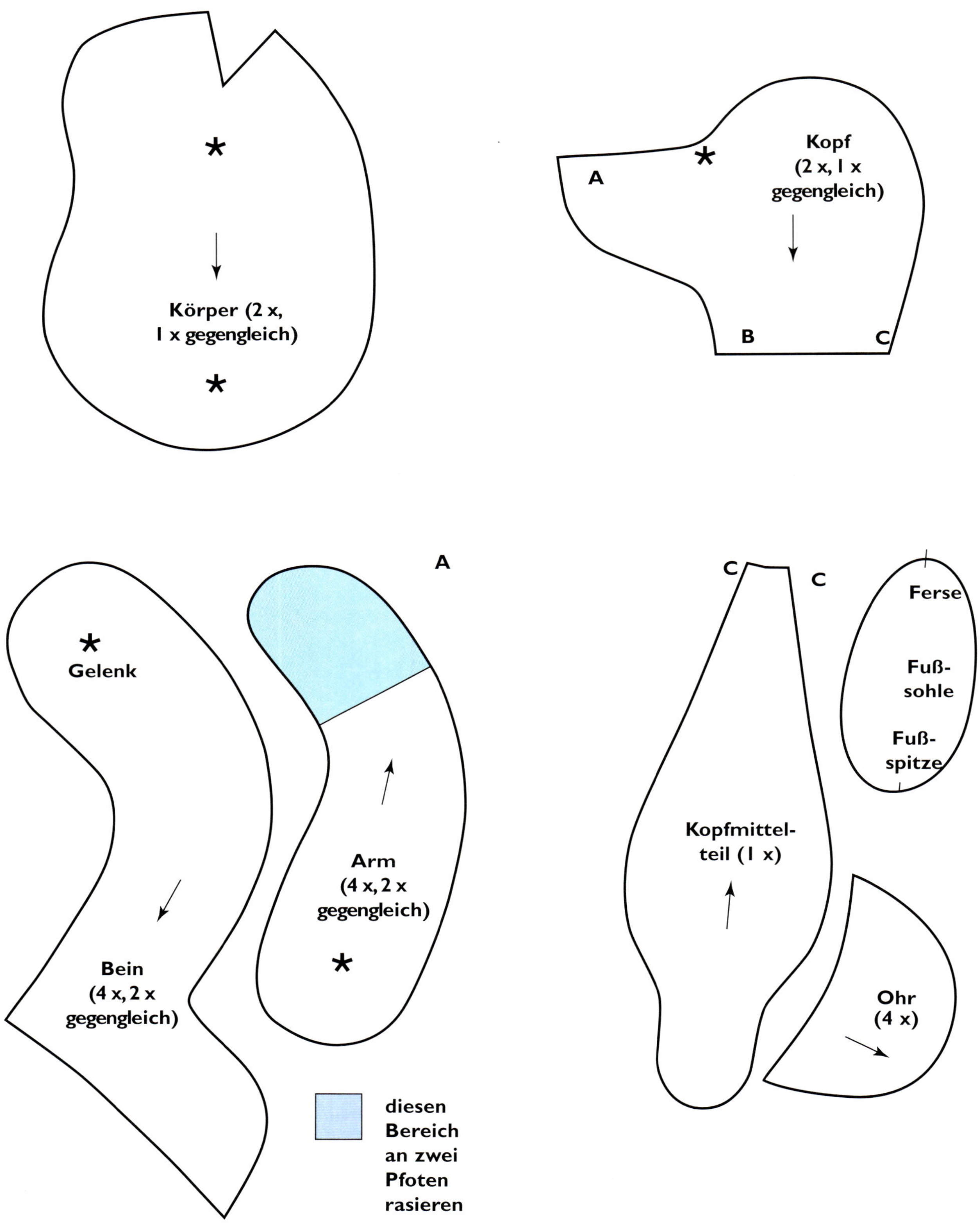

FRED, DER KNÖPFTEDDY (ORIGINALGR.)

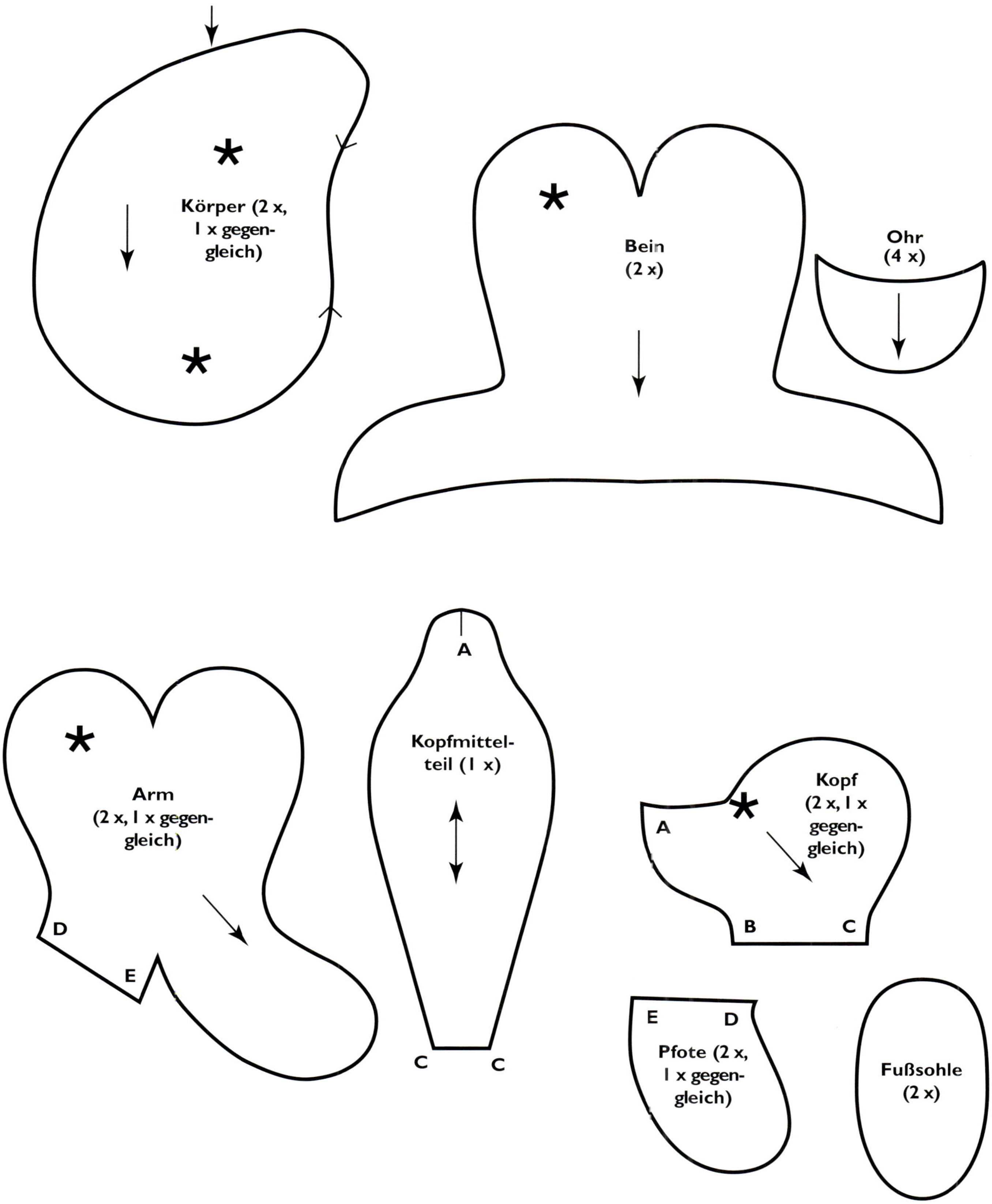

Georg (Vergrösserung um 50%)

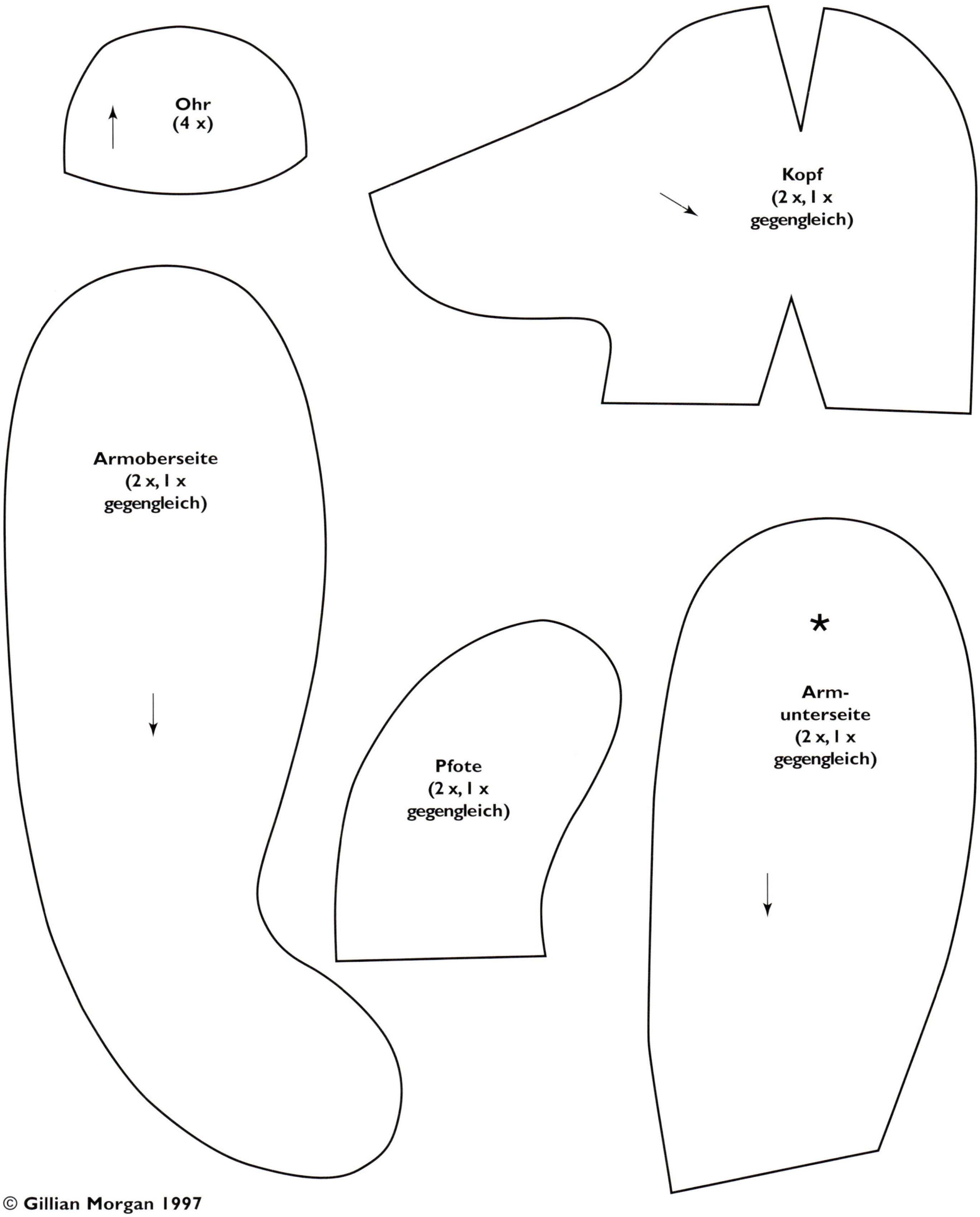

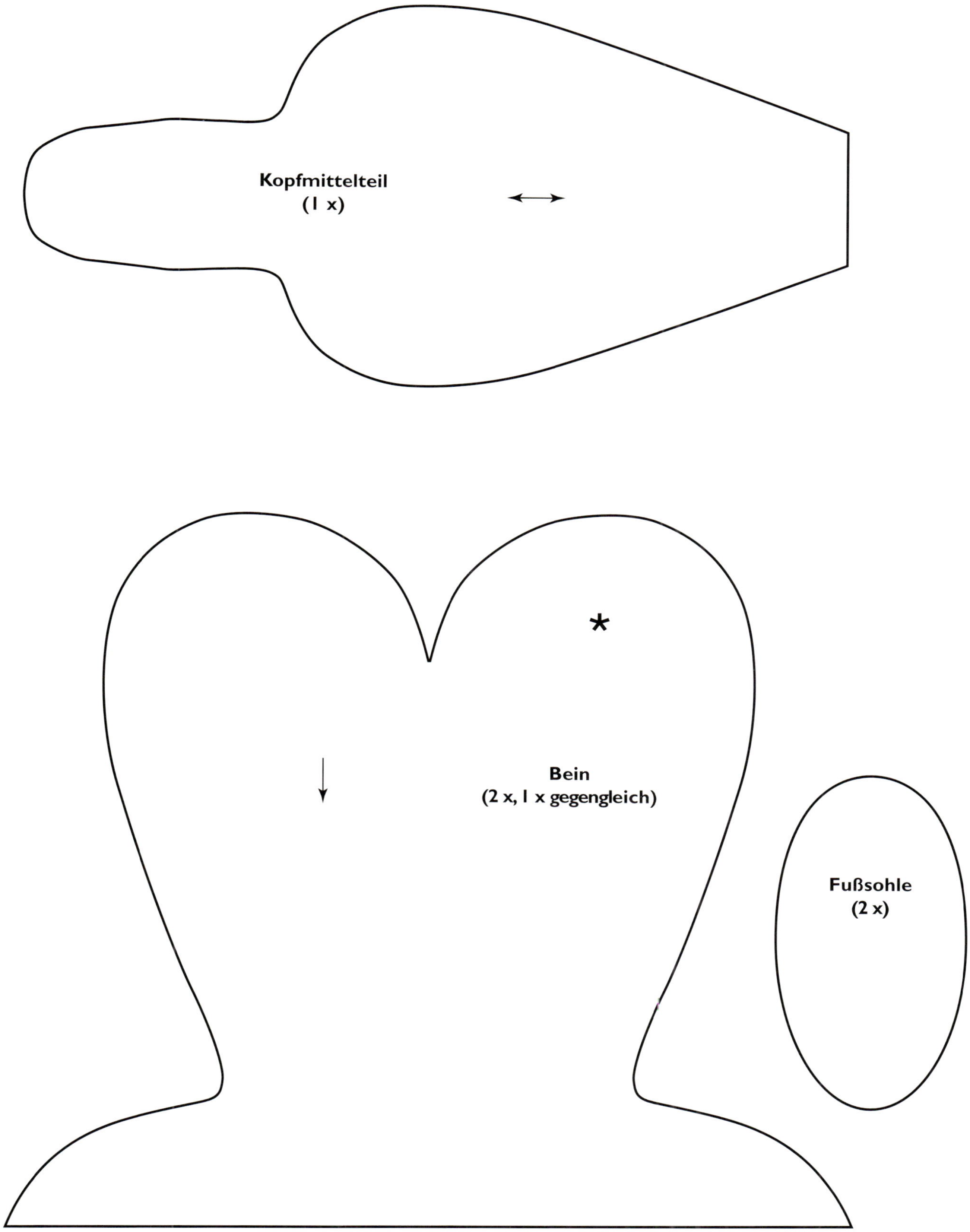
Kopfmittelteil
(1 x)
*
Bein
(2 x, 1 x gegengleich)
Fußsohle
(2 x)

Riesengrizzly (Vergr. um 50%)

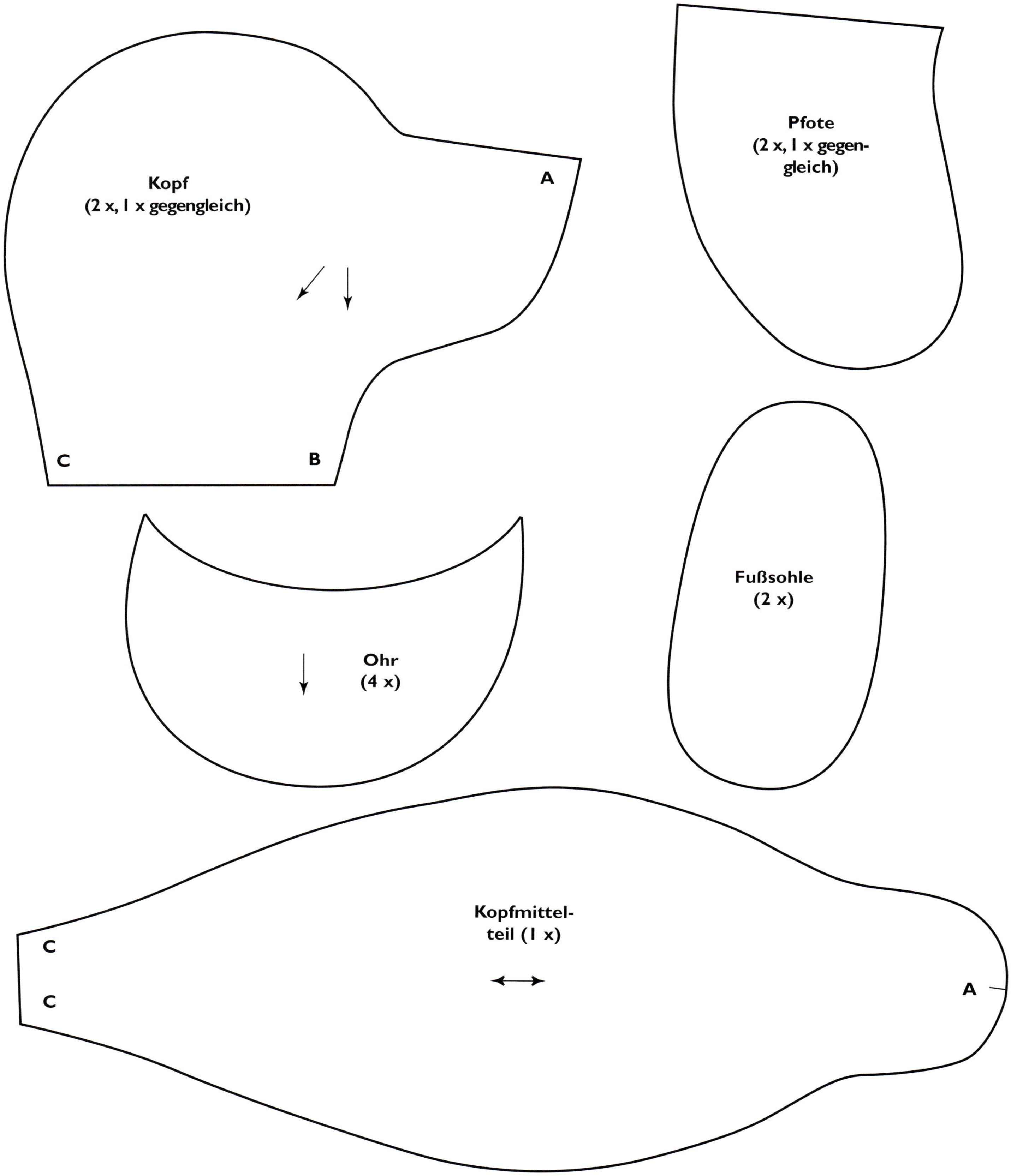

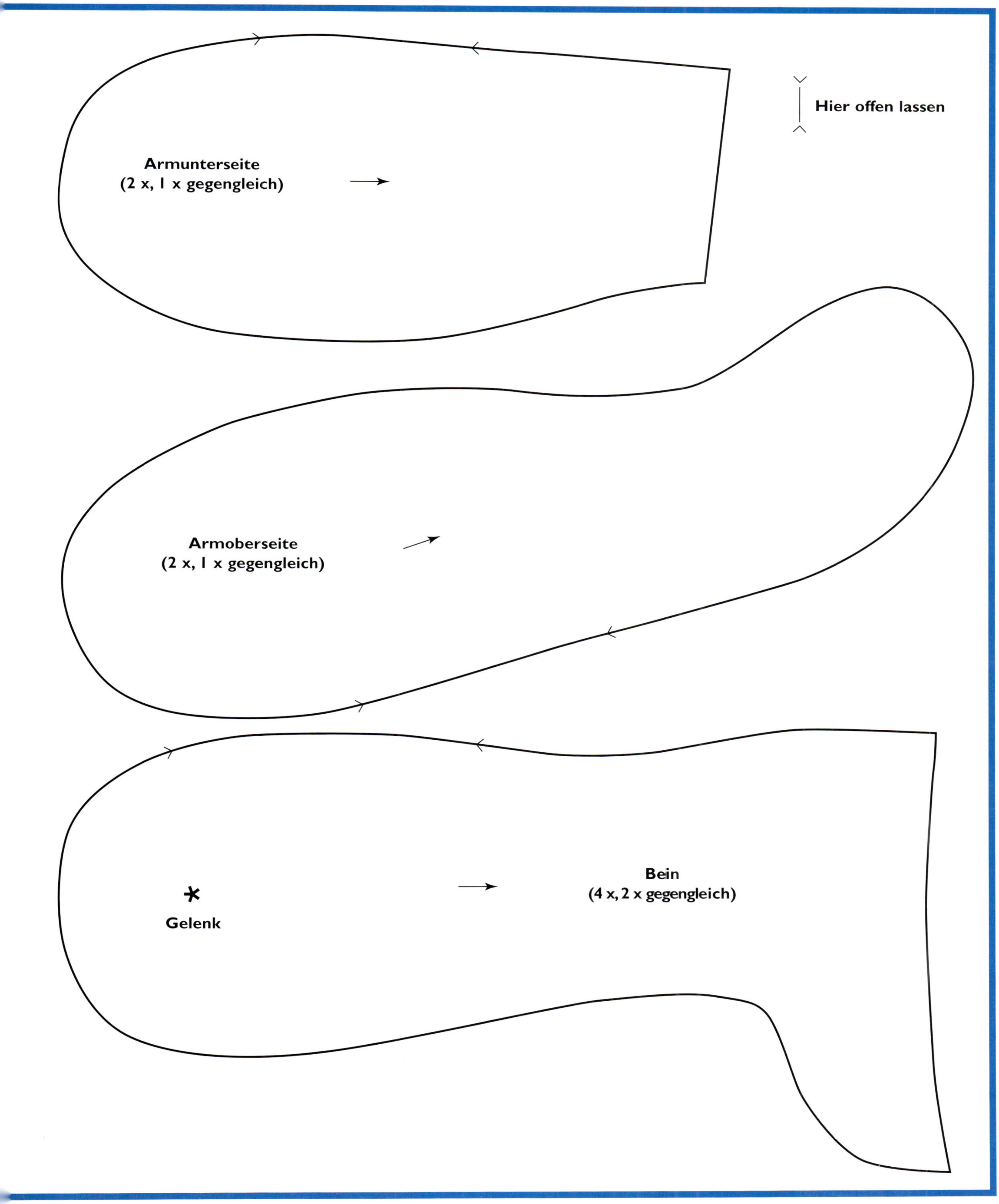
Hier offen lassen
Armunterseite
(2 x, 1 x gegengleich)
Armoberseite
(2 x, 1 x gegengleich)
Gelenk
Bein
(4 x, 2 x gegengleich)

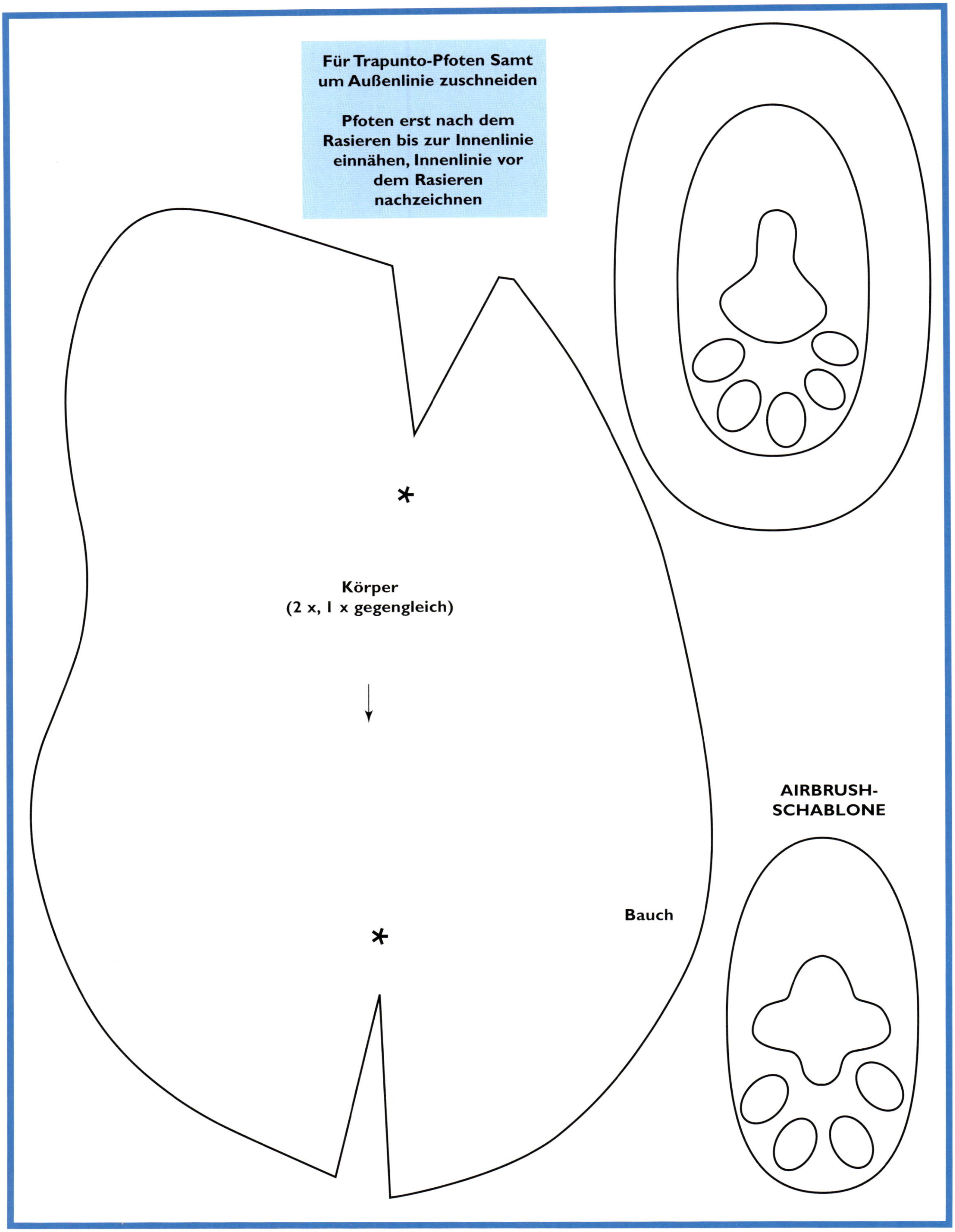
Für Trapunto-Pfoten Samt um Außenlinie zuschneiden
Pfoten erst nach dem Rasieren bis zur Innenlinie einnähen, Innenlinie vor dem Rasieren nachzeichnen
Körper
(2 x, 1 x gegengleich)
Bauch
AIRBRUSH-SCHABLONE

Teddykleidung (Vergrösserung um 100%)

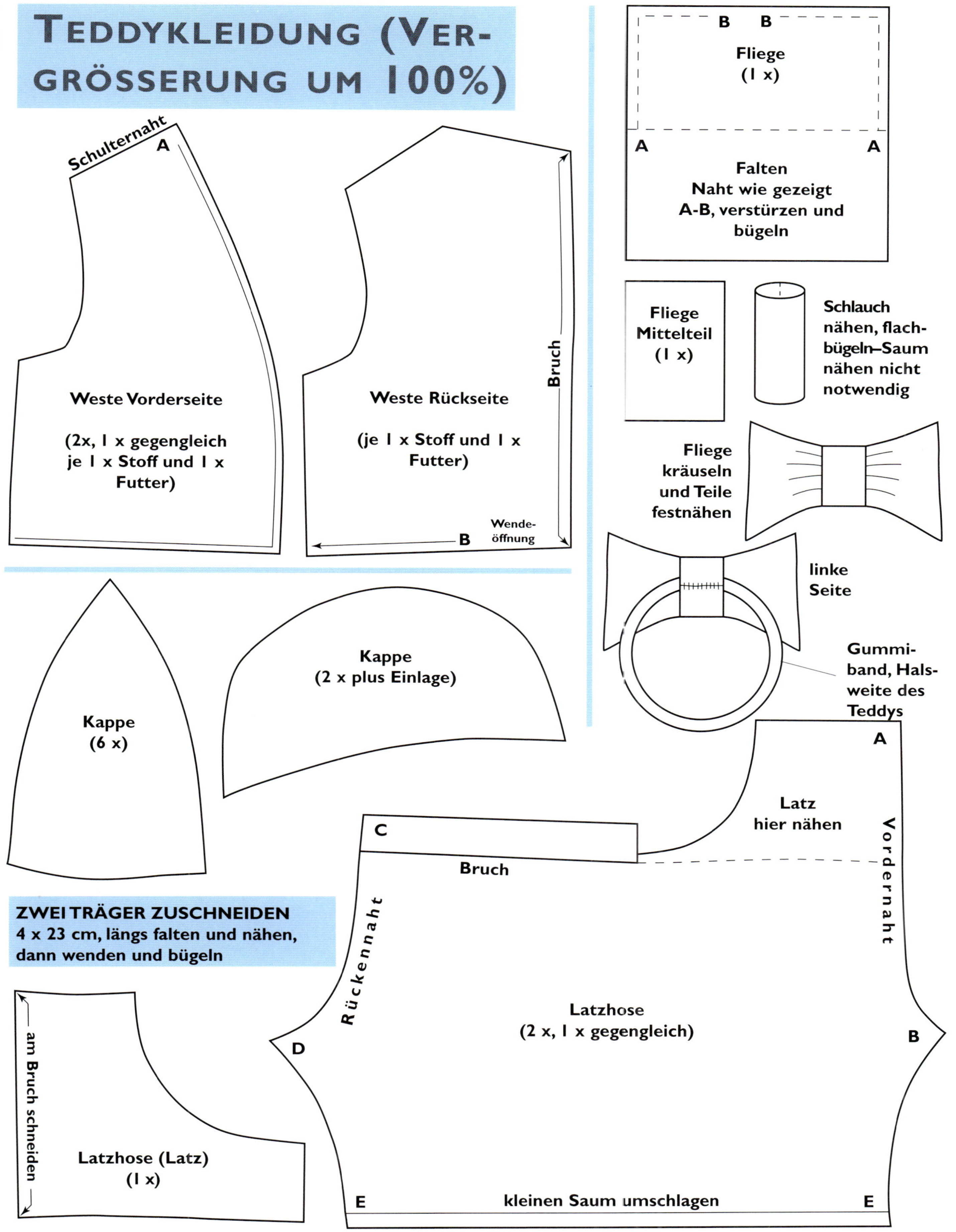

ZWEI TRÄGER ZUSCHNEIDEN
4 x 23 cm, längs falten und nähen, dann wenden und bügeln

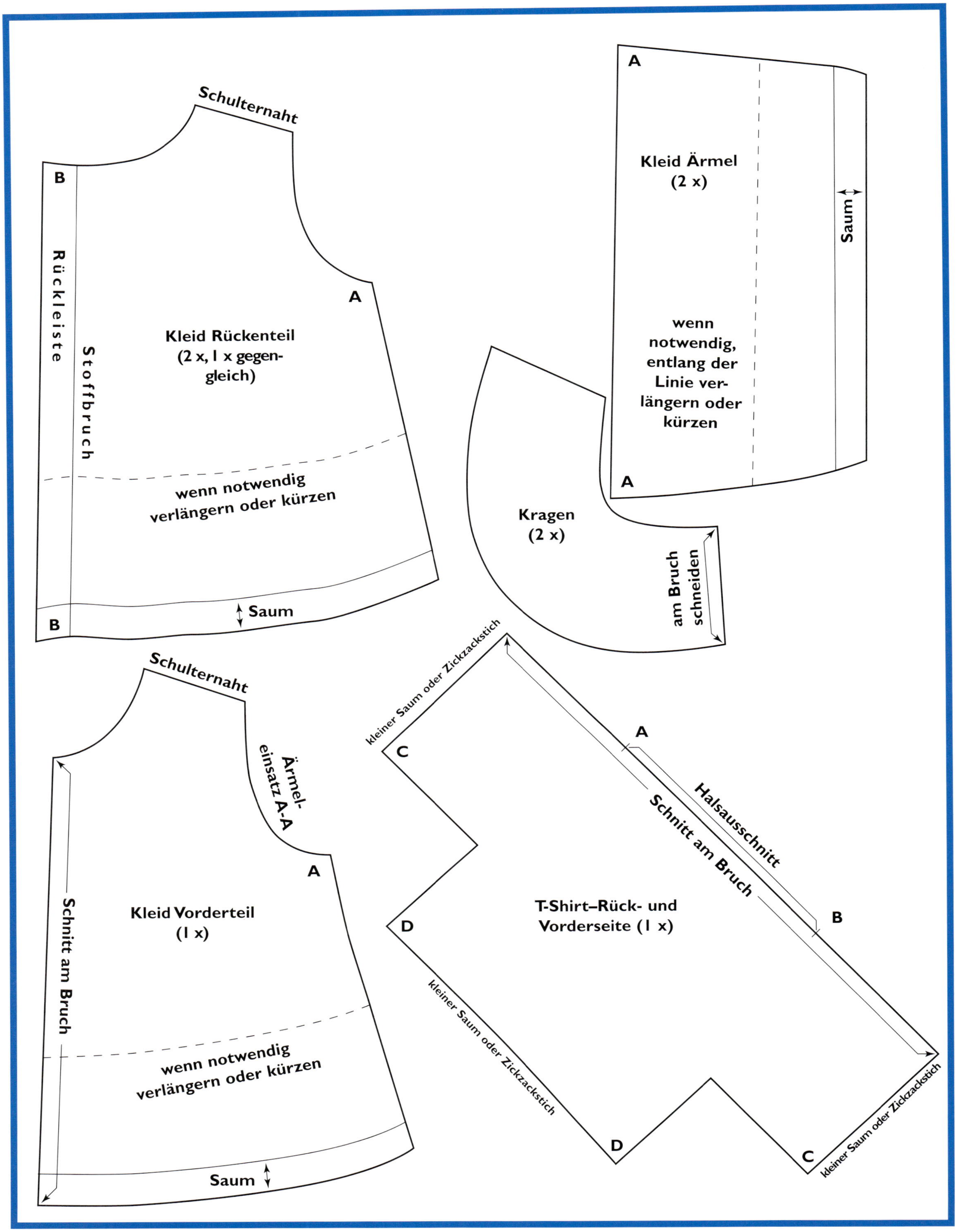
Schulternaht
B
Rückleiste
Stoffbruch
A
Kleid Rückenteil
(2 x, 1 x gegen-
gleich)
wenn notwendig
verlängern oder kürzen
B
Saum
A
Kleid Ärmel
(2 x)
Saum
wenn
notwendig,
entlang der
Linie ver-
längern oder
kürzen
A
Kragen
(2 x)
am Bruch
schneiden
Schulternaht
Ärmel-
einsatz A-A
A
Schnitt am Bruch
Kleid Vorderteil
(1 x)
wenn notwendig
verlängern oder kürzen
Saum
kleiner Saum oder Zickzackstich
C
A
Halsausschnitt
Schnitt am Bruch
B
T-Shirt–Rück- und
Vorderseite (1 x)
D
kleiner Saum oder Zickzackstich
D
C
kleiner Saum oder Zickzackstich

Nützliche Adressen

Infos und Shops

Bärenhaus
Grüner Weg 83
48268 Greven.
Tel: 02571/40243
www. baerenhaus.de
Stofftierbastelpackungen, Stoffe, Gelenke, Augen, Kleidung, Brummstimmen

Bärenhöhle Teddybärfachgeschäft
Fuggerstrasse 10
71332 Waiblingen
Tel.: 0177/8822705
www.teddyladen.de
Bärenmacherzubehör und Mohairstoffe

Pummbaeren - Hobbywerkstatt und Bärenklinik
Petra Pumm
Feldberg 10 b
D-21379 Scharnebeck
Tel: 04136/458
Fax: 0721/151206302
www.baerendoktor.de
Teddyklinik und viele Tipps zur Reparatur

Susanne & Leonard Dittmann
Teddybär & Nostalgie
Eckhardtstr. 22
31089 Duingen
Tel.: 05185/8422
Fax: 05185/8465
www.hermann.de/vip/dittmann/
Bärenklinik und Sammlerbären

Teddybären & Plüsch
Jutta Hartmann
69123 Heidelberg/Germany
Wieblinger Weg 55
Tel.: 06221/840630
Fax: 06221/833473
Sammlerbären und mehr

Internetseiten

www.baerenseiten.de
Online-Nähkurs, Material- und Buchtipps, umfangreiche Linksammlung

Teddyboerse.de
Kontakt: Stefan Gärtner
Siegburger Str. 107
53229 Bonn
Rosemarie Gärtner
Tel.: 02225/13158
www.teddyboerse.de
Sammlerbörse, Forum und Chat mit Gleichgesinnten

www. baerenmuseum.de
Das Internet-Teddybärenmuseum
Teddybären aus aller Welt in Kategorien unterteilt, Infos über Bärenmacher, Terminkalender für Teddybörsen

Hersteller

Margarete Steiff GmbH
Postfach 15 60
89530 Giengen/Brenz
Alleenstraße 2
89537 Giengen/Brenz
Tel.: 07322/131-1
Fax: 07322/131-2 66
www.steiff.de

HERMANN-Spielwaren GmbH
Im Grund 9-11
96450 Coburg-Cortendorf
Tel.: 09561/8590-0
Fax: 09561/8590-30
www.hermann.de

Fachzeitschriften

BärReport
Venloer Str. 686
50827 Köln
Deutschland
Tel.: 0221/530 55 67
Fax: 0221/530 56 89
www.baerreport.de

TEDDYS - Die kreative Bärenwelt
Dollami Verlag GmbH
Schillerstraße 22
37269 Eschwege
Tel.: 0 56 51/74 67-0
Fax: 0 56 51/74 67-19

Oben: *Teddys von Joan Woessner und Steve Schutt.*

REGISTER